"京津冀无形资产与科技创新智库联盟"文库

知识产权质押融资系列丛书　鲍新中/主编

# 知识产权质押融资
# 运营机制

ZHISHICHANQUAN ZHIYA RONGZI YUNYING JIZHI

鲍新中　张羽◎著

知识产权出版社

全国百佳图书出版单位

**图书在版编目（CIP）数据**

知识产权质押融资：运营机制/鲍新中，张羽著. —北京：知识产权出版社，2019.6
ISBN 978 - 7 - 5130 - 6319 - 7

Ⅰ. ①知…　　Ⅱ. ①鲍… ②张…　　Ⅲ. ①知识产权—抵押—融资模式—研究　　Ⅳ. ①F830. 45

中国版本图书馆 CIP 数据核字（2019）第 121025 号

**内容提要**

本书在分析开展知识产权质押融资业务的影响因素以及运行机理的基础上，对国内外现有业务模式进行了分析和比较，并提出了一种基于第三方风险动态监控平台的知识产权质押融资新模式，同时运用演化博弈理论和合作博弈理论对该模式的运营机制进行分析，探求演化博弈的均衡策略和运营机制。

科技服务业的不断创新是知识产权质押融资业务获得不断发展的需要，第三方平台的介入将有助于金融机构与科技型企业的有效融合，更好地实现多方合作和多方共赢。

本书适合与知识产权有关的研究人员、金融机构相关人员、科技型企业相关人员、知识产权领域从业人员，以及感兴趣的读者阅读、参考。

| | | | |
|---|---|---|---|
| **责任编辑**：荆成恭 | | **责任校对**：潘凤越 | |
| **封面设计**：刘　伟 | | **责任印制**：孙婷婷 | |

**知识产权质押融资：运营机制**

鲍新中　张羽　著

| | | | |
|---|---|---|---|
| **出版发行** 知识产权出版社 有限责任公司 | | **网　　址**：http://www.ipph.cn | |
| **社　　址**：北京市海淀区气象路 50 号院 | | **邮　　编**：100081 | |
| **责编电话**：010 - 82000860 转 8341 | | **责编邮箱**：jcggxj219@ 163. com | |
| **发行电话**：010 - 82000860 转 8101/8102 | | **发行传真**：010 - 82000893/82005070/82000270 | |
| **印　　刷**：北京虎彩文化传播有限公司 | | **经　　销**：各大网上书店、新华书店及相关专业书店 | |
| **开　　本**：720mm×1000mm　1/16 | | **印　　张**：17. 75 | |
| **版　　次**：2019 年 6 月第 1 版 | | **印　　次**：2019 年 6 月第 1 次印刷 | |
| **字　　数**：260 千字 | | **定　　价**：89. 00 元 | |
| **ISBN 978 - 7 - 5130 - 6319 - 7** | | | |

# 总　序

社会学家把人生概括为功利人生、求道人生和游戏人生三种。作为一位科研工作者，我们所做的研究工作，也可能会经历同样的这三个过程，即功利科研、求道科研和游戏科研。

功利科研，追求的是成就之美，或者说功成名就。对于科研工作者来说，功成名就，追求的可能是职称、金钱、地位、名誉，但也未必一定是狭隘的个人主义，也可以是经世济民，造福于社会，所谓"大丈夫处世兮立功名，立功名兮慰平生"。年轻时做科研，大都会受到外部压力和内部功利心的驱使。这里并无鄙视功利之意，在这个世界上不可以没有功利，功利价值与一种健全的社会机制的结合，会使每个人在获取私利的同时，为他人造福。功利从某种程度上是推动经济发展的原动力，西方经济学中的微观经济学就是利用人们的逐利与追求利润最大化的动机，采用价格这无形的手来优化资源配置而发展经济的。

求道科研，追求的是科学之美。科研工作者投身和参与到自身所认为的科学之道和生命之道中，去体验、实践、求索并致力于弘扬那个"大道"。这是一种为了科学探求真理、探索真知的研究。科学家们的研究，大都是这个层面的研究，他们引领科学技术发展、推动社会文明进步。希望50岁后的科研工作者，都能为了求道而研究，这样，做起来更有动力、更有乐趣、更有意义。

游戏科研，追求的是生活之美。科研工作者为自己投身的科学研究本身所陶醉。正如钱理群先生所言，"学术本身就构成了生命中自足的存在，不需要从学术之外寻找乐趣、意义和价值"。如果你不能从学术研究中感受到快乐，说明选择做科研可能不是最佳的工作选择。"学术研究，不过是一批痴迷于学术的人进行的精神劳动。"如果真是这样，学术成为科研工作者生活中的重要组成部分，也成为生活快乐的源泉。游戏科研，不分年龄，从研究生到教授、到院士和科学家，都可能达到，他们从思想的自由驰骋与学术的苦心探讨中找到兴趣、感受快乐，获得生命的意义与价值。希望所有的科研工作者都可以达到游戏科研的境界。

北京联合大学创新企业财务管理研究中心多年来秉承"快乐学术、悦享生活"的科研工作理念，致力于创建轻松、愉悦的科研氛围，将学术融入生活，在科研工作中也一样寻求到生活的快乐。经过多年的努力，已经在知识产权质押融资、供应链融资、低碳与环境会计、PPP 融资与风险管理等方面形成了稳定的研究方向，取得了一定的研究成果。此次将把知识产权质押融资领域多年的研究成果以系列专著的形式推出，以更好地与国内外学者、金融机构、科技中介机构、科技型企业的相关人员进行沟通交流。即将陆续出版的知识产权质押融资系列专著预计五本，分别是《知识产权质押融资：运营机制》《知识产权质押融资：风险管理》《知识产权质押融资：价值评估》《知识产权质押融资：信任机制》《知识产权质押融资：法律规制》。

知识产权质押融资是科技和金融融合的产物，为科技型中小企业提供了获得成长和发展资金的新渠道。近几年，我国从中央到地方陆续颁布了一系列的激励政策和措施以推进知识产权质押融资业务的推广，但实践发展的状况并不乐观，银行、担保机构等对知识产权质押融资业务持谨慎态度，这种政府热情高涨而参与主体积极性不高的反差现象有很多原因，包括知识产权价值评估问题、风险管理问题、合作模式问题、法律规制问题等，这些问题需要实践中的探索，也需要理论上的研究。本套丛书就是致力于对阻碍知识产权质押融资业务发展的关键问题展开理论研究和实践研究探索，力争补充、丰富和完善国内外关于知识产权融资风险问题的理论研究成果，并为政府相关部门、金融机构、企业和中介机构决策提供指导思路。

2018 年 8 月 8 日

# 前　言

全球经济快速发展，科技已经渗透到每个行业，每个产业都有大量科技公司涌入。它们借助科技创新迅速崛起，颠覆了原有的产业格局，而这些创新和变革，越来越多地发生在中小微企业。今天也许他们默默无闻，但再过 20 年，他们很可能就是影响世界的新一代 500 强企业，成为改变世界的了不起的新型企业。当今的世界已经逐步进入中小微企业引领科技创新的时代，大量最前沿的科技创新掌握在中小微企业而不是大企业手中。

愈演愈烈的中美贸易战中，美国瞄准了中国科技企业，在技术、人才、市场、规则方面都采取了一定的科技遏制手段，但今天的中国有底气和信心面对。一方面可以出台短期政策应对挑战，支持我国高科技企业发展；另一方面坚定不移地贯彻实施科技强国、人才强国战略，不因为突然的风浪而动摇。中共中央、国务院印发的《国家创新驱动发展战略纲要》提出分三步走的战略目标：第一步，到 2020 年进入创新型国家行列；第二步，2030 年跻身创新型国家前列；第三步，2050 年建成世界科技创新强国，成为世界主要科学家中心和创新高地。

在这样的背景下，切实落实科技型中小微企业扶持政策，大力推动科技型中小微企业创新发展，成为引领我国社会经济发展的重要源动力。目前，我国中小微企业的数量已经占到了所有企业总数的 90% 以上，对税收的贡献度超过了 50%，对 GDP 的贡献更是高达 65% 以上。而融资难问题一直是影响中小微企业发展的重要障碍。知识产权质押融资模式的推出为科技型中小微企业融资提供了一个有效的选择。经过十余年的推广，我国的知识产权质押融资业务取得了一定的发展，也出现了多种不同的融资模式与运营机制。但是，尽管政府推动知识产权质押融资的热情高涨，但实际的知识产权融资业务的发展却没有得到金融机构和科技型企业的广泛采用，究其原因，主要是市场对目前的知识产权质押融资模式和运营机制还不十分认同，除此之外，知识产权融资的高风险性、知识产权价值的不确定性、法律法规系统的不完善以及市场信任机制的欠缺，都是影响知识产权质押融资业务发展的重要因素。所以本套丛书分别从这五个方面来探索知识产权质押融资问题。本书聚焦于知识产权质押融资的模式与运营机制问题。在分析开展知识产权质押融资业务的影响因素以及运行机理的基础上，对国内外现有业务模式进行了分析和比较，并提出了一种基于第三方风险动态监控平台的知识产权质押融资新模式，同时运用演化博弈理论和合作博弈理论对该模式的运营机制进行分析，探求演化博弈的均衡策略和运营机制。

知识产权质押融资业务需要银行、企业、中介结构及政府等多主体的协同合作，希望借此书能够为知识产权质押融资业务参与各方提供相关的理论支持和实践指导借鉴。本书适合与知识产权有关的研究人员、金融机构相关人员、科技型企业相关人员、知识产权领域从业人员，以及感兴趣的读者阅读、参考。

本书丰富的内容得益于作者多年来对科技金融服务于企业发展的关注，以及对科研工作的热爱。全书由北京联合大学鲍新中教授和北京科技大学张羽博士共同完成。作者在写作过程中参阅了国内外同行、专家的许多研究成果，在此对同行、专家表示感谢。同时，北京联合大学的尹夏楠副教授、徐鲲副教授、崔婧博士以及研究生霍欢欢、王言、董玉环、屈乔、董文妍、张楠也都参与了很多的工作，能有机会与团队教师和各位学生一起快乐地工作、学习，这是人生的幸运，我们相互帮助、相互促进，在各自收获成长的同时也收获了工作的愉悦，希望大家能一直保持对科学研究和工作生活的热爱，祝愿大家快乐每一天。

2019 年 6 月

# 目　录

第三篇 知识产权质押融资的业务模式及合作机制

# 第一篇
# 知识产权质押融资研究与发展现状

1

# 第一章 研究背景与研究意义

## 1.1 背景

随着国家改革开放发展与经济持续增长，较为完备的经济体制和分配体制逐渐形成，市场经济日益壮大，经济活力日益增强。在社会资本迅速发展的背景下，催生了一大批中小型企业，为我国经济社会的进一步发展注入了新的活力。但是在现阶段，融资难问题成为中小企业进一步发展壮大道路上面临的最大障碍。近几年，有更多的学者、更多的专家致力于探索中小企业融资的发展形势及其困境，有利于拓宽中小企业的融资途径与渠道，使资金来源逐渐地从单一渠道向多元化渠道融资发展，但是依然未能彻底有效地解决融资瓶颈问题，资金匮乏和融资困难依然普遍存在于大多数的中小（微）企业中。例如在 2015 年，北京慧聪国际资讯有限公司曾就融资渠道和融资方式等问题向众多中小企业进行调研，得到的结论是：约有 70% 的中小型企业有扩大资本和融资的需求，且融资目的主要用于技术创新和扩大企业产能。

我们对中小企业融资难问题进行分析后，究其产生原因不外乎以下三个方面：首先，融资机构方面。由于基层融资机构的放贷权限较低，且贷款程序复杂、条件严苛，贷款款项收回压力大，因此诸多融资和金融机构对中小企业的放贷申请持消极的态度。其次，中小企业方面。从参与融资的中小企业自身来说，由于大多企业处于初期成长周期或发展阶段，技术和财务基础薄弱，管理和运营经验不足，缺乏严谨的企业财务管理制度，且没有足够的抵押物或者担保人，加之企业管理者管理水平不高，企业具有较大的经营风险甚至破产倒闭的可能性。最后，市场与制度方面。我国市场经济和知识经济的起步较晚，发展时间较短且速度较快，但是在市场秩序建立、制度保障等方面还远远落后于发达国家。尽管政策法律环境已逐步得到改善，在缓解融资的中小企业资金压力方面取得了相关成就，但同时，也伴随着"三角债"和"债务链"等隐患。

在上述背景下，知识产权质押融资应运而生，为解决中小企业融资困境提供了新的思路。知识产权的质押融资是新型的融资模式，即依法取得知识产权等智力成果的企业，尤其是科技创新型的企业，以知识成果等作为标的物向商业银行等融资机构进行质押，从中申请一定额度的贷款，银行会委托专业的第三方评估机构对该企业的整体规模、财务情况，特别是该知识产权的价值、专有性及未来收益性等做出合理的评估报告，并且依此更好地判断融资企业的信用情况，向其发放贷款。若融资企业得到了发展所需的资金支持，就应依照有关合约约定，定期按时向银行偿还利息。若融资企业到期缺乏偿还贷款及利息的能力，那么银行就可以依法或依有关规定行使对知识成果等质押物的权利，或将其进行变卖，或交由担保等中介组织对其实施收购，从而减轻金融机构自身的损失。

知识产权属于技术创新下的知识成果和智力成果，归属于无形资产，具有区别于实物资产的一些独有特征：①该产权必须具有合法合规性，属于融资方企业主体或个人的依法所有，这也是能够开展该新型质押业务的前提和基础。从法律上看，产权的所有人一般是出质人，因为只有所有人才享有知识产权的完全处分权，才能合法行使处分权利，保证融资过程合情、合理、合规、合法。②所质押的知识产权必须经过专业人员的评估。由于目前国内关于知识产权交易的法律法规并不完善，交易信息不对称，知识产权良莠不齐，对普通融资机构来说很难辨别。因此，必须引入专门的机构对其进行评估，大多情况下多会选择注册评估师，依据相关政策法规、资产评估准则和实施办法，评估和衡量质押物的收益及其未来价值，根据相关的评价结果和测量报告，来推进并决定该质押融资的活动和业务。③一旦发生债务当事人不能按期还贷，或出现由经营不善导致的濒临破产现象，债权人可以依法享有财产的优先受偿权。在融资过程中，风险是不可避免的，当债务人出现资金问题无法按时还款时，为了保证债权人的利益、降低债权人损失，债权人可与债务人协商折价变卖、拍卖该质押产权，所得价款优先受偿。④具体业务中，将知识产权进行质押的结果需要按照由审批机关发出的等级文件——国家颁布的《担保法》第79条的有关规定为准，即"以依法可以转让的商标专用权，专利权、著作权中的财产权出质的，出质人与质权人应当订立书面合同，并向其管理部门办理出质登记。质押合同自登记之日起生效"。由此可见，当前知识产权的质押融资发展在我国仍然位于初步阶段，但是无论是国家还是企业自身，都在积极采取各种措施推动和促进中小企业的发展，知识产权的质押融资作为新型的融资方式和方法，将以崭新的姿态在知识创新中、在经济发展中、在协助企业融资上发挥其至关重要的作用。

## 1.2　研究意义

近年来，以知识产权作为核心的成长中的企业正在逐渐成长为国内市场经济发展中的"领头羊"。然而，中小企业在成长中遇到的融资困难和资金链问题，对其健康发展产生了很大程度的消极影响，而通过知识产权质押这一新型的企业贷款融资的形式，将帮助减轻科技创新型的中小型企业遇到的资金压力，提高其融资能力和资金实力，以更好地发挥其对社会经济发展的重要作用。宏观上看，从中央到地方陆续颁布了一系列政策、法规，推进了知识产权融资业务，但目前发展状况并不乐观。实际上，一些理论问题和实践问题都没有得到有效的解决，这将会导致——虽然政府重视知识产权质押融资的发展，但有关参与方的社会主体却容易忽视该质押业务在融资活动中的重大意义。由此可见，针对知识产权的融资所现存的局限性，分析其业务开展相关影响因素、运行模式和机理，并探索促使各个主体实现共同分担业务风险、共同分享合作效益的合作运行模式，具有重要的学术和应用意义。

（1）学术价值

本书的研究基于对现有基础理论和有关研究成果的分析，系统地探讨影响知识产权等科技成果进行质押融资的因素、运行机理以及合作机制、风险管理，将补充和完善国内外关于专利等产权实现质押融资业务活动的有关学术成果。

（2）应用价值

本课题围绕知识产权的融资，分别从影响业务活动的要素、业务运行的机理和合作机制方面进行深入的探究，提出的知识产权质押融资第三方风险监控服务平台的建设建议及其他相关的改善建议和理论模型，将有助于知识产权质押融资参与各方认清融资过程中存在的困难和问题，形成知识产权融资风险共担和收益共享的良性发展，对知识产权推广、发展和实践都有着很强的现实意义和实践价值。

## 1.3　研究内容

本书的研究针对知识产权质押融资的发展现状与存在问题、影响因素与运行机理、运营模式与合作机制、风险评价与动态监控等问题展开研究，主要研究内容包括以下三个方面。

①作为解决科技型中小企业融资难问题的一个有效办法，知识产权融资业务在过去的五年中受到了理论界和实务界的广泛关注。尽管政府推进该项业务的积极性很高，但是实际业务的开展却不太乐观。除了知识产权本身作为质押品所存在的缺陷之外，本课题探讨在资金需求方的科技型中小企业方面、资金供应方的金融机构方面，以及作为相关中介的市场方面存在的一些障碍。

②基于问卷调查的方法获取中小企业知识产权质押融资业务相关数据，对影响知识产权质押融资业务开展的内部因素和外部因素进行系统分析。运用系统动力学原理，构建涉及知识产权、融资企业、金融机构、法律机构、评估机构、担保机构六方面融资参与主体之间关系的系统动力学模型，并通过模拟其中的动态影响模式来揭示融资过程中的内在机理和反馈关系。

③国内知识产权质押融资的典型模式包括政府行政命令模式、政府主

导模式、政府引导下的市场化模式、市场化主导模式四种。基于本书的研究，提出一种基于第三方风险监控服务平台的知识产权质押融资模式来进行风险的动态管理。结合第三方风险监控平台的特点，可以分两个阶段建立参与知识产权质押融资各参与方的合作机制。第一阶段运用演化博弈理论分析知识产权质押融资第三方平台与金融机构之间的合作机制，第二阶段运用合作博弈理论建立质押融资第三方平台内部各参与方之间的收益共享机制。

# 第二章　文献综述

## 2.1　知识产权质押融资的发展现状相关研究

知识产权质押融资是缓解中小企业融资困境、拓宽中小企业融资路径、加强国家自主创新和科技研发能力的重要途径；是实施国家知识产权战略和创新驱动战略的重要组成部分。通过分析国内外知识产权质押融资的发展现状，利于借鉴发达国家的相关管理经验，优化国内知识产权的创新和发展环境。

### 2.1.1　国内外知识产权质押融资的发展状况

知识产权质押融资是科技金融发展的产物，促进了知识产权价值的实现。美国、日本等发达国家较早开展了知识产权质押融资业务，实现了知识产权的保护、担保、管理和应用。并以法律落实对知识产权的界定、保护和实施，其内容大部分涵盖专利、商标、版权、计算机软件、集成电路、植物品种、商业秘密、生物技术等（朱佳俊、周方召，2015），形成了比较成熟的知识产权融资担保体系和交易市场，并在不断完善中。

1）美国的知识产权发展

在美国，金融业和科学技术相对发达，政府管制松散，资本市场成熟，利用知识产权担保融资业务试行较早。此外，还制定了相关的保险制度，在确保知识产权及其收益进行融资方面具有丰富的运作经验。其中包括以知识产权为主要担保，以及利用知识产权授权他人使用所产生的权利作为融资案件的担保，美国已有许多银行和私人金融公司提供此类服务。

与国内相比，美国在利用知识产权作为融资担保方面非常活跃。

总体而言，美国拥有成熟的知识产权发展模式，逐步形成以政府为主导，知识产权融资向市场化、商业化的演化，促进了新型担保融资模式的发展（朱佳俊、周方召，2015；曾莉、王明，2016）。同时，具有了完备的法律制度体系和机制保障，包括相关担保制度、侵权保护、产权保险等，为强化知识产权保护和管理力度，以及有效分散融资风险奠定了坚实的法律基础。

具体而言，美国在 20 世纪 90 年代后期，形成基于商业银行和私人金融公司的融资模式，实现了将知识产权和其权利金授权给其他人使用，以此完成担保融资业务，属于质押担保融资的创新发展，并体现出本国的发展特征：政府引导、市场化程度较高；交易市场较为自由；政府与金融机构是主要的风险承担方；可用作担保的知识产权不仅指传统的工业产权、知识产权，还有专利、商标、航空权、源代码、许可证、商业秘密、集成电路的版权和布图设计等（曾莉、王明，2016）。常见的模式包含保证资产收购价格机制、小企业管理局模式、知识产权许可收益质押融资、证券化、信托、融资担保模式等（谢黎伟，2010）。

（1）保证资产收购价格

保证资产收购价格机制（CAPP）是由知识产权管理服务公司，即 M－CAM 公司提出的新型融资方式。该模式在为知识产权企业提供信用担保，缓解并合理分担企业面临的市场风险、融资风险和信用风险等方面发挥着重要作用，它将融资过程中的价值评估、运营管理、市场风险和信用增级等联系起来，在实践中有较好的可操作性，并有利于实现风险分摊。

保证资产收购价格机制主要是 M－CAM 公司通过对融资企业提供一定信用担保，加强融资企业知识产权的信用，以帮助其实现知识产权质押贷款，并且当融资企业到期不能偿还借款债务时，优先享有企业知识产权等质押物的变现价值。具体步骤包括：一是进行资产审查。主要对知识产权等无形资产的价值及其权利进行评估和衡量；二是进行结果判定。根据评估审查的结果，判断资产是否符合担保信用加强的条件，若符合有关要求，M – CAM 公司可以从中收取融资企业获得的贷款数额的 8% 的保证费用。该模式有效地降低了企业融资业务和知识产权管理过程的市场风险、信用风险和交易风险等，帮助融资方提高贷款比率。

（2）小企业管理局

小企业管理局对扶持中小企业发展、保证中小企业贷款项目、实施企业投资公司计划及信用担保有明显的优势。相较国内而言，美国在利用知识产权作为融资担保的业务上，是相当活跃的。关于利用知识产权为主要担保的标的，以及利用知识产权授权他人使用所产生的权利金作担保等融资案件，在美国已经有很多银行以及私人的财务公司提供这类的服务。

小企业管理局主要面向中小型企业，为其向银行贷款提供保证服务。主要有三种运行方式：一是小企业管理局通过与贷款机构、中介机构和银行等的合作，设立贷款标准，为这些贷款机构等向中小企业贷款的额度提供保证，从而降低提供资金相关机构的风险，提高中小企业融资率。二是通过授权的形式，授权并间接协助私人金融资产管理公司进行项目运行的具体管理，被授权的公司也能够直接向中小企业提供资金，既包括债务和股权融资的业务，也包括股票选择权等业务，整体上具有管理的规范性和操作的灵活性。三是提供再保证方案计划，即对可以向中小企业融资贷款业务进行担保的保证方提供再担保的方式。根据有关统计资料显示，截至 2003 年，小企业管理局投入用于扶助小型企业的金额，已经高达 212 亿美元，极大地激发了小型企业，尤其是处于成长初期企业的发展活力，从而促进金融产业和知识产权产业的逐步改革和发展。

2）日本的知识产权发展

在日本，科学技术和创新驱动的发展，日益受到国家的重视和重点支持，并在长期发展中逐渐形成了以政府为导向，半市场化的知识产权质押融资模式，具有较为完备的估值体系和法律制度保障，强有力地推进了知识产权企业的技术创新水平和融资能力。

随着知识产权创新能力和服务水平的提升，日本制定了有关知识产权保护的法律法规，先后通过了《知识产权战略大纲》《知识产权基本法》

《日本开发银行法》《信用保证协会法》等，并且设立专项支持资金，促进国家知识产权信息的公开化，从不同的层面推进知识产权的创新及知识产权质押融资的相关发展。同时，逐渐体现出本国的发展特征：半市场化程度；形成知识产权评估市场和数据库；政府是主要的风险承担方；知识产权可用作担保的具体权利涉及广泛，包括数字产品的版权、专利和商标权，以及更多地强调技术质押权（曾莉、王明，2016）。在发展模式中，主要有日本政策投资银行和信用保证协会模式。

（1）日本政策投资银行

1995 年，日本政策投资银行开始运行知识产权质押融资业务，先后完成 260 件融资项目，大大地缓减了中小企业面临的专利技术少、融资效率低等困难，加强了金融机构之间及银企之间关于质押融资业务的联系，并确立了风险共担机制。

日本政策投资银行一般是采取知识产权担保及给予认股选择权的债务融资的方式。以日本多媒体金融公司（住友银行与 Bandai Visual 公司共同出资设立）为例，该金融财务公司是以提供财务融资为主，特别针对游戏软件、电视电影等影像软件，以及计算机软件三大领域的企业，利用知识产权进行融资。由于住友银行早先即接受企业利用知识产权作为融资担保，因此住友银行这一项投资，应当是看好未来知识产权企业所拥有的知识产权在财务金融上的重要性。

（2）信用保证协会

信用保证协会模式则主要以国家信用担保为基础，为中小企业融资提供充足的资金和担保服务，创新发展知识产权融资。

一般情况下，首先企业融资业务的开展，需要考虑并衡量企业所提供的担保物，从而判断是否可以给予信用保证，但不是绝对的考量因素，还可以通过信用保证协会的认定来做出判定，经协会认定其可行之后，对金融机构承诺信用保证。接着金融机构在接到信用保证协会的保证承诺通知后，对该中小企业进行贷款。最后根据所规定的偿还条件，由借方偿还债务。此外，信用保证协会在融资企业到期不能偿还借款时帮助企业进行代位偿还，其金额可以经与融资企业协商后逐步取回。

3）国内知识产权发展状况

总的来说，与美国、日本和新加坡等发达国家相比，国内知识产权融资的发展起步较晚。有关知识产权理论体系、制度体系和评估机制尚不完善，市场化程度较低，资本市场仍然不成熟，知识产权承诺的范围需要进一步扩大，现在主要是指专利权。

随着我国经济技术和创新水平的不断提升，知识产权融资在经济发展中越来越发挥着重要的作用，得到了国家和社会的广泛关注与支持。2011年，国家知识产权局批准了"关于加快推进中关村国家自主创新示范区知识产权质押贷款工作的意见"，将信用保险和风险分担等思路和方法纳入知识产权质押融资业务中。2014年，中国科技交易所首次实现了中国技术知识产权金融服务平台，即"评、保、贷、投、易"综合的知识产权交易平台和金融服务系统（朱佳俊、周方召，2015）。此外，国家鼓励各地区开展知识产权融资业务，推进相关试点工作并取得了相应的进展。

事实上，国内知识产权融资业务的发展既面临重大发展机遇，也面临巨大挑战；既受国内发展实际情况和政策支持的影响，也受知识产权本身固有局限性的制约。一方面，国内市场缺乏稳定的市场交易平台和法律制度约束，政府政策支持不足；由于金融机构对知识产权资产的管理及对其风险防控的能力不足，导致其缺乏参与融资业务的消极性，加大对中小企业贷款额和对质押物界定标准的限制等。另一方面，知识产权本身具有的估值难、风险大、无形性及不确定性等，降低了企业的融资效率、技术转化和信用能力，市场主体缺少对知识产权风险分散和控制的意识。

因此，在推动国内知识产权发展时，既可以通过分析美国、日本等国家知识产权融资的演变及相关实例，总结、借鉴和运用相关先进经验；也可以根据国情从实际出发，制定以市场为主导、政府引导的知识产权融资模式和运行机制，从而实现科技型企业与政府部门、金融机构及相关组织机构的和谐发展和业务创新。

### 2.1.2　知识产权质押融资发展的政策法律环境

传统的知识产权质押融资已无法满足以技术为基础的中小企业的资金

需求，再加上金融机构创新金融模式的推广，创新的知识产权质押融资业务应运而生，符合市场需求和经济发展。然而，该业务开展以来收效甚微，目标设计与实践成果存在着巨大的落差。由于知识产权质押融资是科技与金融的突破性创新合作，单纯地依靠市场的调节、听从政府的安排，都将不利于该业务的长远发展。因此，政府有必要进行引导，充分发挥政府的这只"看得见的手"和市场的这只"看不见的手"的重要作用。

（1）国外相关法律环境

知识产权质押融资，最早起源于日本政策性投资银行的融资项目中，在广泛开展和成功实施后，逐渐在欧美等发达国家发展起来。随着发达国家市场的发展和完善，发达国家的知识产权质押融资业务已经具有非常成熟的市场发展环境和与之配套的法律法规。

在经济的发展和实践过程中，法律发挥了"先行者"的作用，能够为实践的推广保驾护航，促进知识产权质押融资发挥其应有的作用。早在1953 年，美国就出台了《中小企业法》，致力于通过创新实现国家经济的快速发展。20 世纪 90 年代，在经济危机的影响下，为了摆脱经济发展的障碍，日本开始探索利用高新技术产业知识产权挽救经济的方法，并于2002 年，颁布《知识产权法发展战略纲要》和《知识产权基本法》。进一步为高新技术产业的知识产权发展奠定了法律基础。可以看出，知识产权质押融资的稳定发展离不开完整的法律制度保障体系。

在理论研究中，知识产权质押融资法律环境的研究越来越受到学者们的高度关注。20 世纪 80 年代，Engel 分析了基于法律经济学的高科技企业对知识产权融资业务的开展情况，使知识产权融资问题开始进入公众视野。一方面，Davies（2006）指出知识产权作为抵押物可以帮助企业筹集资金的模式存在法律结构问题。Verma（2006）强调创新不足、缺乏实施机制和基础设施等造成了知识产权融资在发展中国家不能有效地开展。Goddard 和 Robert（2002）认为只有法律保护权利人拥有对无形资产的所有权，且该权利可以不受限制的交换时，该无形资产才体现出其财产权。另一方面，Weinberg 和 Woodward（1990）分析认为明确联邦法律与州法律在处理担保纠纷的地位，有利于实现融资担保法律的可预见性和统一性。Rill 和 Schechter（2003）认为知识产权的经济价值可以通过法律条文赋予或通过确认来得到保护，但是，一些国家，如美国是联邦制国家，联邦政府和各州有不同的知识产权保障体系。可见，各国需从实际出发，立足于国情，建设与优化相关政策法律环境。

（2）国内相关法律环境

国内知识产权制度自 20 世纪 80 年代初开始建设。从知识产权法律制度、知识产权管理和执法体系角度看，国内具有较好的知识产权质押融资环境。国家先后颁布了《担保法》《物权法》和《国家知识产权战略纲要》，加强了法律方面的政策引导，明确地规定了知识产权质押，逐步提高了知识产权融资发展的战略地位。然而，知识产权融资的发展进程仍存在一些阻碍。

早期关于知识产权融资的研究，主要是其面临法律法规方面的障碍，研究者以法律人员或机构为主。实际上，由于《担保法》《物权法》的过分粗糙化以及地方规定的不一致导致了相关法律法规和政策制定的不完善，再加上知识产权固有的风险因素，知识产权业务的发展相对滞后（张婷、卢颖，2016）。戴谋富（2005）在讨论知识产权质权客体范围时指出，知识产权质权是以知识产权作为担保物，实现质押融资安全性的保障，明确质权担保客体的范围将有利于该业务有效的开展。但是，在我国颁布的《担保法》中，只有专利权、商标权和版权才被作为担保的客体，忽略了在实际情况中，还有诸如集成电路布图设计权等其他具有财产权并可以用来担保的知识产权。

很多学者在分析法律政策障碍的同时，提出了有关知识产权发展的相关可行性政策建议。刘沛佩（2011）认为有必要从内部制度和外部环境两方面解决知识产权质押融资风险和问题，从登记、评估、创新融资模式和风险分担机制等多方面对融资业务系统进行重塑，为中小企业的发展增添新的活力。王锦瑾（2013）通过分析我国知识产权的权利归属和变现价值等引起的风险，提出要改善我国与各国以及国内不同地区立法不一致的限制，保持《担保法》和《物权法》条款的一致性，在扩大质押的主体范围、完善登记公示制度、建立健全评估体系、消除质权人风险四个方面提出了建议。

（3）政策法规的配置及完善

随着我国创新驱动战略和知识经济强国战略的推动，技术研发型企业的快速发展，知识产权融资受到来自社会和政府的广泛关注。全国知识产权融资实现快速发展，这离不开政府部门的指导和推动、政策鼓励和法律支持。政府通过有效的政策干预引导知识产权融资过程，主要体现在：一是确立法律法规和支持政策；二是加强财政补贴和扶持；三是优化外部融资环境，鼓励金融机构和中介机构等多方社会主体的参与。

国家先后出台了一系列政策法规，以促进和完善知识产权质押融资业务。2008 年，国家颁布的国家知识产权战略明确了知识产权评估体系建设。之后《科学技术进步法》也表明国家鼓励和支持知识产权质押融资业务，随后，出台了《关于推动自主创新促进科学发展的意见》和《关于进一步加大对科技型中小企业信贷支持的指导意见》，为科技企业的自主创新和信贷融资创造了良好的政治支持环境，为其提供了坚实的法律后盾。然而，要实现知识产权融资成为资金来源市场中的主导方式的目标，融资政策仍有待进一步完善和加强。陈江华（2010）认为政策体制存在缺陷，因而提出了关于政策法制化、提升企业质押融资条件、促进交易市场建立和发展等经济法律路径，充分发挥了政府、社会和市场三者在推动知识产权融资业务上的应有作用。

政策的颁布使得知识产权质押融资取得了一定的经济和社会效果，但是尚未成为资金来源的主要融资手段，中小企业资金链仍然紧张（陈江华，2010）。政府在财政上的支持，可以很好地帮助缓解科技型成长型企业的资金和信用资本的约束。蔡华（2010）针对我国专利管理和保护制度现存的局限，从财政策略的角度提出了政府可以通过税收鼓励和财政补贴等措施提高专利保险业积极性，同时协同保险人和投保企业支持专利保险的产生和发展。

优化融资环境，不仅需要政府部门的指导，还需要充分发挥市场作用，构建统一的知识产权融资交易服务平台和各个机构的协同合作机制。周春慧（2010）基于知识产权价值评估机制不健全、交易市场不完善等发展背景，指出有必要通过知识产权质押融资来加强银企之间的协同关系。为科技型企业资金链提供保障，也为金融机构拓展业务和创新服务提供动力，这就需要发挥政府在形成以市场为导向的融资环境中的重要作用。

综上分析，西方国家的知识产权发展已取得显著成效并为经济发展做出巨大贡献。虽然中国知识产权融资业务的发展在解决中小企业"财务和融资困难"问题上发挥了一定的作用，但对中小企业资金的贡献率还比较低，远不能满足中小企业的资金需求，知识产权经济的发展仍具有远大前景。

## 2.2 知识产权融资基本模式的相关研究

随着知识经济和技术创新的进步，知识产权市场化的需求和动力不断增强，知识产权融资逐渐成为科技金融发展的热点，并形成了具有代表性的融资模式。

目前，我国知识产权融资的主要特征体现在以政府为核心，有财政贴息、保费补贴、担保补贴、购买中介服务等多种形式，引导知识产权评估、交易、担保、典当、拍卖、代理、法律和信息服务等机构融入知识产权金融服务市场，支持社会资本建立知识产权投融资运营和服务机构，加快知识产权金融服务的市场化和系统化进程，推动知识产权融资服务与创新（朱佳俊、周方召，2015）。主要方式包括知识产权质押融资、技术入股、知识产权投资、知识产权融资租赁、信托和证券化等，也可以结合企业生命周期的发展特点，引导企业开展知识产权资本化。其中，质押融资模式的应用范围更广、发展更为成熟。

有关知识产权融资模式探索的研究，取得了一定的、具体的进展及成果。Bruno 等（2010）在对专利质押分析的基础上，指出专利融资租赁业务在提高创新增长率和促进研发投资方面的重要作用。朱佳俊等（2010）基于创意产业的视角，提出了多元化的知识产权融资模式，并从价值的评估和担保、风险的管理和退出等相关方面进行分析。丁锦希等（2012）运用案例研究和数理统计方法，对北京贴息模式进行深入分析及绩效评估，总结其成功经验与不足。蔡洋萍（2014）介绍了国内一些知识产权融资模式的成功经验，并在此基础上，创新了知识产权融资模式，介绍了模式创新的参与主体、所提供的金融产品，以及政府可以提供的政策支持。

### 2.2.1 知识产权质押融资

知识产权一般是指专利权、商标权及著作权等。知识产权的质押融资是对传统实物抵押模式的创新，是一种权利质押，主要指企业将自身所拥有的可转让知识产权中的财产权作为质押，来获取银行贷款的创新型的融资模式（刘纳新，2017）。这不仅促进了高新技术产业科技成果的转化和融资能力的提升（郭淑娟、常京萍，2012），而且贯彻了国家新兴产业发展战略，支持和引导中小企业发挥在国民经济中的主体地位和作用。

在创新模式的发展方面，程守红和周润书（2013）根据中国国情和现状，将政府的政策措施分为六类，以促进知识产权质押融资业务的发展，并根据政府在不同政策工具中的不同角色和参与程度，划分知识产权质押融资模式，其中最主要的是政府引导下的市场化模式的发展方式。肖宁洪（2009）提出知识产权质押融资是技术创新的融资担保方式之一，并且从法律的角度认为该融资担保的运作过程和相关举措仍有待完善。杨茜（2014）和肖侠（2011）系统分析了科技型小微企业融资现状和问题，表明知识产权质押融资的发展和创新离不开政府、金融机构和企业的共同努力，针对具体问题制定系统的全面的管理体制和应对方法。邵永同和林刚（2014）专门讨论了知识产权的质押融资、信托融资、融资租赁、证券化融资和期权融资等创新模式内容及其发展方式的有关建议。

在实施试点工作的开展方面，各地相继根据实际情况来创新知识产权质押融资模式，以加快地区经济和创新技术的发展。陆铭和尤建新（2011）认为有关当局应当敢于承担试点阶段工作中的问题，鼓励各地区各个社会主体积极开展知识产权质押融资项目。陶丽琴等（2011）搜集整理了各主要地区知识产权质押融资支持政策实施的情况，并就各地区政策设置和实施的状态、实施的发展趋势进行对比分析，将中国目前的知识产权质押融资业务作为一种政策手段和金融工具。从现有情况和发展形势看，政府有必要建立省一级统一的政策支持工具促进融资业务的发展。丁锦希等（2012）关于政府协助推进知识产权质押融资业务——北京模式，采用个案剖析，深入研究北京望尔生物技术有限公司融资模式的特点及该融资模式的融资绩效，表明北京模式的激励政策效果良好，但存在贴息模式单一等不足之处。程守红和周润书（2013）介绍了广东省佛山市（南海区）、广州市、东莞市三个试点城市的成果和经验。首先，分析知识产权质押融资过程中存在的问题；其次，基于政府的角度提出政府应该建立梯队推进的空间布局、加强领导和政策扶持、完善政策法规环境、培育有效的知识产权交易市场，银行应该坚持扩大质押物范围和宽松融资贷款条件、吸引商业银行的加入等业务创新措施，除此之外，还需要结合审慎风险，如改善风险控制和综合担保模式，以更好地协助广东省开展知识产权质押融资的业务。同时，在知识产权质押融资的中介服务机构方面，提出了一个双管齐下的人才培养方案，用于本地培训和人才引进。张婷和肖晶（2017）一方面指出在经济较发达的地区，如北京、上海、浙江、天津、广东、江苏，企业和银行对知识产权资本化有较高的信心和较强的认识，专利质押融资的试点工作较为顺利；另一方面指出各地区出台的有关规定不同，如缺乏统一的政策实施标准和细则，缺乏对可质押的知识产权范围的明确界定。由此可见，完善统一的机制建设和操作流程，对提高城市试点工作的质量和效率来说是至关重要的。

在规范和推进融资过程方面，多管齐下全方位制定发展策略必不可少。模式的发展背景是满足中小企业的资金需求、鼓励中小企业创新，充分利用知识产权价值（张婷、卢颖，2016）。总体上看，需要优化法律政策环境，明确专利等抵押品在法律上的规定；需要鼓励提高企业的融资创新能力，尤其是为成长发展中的创新型企业提供投资机会和财政支持；需要完善中介服务平台和机构组织的建设，优化专利和商标局的公共服务和业务政策（Bruno、Jean-Bernard、Kirsten，2010）。李明发（2012）从政府在中小企业知识产权质押融资中的作用入手，根据中小企业的知识产权质押融资现状，总结有关政策支持方面可以采取的方式，即主要分为融资企业成本的补贴、金融机构贷款风险的分摊及积极性的奖励政策两类，以便更好地为推进知识产权经济发展提供有利环境。王艳丽和吴一鸣（2013）、周思妍和李秋燕（2014）分别针对我国知识产权质押融资中存在质押物非物质性、变现难、质押周期短、融资效率低、法律法规不统一及各地区具体操作规则混乱的问题，比较分析美国、日本等发达国家在融资实践过程中的利弊，指出借鉴相关的先进经验，可以帮助促进国内知识产权质押融资方式和法律制度的完善。

　　具体来看，应当从我国实际情况出发，根据现行知识产权交易制度和规则，明确战略发展方向和具体业务流程安排，从融资过程、限制条款、担保和责任制度等方面构建我国特色的知识产权融资的机制体系（杨千雨，2014）。宋伟和高文杰（2011）提出知识产权融资体系是由知识产权权益融资和负债融资组成，应当根据企业生命周期理论，防范企业经营和金融市场风险、进行权益融资和负债融资的反向搭配。华荷锋和杨晨（2011）提出了完善企业信用担保机制的建设策略，阐述了银行和中介机构对知识产权融资业务进行辅导和服务的关键作用，从而构建了融资服务体系中的知识产权融资引导平台。王艳丽和吴一鸣（2013）建议从知识产权登记、查询和信息披露、价值评估等方面改进基础和配套制度，完善知识产权质押融资的程序体系、支持体系、信用体系和保险体系等。宗艳霞（2016）首先通过对我国知识产权质押融资现状进行分析，表明融资业务无论是数量还是质量都取得了显著成效，但是尚不能满足中小企业的资金需求；其次研究分析了融资的财政支持政策和国外发达国家实践经验，指出我国政策方面的不足；最后提出了准确定位、增强配套文件的规范性、营造良好的融资环境、加强政策工具创新等改善意见。

　　就政府而言，引入相关有效的政策措施，即知识产权质押融资的政策工具，是优化政策和法律环境、促进金融科技的进步、支持中小企业的发展、实现知识产权质押融资目标的动力和重要保障。

### 2.2.2　知识产权证券化

　　知识产权证券化（IPS）是金融创新的发展模式，是资产证券化的创新内容，也是融资企业拓展融资渠道的重要方式。知识产权证券化通常是由中介机构将知识产权或其权利作为担保，通过重新包装、信用评估和信用增强之后发行可流通证券，帮助企业实现融资目标。该模式对激发金融市场活力、推动金融科技发展、扩展企业融资机遇有着重要意义。

美国、日本等发达国家已开发实施了较为成熟的知识产权证券化模式，实现了科技成果的创新与转化，相比较而言，中国的知识产权证券化模式还有待于实践。一方面，传统的融资方式难以顺应科技经济日新月异发展的潮流，难以更好地满足企业融资的需求；另一方面，鉴于中国知识产权法律法规的日益完善、知识产权数量的持续增加、中介服务机构的迅速发展，以及政府政策的有力支持等，也说明知识产权证券化是切实可行的（李建伟，2006；郭淑娟、昝东海，2010）。

学者们分别从知识产权证券化模式和交易过程进行了相关研究。总体上，秦菲和陈剑平（2008）研究了国外知识产权证券化的发展进程，阐述了知识产权证券化的基本交易过程，分析了知识产权证券化的优势，并依据实际情况对该模式进行了可行性分析。凌辉贤（2011）分析了当前国内知识产权质押和证券化融资的现状、存在问题和成因，提出了建立政府主导型的知识产权融资。汤珊芬和程良友（2006）在分析知识产权证券化的优势和局限的基础上，相信加强政府干预将有助于知识产权证券化融资模式的发展。

在具体的有关加强知识产权证券化发展的研究中，袁晓东和李晓桃（2008）提出了适用于金融机构的专利质押贷款证券化，以及可适用于企业的专利许可应收款证券化。黄光辉（2009）分析知识产权证券化的发展和运行机理，表明其实施和发展受到许多因素的影响，并且在系统层面、风险因素和配套措施等方面分析提出了解决之道。黄光辉和徐筱箐（2011）认为资产池的建立是有效预防和控制知识产权证券化风险的重要举措，相关基础资产应根据现有的基础知识产权债权来确定，进行实质性的调查和现金流量分析；在建立资产池时，应遵循大量法则，控制相关基础资产的分散度，以防范群组化风险。姚王信和陈斌（2013）认为可以通过研究会计投资者保护机制，有效利用与会计有关的职能，如通过公司治理来防控知识产权证券化给小微企业融资造成的风险。

### 2.2.3　其他相关模式

知识产权融资在促进知识产权和技术成果转化过程中也有其他发展模式，如知识产权作价入股、知识产权信托、知识产权担保融资、知识产权P2P融资等。在全国范围内，尤其是经济发达地区，也相继开展了相关业务的试点工作，引入支持区域知识产权经济发展的相关政策，为各地区发展独特的业务模式创造有利的环境。

知识产权作价入股主要是将知识产权（以专利为主）作为资产作价后，同传统实物一样经过出资入股并按《公司法》等法律的规定，依法组建公司的经济行为。在知识产权作价入股的过程中，需要合理规定作价入股的具体方式和出资比例，关注知识产权在市场经济和法律框架内的发展及技术更新中的价值变化，依法转移技术成果及约定参与各方的职责与责任。李世保等（2017）论述了股权激励机制在科研机构中的可行性和积极作用，分析了与科研成果相关知识产权参与作价入股及其收益分配的过程。该模式不仅在为科研机构提高成果转化率方面有所贡献，而且在为专业人员提供收益奖励机制上调动专业人员参与的主动性和积极性。

知识产权信托是指信托机构、信托投资公司等通过管理或处置企业所拥有的知识产权，来实现其价值的信托业务。此外，对信托机构来说，可以从中获得处置知识产权的投资收益，也可以吸纳风险投资基金，在管理财产过程中获取利益。该模式中，所涉及的知识产权一般包括专利、版权、商标等。肖尤丹和熊源（2012）提出知识产权信托制度为知识产权融资和技术成果转化提供了不同的路径，可以通过多元化的融资方法、创新的技术工具和保障来完善知识产权保险制度，从而推动该模式的稳步发展。

知识产权担保融资主要是指债务人为筹集资金，在其或第三方提供的可合法转让的知识产权上设定质权，将其作为债务担保，债权人享有在债务人未履行债务时，对担保的处置权并相对于其他债权人优先受偿的担保权益。所涉及的知识产权可以是注册商标权、专利权、版权产权、商业秘密权、集成电路布图设计权和植物新品种权的专有权等（蔡侯杰，2013）。谢黎伟（2011）认为知识产权担保类型可以分为垂直型和水平型，其中存在着质押、担保、融资租赁等多种方式，在不同的融资类型和模式下，贷方面临的风险也存在差异。陆志明（2004）认为知识产权担保融资需要金融机构转换传统的经营理念，知识产权的担保价值并非完全依据担保物的可转换性，而是基于其未来的现金流。梁冰（2006）主张通过建立现代担保物权和抵押权，以提高中小企业的融资能力；可以将能产生未来现金流的知识产权作为财产；在实践中注重加强企业与金融机构、政府部门的协同发展。

知识产权 P2P 融资是对金融创新与互联网金融相结合的探索，主要是科技型企业使用 P2P 在线借贷平台，利用知识产权质押作为信用增级的手段，实现交易融资。宣頔（2017）通过研究知识产权 P2P 融资模式和公私合作机制，表明引入政府和社会资本、建立公私合作的多层次知识产权交易市场和规则制度，是控制公私合作风险，营造较好金融环境的有效方式。2015 年，中国首个知识产权（专利）质押 P2P 融资项目由西安金知网和陕西金开贷金融服务有限公司共同发起，一同与西安科技金融服务中心签署知识产权互联网金融战略的合作协议，并取得一定的业务成绩。

从地方知识产权发展的角度来看，代表性的发展模式主要体现在：北京为"银行＋知识产权（专利权和商标权）"，参与主体包括政府、企业、银行、评估机构和担保机构；天津为"会员担保＋保险"；上海为"银行＋政府基金担保＋知识产权（专利权）反担保"，实行信用互助政策，参与主体有政府、企业、银行；武汉表现为"银行＋科技担保公司＋知识产权（专利权）反担保"，参与主体有政府、企业、银行、担保机构；湖南表现为"会员互保＋反担保"；江苏表现为"银行＋无抵押担保知识产权"，参与主体有政府、企业、银行、评估机构（王明，2017）。

综合现有研究发现，知识产权融资的发展符合知识经济和金融服务的发展需要。知识产权质押融资作为一种新的发展模式，具有远大的发展前景，对提升我国知识产权融资能力起着重要作用。

## 2.3 我国知识产权质押融资相关研究的文献计量分析

对一个学科整体或是某个领域研究情况进行分析和评估，常采用包括定性分析和定量分析两种方式。定性分析一般是通过归纳演绎的方法，运用抽象概括的方式实现事务由表及里的本质认识，而定量分析则是实证性分析对象各项指标及数值的一种方法（唐震、李芳，2014）。有关知识产权质押融资的研究，定性分析是指对知识产权与质押融资的概念、理论框架、发展历史、过程及现状等进行描述；而定量分析是指从定量的角度对知识产权质押融资风险的评估及预警、知识产权质押融资的模式、知识产权价值的评估等方面进行的实证分析。从当前研究现状来看，有关知识产权质押融资研究的文章无论是数量、研究的角度、研究的方法，还是研究的力度和研究的深度都有了很大的进步。这在一定程度上能帮助大家从宏观角度对我国知识产权质押有个整体的了解，以便更好地把握知识产权质押融资领域的研究重点以及学术的前沿领域。因此，对该领域现有的研究成果进行定量分析是非常有必要的。

本节对截至 2018 年 9 月 30 日 CNKI 数据库中收录的关于知识产权质押融资的期刊进行计量分析，主要是为了解决以下三大方面的问题。

①我国知识产权质押融资发展呈现什么样的态势？何时开始出现该领域的春天？研究文献主要发表在哪些期刊上以及基金分布状况？

②该领域的研究层次如何？

③知识产权质押融资研究领域的主要研究群体是谁？主要研究机构有哪些？核心作者有哪些？研究者主要关心的议题是什么？

### 2.3.1 研究设计

（1）样本数据的获取

本节依托中国知网数据库，采用文献计量学的研究方法，对我国知识产权质押融资领域的相关研究成果进行了描述性统计。截至 2018 年 9 月 30 日，在"中国知网学术期刊全文数据库"中以"知识产权质押""知识产权融资""专利质押""专利融资"为主题进行检索，得到 317 条期刊论文相关数据。

（2）样本数据的处理与分析

文献计量分析法是以文献数量为基础，论述与预测科学技术规律与现象的学问（郭金子，2014）。因此，这里基于文献计量的视角对知识产权质押融资的研究现状进行分析，变量内容包括期刊文献研究的发展与刊载期刊的分布、著者地区分布等。采用词频分析法对知识产权质押融资领域的关键词进行词频分析，以揭示知识产权质押融资领域的研究重点。另外，还可以通过研究文章的被引频次来分析知识产权质押融资相关领域的研究成果对其他学科领域的影响程度。依据论文发表的数量、刊载期刊的分布、论文发表的地区分布、人员分布、研究机构分布以及相关关键词分析，通过直接统计分析或者手动编码后的再次统计分析，可以发现关于知识产权质押融资相关研究的整体发展趋势和变化情况。

### 2.3.2　知识产权质押融资研究的发展

随着科学技术的发展和经济全球化进程的推进，科技型企业在国家综合国力和国家竞争优势方面扮演着重要的角色，关系到整个国家未来的国际经济地位。改革开放以来，我国跟上第三次世界科技革命的步伐，知识产权的发展也早已浸入到我国经济发展当中，并且市场经济中，金融作为经济发展的"引擎"，其对科技型企业的发展远没有满足市场的需求。1995 年颁布的《中华人民共和国担保法》规定知识产权可以作为担保，为知识产权质押融资提供了法律依据，同时，知识产权与金融资源融合的文献研究开始出现，其理论研究的脉络主要分为三个阶段，如图 2 - 1 所示。

自 1996 年《知识产权》公开发表第一篇关于知识产权质押的文章——《知识产权质押初探》（南振兴，1996）以来，一直到 2005 年有关该主题的文章不多，知识产权质押研究尚处于探索的阶段。2005 年，中共中央委员会通过了《中共中央关于制定国民经济和社会发展第十一个五年

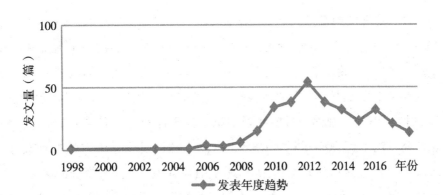

图 2 - 1　相关论文发表 CSSCI 期刊的时间与篇数统计

规划建议》，提出加大知识产权保护力度，鼓励自主创新、优化创新环境，建立以企业为主体、市场为导向、产学研相结合的技术创新体系，形成自主创新的基本体制架构。2006 年胡锦涛在中共中央政治局集体学习中强调加强我国知识产权制度建设；知识产权质押融资在国内出现首个成功案例，交通银行北京市分行经过认真评估审查，为柯瑞生物医药技术有限公司发放了 150 万元的知识产权质押贷款，公司以其专利发明权作为质押物。继而，全国开展和推动了知识产权质押融资的试点，使得国内知识产权质押融资业务得到了快速的发展。相应地，以知识产权质押融资为主题的文章在该阶段呈现明显的上升趋势。

2008 年的全球金融危机使全球经济受到了影响，我国的金融业也对贷款的发放更加谨慎，对我国知识产权质押融资业务的发展产生了一定影响，有关知识产权质押融资的研究在该阶段也受到了影响，经济的不景气带来了研究的低迷，如何创新和发展新的融资手段再次被政府和企业所关注。直至 2008 年 12 月，国家知识产权局在全国开展知识产权质押融资试点工作后，各地知识产权局牵头，结合当地实际，积极与各有关政府部门、金融机构以及中介机构协调，制定并出台了各类促进、扶持或管理当地知识产权质押融资工作的指导性意见或政策措施，这一时期我国知识产权质押融资事业的发展成效显著。知识产权质押融资业务如火如荼地开展也带动了研究领域关于知识产权质押融资主题研究的风靡。该阶段论文的数量呈现快速的增长趋势，研究的主题也从早期知识产权质押融资的含义的论述、业务的探索、三种传统评估方法（郑成思，1998）（姜秋、王宁，2005）的适用性等逐渐转向价值评估方法和预警模型的建立（鲍新中、董玉环，2016）（颉茂华、焦守滨，2014）（冯岭、彭智勇、刘斌等，2015），以及政策工具和法律法规的完善等方面（储敏、周恒，2014）（程守红、周润书，2013）。显然，目前我国知识产权质押融资研究成果在研究对象及研究方法上都取得了巨大的突破，该主题已受到学者们的广泛关注。2012 年文献总数达到 182 篇之后，其后有关知识产权质押融资的文献总体数量有所回落。但是该时期的有关知识产权质押融资的文章发表在 CSSCI期刊的载文量依然占有很大的比重，说明了该主题引起了主流杂志的广泛关注。

### 2.3.3　知识产权质押融资相关研究的分布特征分析

（1）刊载期刊分布特征

在 1334 篇有关知识产权质押融资的文献中，CSSCI 期刊载文量 317篇。刊载相关文章最多的期刊是《科技管理研究》《科技进步与对策》《知识产权》《电子知识产权》《中国金融》《科学管理研究》《中国科技论坛》，分别刊载 29 篇、27 篇、26 篇、19 篇、15 篇、11 篇、11 篇，载文数量超过 10 篇的期刊所载的文献数量占文献研究总数的 10.34%，可见有关知识产权质押融资研究文献在 CSSCI 期刊上的分布比较分散。

根据布拉德福定律，按照刊载知识产权质押融资相关学术论文数量进行递减排序，表 2 - 1 中的 12 种期刊发表了相关文献 165 篇，占全部文献数量的 12.37%，这些期刊可以被认为是知识产权质押融资研究领域的核心期刊。从载文数量的排名来看，《科技管理研究》《科技进步与对策》《科学管理研究》《中国科技论坛》《科学学研究》《科学学与科学技术管理》这六本最主要的科技管理类期刊均有较多的载文量，其余如《知识产权》《电子知识产权》这两本知识产权类的相关期刊，以及《中国金融》《金融理论与实践》这两本金融类的期刊也有相当多的载文。这也基本上反映了知识产权质押融资所涉及的领域为科技、金融和知识产权领域。

表2－1 CSSCI期刊文献分布表

| 文献来源 | 载文数量（篇） | 文献来源 | 载文数量（篇） |
|---|---|---|---|
| 科技管理研究 | 29 | 中国科技论坛 | 11 |
| 科技进步与对策 | 27 | 科学学研究 | 7 |
| 知识产权 | 26 | 金融理论与实践 | 6 |
| 电子知识产权 | 19 | 法学杂志 | 5 |
| 中国金融 | 15 | 管理现代化 | 5 |
| 科学管理研究 | 11 | 科学学与科学技术管理 | 4 |

（2）知识产权质押融资论文的地区分布

文献计量分析中往往对载文的发文地区进行统计分析，这种分析在一定程度上也可以揭示各地区相关领域的发展情况。这里，对知识产权质押融资研究的发文地区进行分析，间接分析我国不同地区在知识产权质押融资领域的发展情况。通过分析发现，317篇论文中，标有著者的共有313篇。根据第一作者单位进行统计，研究文献篇数在4篇以上的地区分布如表2－2所示。

表2－2 发文数量在4篇以上的地区分布

| 所在省市 | 载文数量（篇） | 所在省市 | 载文数量（篇） | 所在省市 | 载文数量（篇） |
|---|---|---|---|---|---|
| 北京 | 48 | 江苏 | 41 | 广东 | 18 |
| 上海 | 25 | 湖北 | 19 | 安徽 | 16 |
| 天津 | 14 | 浙江 | 14 | 四川 | 13 |
| 重庆 | 11 | 山西 | 10 | 山东 | 9 |
| 福建 | 6 | | | | |

根据表2－2，发文数量较多且排名前八位的地区分别是北京、江苏、广东、上海、湖北、安徽、天津、浙江，在北上广和江浙地区有关知识产权质押融资研究的发文量最多，这在一定程度上表明知识产权的研究实践与当地的经济状况紧密相连，这也反映出对知识产权质押融资

领域研究的地区比较广泛，这与知识产权质押融资的实践情况基本吻合。1995 年实施的《担保法》规定知识产权可以用于质押，是知识产权质押融资在我国发展的一个标志性文件。2007 年颁布的《物权法》巩固了知识产权以担保形式从商业银行质押贷款的地位。2006 年，交通银行北京分行推出信贷产品"展业通"，随后各地区根据各自不同的方式推进知识产权质押融资业务。经过数年的发展，多个试点地区产生了各具特色的质押融资模式。

①北京。2006 年，北京出现第一笔知识产权质押贷款。交通银行北京分行与柯瑞生物制药公司签订了一笔 150 万元的知识产权质押融资贷款合同。2007 年 6 月，北京市由北京市知识产权局为代表，与交通银行签署了知识产权质押融资的战略合作框架协议，共同积极推进知识产权质押融资业务在北京市的发展。随后，北京市各级政府又不断制定了多个政策和优惠措施，为金融机构、中介服务机构、科技型中小企业等参与各方开展知识产权质押融资业务提供各方面的支持。

②上海。2005 年国家知识产权局出台了《商标专用权质押登记程序》和《专利权质押合同登记管理暂行办法》，为响应国家号召，2006 年上海浦东新区正式启动知识产权质押融资试点工作。2008 年印发《浦东新区科技发展基金知识产权质押融资专项资金操作细则》，推进知识产权质押融资的发展。2009 年上海市的金融办、知识产权局、工商局、版权局、财政局、银监局、保监局七个部门联合制定了《关于本市促进知识产权质押融资工作的实施意见》，在该实施意见中，提出了推进上海市知识产权质押融资业务发展的八个方面的具体措施，包括完善服务平台、价值评估体系的建立、知识产权交易和流转市场建设、风险分担机制建设等。2010 年作为国家知识产权局公布的第三批知识产权质押融资试点地区之一，上海市加快发展知识产权的质押贷款业务。

③我国其他地区也在积极地开展知识产权质押融资业务，例如，湘潭市的纯市场化知识产权质押融资模式、佛山市南海区以及广州市政府引导下的半市场化模式，等等。截至 2015 年，我国知识产权质押融资金额从 2008 年的 13.84 亿元上升到 2015 年的 560 亿元，可以看出我国知识产权质

押融资事业的发展成效显著。但是知识产权是一种新兴的权利资产，在法律与经济制度上尚未形成健全的体系，我国政府相关部门及各相关机构都在不断努力构建更加细化的法律法规，以减少知识产权无形性、期限性、价值不确定性等自身缺陷所带来的风险。同时为了刺激知识产权质押融资在全国范围的成长，我国政府还积极建设了多批实验区。

（3）知识产权质押融资研究人员分布特征

根据从 CNKI 数据库关于知识产权质押融资期刊研究成果统计，相关的 317 篇研究成果中共有 359 位著者（包括第一著者和第二著者）。1996—2018 年知识产权以第一作者、第二作者发文最多的为 8 篇，依据文献计量学中著名学者普赖斯（Priced）所提出的计算公式（丁学东，1992）进行统计：$m = 0.749\sqrt{n_{max}}$，其中"$n_{max}$"是最高产作者发的论文数。根据统计显示，最高产的作者是天津财经大学的苑泽明，共发表论文 8 篇，所以"$n_{max} = 9, m = 2.0118$"，按照取整选择即发表 3 篇或 3 篇以上论文的作者划分为核心著者。也就是说，发表知识产权质押融资研究文献不低于 3 篇的作者即可划分为核心著者。统计结果显示，有关知识产权质押融资研究的核心著者共计 26 人，占论文著者总数的 7.24%，如表 2 - 3 所示。

表 2 - 3　载文的著者的分布

| 发文量（篇） | 作者数量（人） | 占作者总人数的比例（%） | 发文量（篇） | 作者数量（人） | 占作者总人数的比例（%） |
| --- | --- | --- | --- | --- | --- |
| 8 | 1 | 0.04 | 5 | 3 | 0.12 |
| 7 | 1 | 0.04 | 4 | 2 | 0.08 |
| 6 | 1 | 0.04 | 3 | 18 | 0.69 |

从表 2 - 4 可以看出，核心作者包括苑泽明、姚王信、鲍新中、丁锦希、李鹏等多位研究者，且作者主要来自天津财经大学以及中国科学技术大学、北京联合大学、四川大学、中国药科大学等高校，此外，还包括作者闫冰竹，这是一位在北京银行工作的知识产权质押融资实践工作者。

表2-4  发文数量3篇及以上的作者

| 作者 | 所属机构 | 发文数量（篇） |
| --- | --- | --- |
| 苑泽明 | 天津财经大学 | 8 |
| 姚王信 | 中国科学技术大学 | 7 |
| 鲍新中 | 北京联合大学 | 6 |
| 丁锦希 | 中国药科大学 | 5 |
| 顾新 | 四川大学 | 5 |
| 李鹏 | 陕西警官高等专科学校 | 5 |
| 袁晓东 | 华中科技大学 | 4 |
| 姚王信 | 天津财经大学 | 3 |
| 马毅 | 佛山职业技术学院 | 3 |
| 李伟 | 中国医科大学 | 3 |
| 张晓云 | 南京大学 | 3 |
| 王立武 | 山东政法学院 | 3 |
| 钱坤 | 南京大学 | 3 |
| 李希义 | 中国科学技术发展战略研究院科技投资研究所 | 3 |
| 范晓宇 | 中国计量学院 | 3 |
| 张红芳 | 同济大学 | 3 |
| 沈厚才 | 南京大学 | 3 |
| 谢黎伟 | 厦门大学 | 3 |
| 冯涛 | 江苏大学 | 3 |
| 陈见丽 | 广东金融学院 | 3 |
| 华荷锋 | 河海大学 | 3 |
| 丘志乔 | 广东工业大学 | 3 |
| 高圣平 | 中国人民大学 | 3 |

结合表2-3和表2-4可以看出，随着知识产权与金融资源的融合、知识产权质押融资研究的深入，越来越多的专家学者和企业实践工作者都加入到知识产权质押融资的研究领域当中。从表2-3和表2-4中也不难看出其中出现少数研究论文数量颇丰的作者。当然，也可以看到，关注和

推动知识产权质押融资研究领域发展的群体，主要还是来自学术界和科技主管部门及其研究机构，相对来说，从事实践工作的金融经济领域的研究者很少。而且进一步可以看到这些作者分布在北京、天津、上海、广东、江苏、浙江等地区，天南海北相对分散，因此，各机构及各著者的交流与合作有待进一步的增强。

（4）知识产权质押融资论文的研究机构分布

从表2-5中可以看出，发文数量在4篇以上的27家机构中，高校占25个席位，研究所占1个席位，另外还有1家银行。这恰好印证了文献著者分布特征中的结论，知识产权质押融资相关理论研究的主要力量主要来源于高校和科技专利研究领域。相对来说，尽管很多金融机构都在尝试进行知识产权质押融资业务的开展，但是对相关理论的研究重视还不够，高等院校和知识产权研究机构是知识产权质押研究的主要基地。通过文献计量发现，发布CSSCI级别期刊的机构绝大多数来自高校和研究所，而高校的相关理论研究与企业实践的结合往往存在一定的困难。这在一定程度上也可以解释为什么政府积极推进知识产权质押融资，而该业务的发展却没有想象中迅猛。在知识产权质押融资的业务推进过程中，有些关键的技术问题研究不能停留在理论研究层面，要推进相关学术研究与实践应用的结合，企业界的实务工作者也要和学术工作者一起推进知识产权质押融资相关研究的发展。

表2-5 发文数量在4篇以上的机构

| 机构名称 | 发文量（篇） | 机构名称 | 发文量（篇） | 机构名称 | 发文量（篇） |
| --- | --- | --- | --- | --- | --- |
| 南京大学 | 13 | 江苏大学 | 13 | 四川大学 | 10 |
| 天津财经大学 | 10 | 中国科学技术大学 | 10 | 中国计量学院 | 8 |
| 华中科技大学 | 8 | 华东政法大学 | 7 | 北京大学 | 7 |
| 同济大学 | 7 | 中央财经大学 | 7 | 中国人民大学 | 7 |
| 北京联合大学 | 7 | 安徽大学 | 6 | 河海大学 | 6 |

| 机构名称 | 发文量（篇） | 机构名称 | 发文量（篇） | 机构名称 | 发文量（篇） |
|---|---|---|---|---|---|
| 华南理工大学 | 6 | 广东金融学院 | 5 | 山西警官高等专科学校 | 5 |
| 上海财经大学 | 5 | 中国科技部中国科学技术发展战略研究院 | 5 | 中国药科大学 | 5 |
| 中南财经政法大学 | 5 | 重庆理工大学 | 4 | 广东工业大学 | 4 |
| 中国工商银行江苏省分行 | 4 | 厦门大学 | 4 | 重庆大学 | 4 |

上述 27 所机构中，从地区分布上来看，大部分集中在北上广地区，西北地区和中部地区很少，说明经济科技发展程度较高的地区对相关政策采取措施快，政策文件一经出台，经济科技发展程度较高地区的反应最为灵敏，西北地区和中部地区需要加强该领域的研究。从机构所属的领域看，这些发文机构大都与经济、科技有关，财经类研究机构，如中央财经大学、天津财经大学；科技类研究机构，如华中科技大学、中国科技部中国科学技术发展战略研究院、中国科学技术大学；还有部分法学机构，如中南财经政法大学、华东政法大学。这些机构一方面创新知识产权质押融资产品，推进知识产权与金融资源的融合，有助于我国科学技术创新生成自主知识产权；另一方面法学机构的参与有利于推进知识产权法律制度的完善，加强对知识产权质押融资运行的法律保护以及降低法律风险。总之，当前我国相关机构正在科学地认识当前形势，准确研判未来走势。

### 2.3.4 知识产权质押融资论文的关键词分析

关键词是对文章主题的直接反映和表达，是对文章内容的高度凝练。对关键词的频次进行统计，能在某种程度上看到研究热点和问题的变化；对关键词的共词网络图分析，反映了有关知识产权质押融资的研究主题。

（1）关键词词频分析

从表2-6可以看到，关键词频数最高的是"知识产权"，其次是"质押融资""融资""知识产权质押""知识产权质押融资""质押""科技型中小企业""专利权质押""担保""中小企业"，以及"专利"等。显而易见，知识产权是我国近年来研究热度不断上升的问题和领域，高频关键词能反映我国知识产权的研究重点。

表2-6 频数排名前20名的关键词

| 关键词 | 频数 | 关键词 | 频数 |
| --- | --- | --- | --- |
| 知识产权 | 84 | 质押融资 | 39 |
| 融资 | 27 | 知识产权质押 | 21 |
| 知识产权质押融资 | 17 | 质押 | 16 |
| 科技型中小企业 | 15 | 专利权质押 | 14 |
| 担保 | 11 | 中小企业 | 11 |
| 专利 | 8 | 融资模式 | 8 |
| 价值评估 | 7 | 科技型小微企业 | 6 |
| 担保融资 | 6 | 专利权 | 6 |
| 知识产权证券化 | 6 | 著作权 | 5 |
| 风险管理 | 5 | 企业融资 | 5 |

（2）关键词共现分析

共词网络图是文献计量分析中常用的一种方法，它将同类研究文献中出现频次超过10次的高频关键词进行两两配对，统计两个关键词在同一篇论文中共同出现的论文篇数，共现次数多的关键词之间可以反映某一个研究主题。图2-2是知识产权质押融资相关研究的共词网络图。图中每个点的大小反映了该关键词与其他关键词共同出现次数的多少，而两点之间的连线粗细反映了两个词之间的共现次数。距离越近的关键词之间越容易反映某一主题。图2-2左侧主要为对质押融资业务参与主体金融机构的研究，右侧主要为知识产权质押融资流程和模式、质押融资价值评估及风险等的研究，并且整个网络集中于对知识产权融资业务面临阻碍的研究（纪雪梅，2012）。

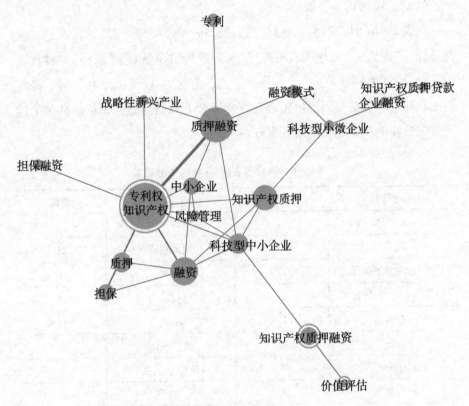

图2-2 关键词共现分析

从总体上来看，知识产权研究的主题与热点问题，跟质押融资、科技金融实践，以及企业创新发展紧密相关。2006年我国提出自主创新战略，颁布了《国家中长期科学和技术发展规划纲要（2006—2020年）》及其配套政策，2007年我国提出了"实施知识产权战略"，2008年《国家知识产权战略纲要》的发布实施，知识产权得到了前所未有的重视。2017年李克强总理签批并由国务院印发的《"十三五"国家知识产权保护和运用规划》，将知识产权规划首次明确列入国家重点专项规划的范围，也明确了"十三五"期间我国知识产权工作的发展目标与主要任务。显而易见，知识产权质押融资业务的研究与政策上对知识产权质押融资的支持密不可分，发展经济、掌握市场竞争的主动权是经济全球化的需要，同时，中小企业在国民经济中地位的提升，对金融市场进行创新，满足中小企业的发展需求被提到了更高的层面，整合知识资本与金融资本，无论是金融创新还是经济支持都起到了很大的作用，受到了来自各方的关注。

### 2.3.5　知识产权质押融资的学术影响力分析

对学术论文影响力的评价，一般可以从定性视角和定量视角两个方面展开。这里主要从定量视角进行评价。学术论文影响力的定量评价最基本的指标是论文被引频次，被引频次是反映文献在学术界被认可程度高低的最直观表现，也是文献计量学中衡量学术论文社会显示度和学术影响力的常用指标，是该篇文献所研究工作的继续、应用、发展或评价。文献被引用的次数越多，说明该文献在相关领域学术圈内的参考价值和影响力越大，被其他学者认可的程度也越高。

表 2 - 7 中被引频次在 50 次以上的文献数量有 16 篇，这些文章主要集中于 2006—2012 年，可见，从 2006 年开始，知识产权质押融资领域的研究变得日趋活跃，同时也说明知识产权质押融资论文的学术影响力不断提升。从这些文章的内容来看，主要集中在知识产权质押融资的风险、评估及模式与特征研究，其中还涉及理论发展、政策配置以及与国外知识产权质押发展的实践与借鉴，期刊分布主要集中于经济类期刊；但大部分文章还主要停留在定性分析阶段，定量研究文献相对欠缺。

表 2 - 7　被引频次在 50 次以上的文献

| 题名 | 第一作者 | 作者单位 | 发表年份 | 文献来源 | 被引次数 |
|------|------|------|------|------|------|
| 知识产权质押贷款风险分散机制研究 | 宋伟 | 中国科学技术大学知识产权研究中心 | 2009 | 知识产权 | 155 |
| 知识产权质押融资的风险分解与分步控制 | 张伯友 | 北京市知识产权局专利管理处 | 2009 | 知识产权 | 134 |

续表

| 题名 | 第一作者 | 作者单位 | 发表年份 | 文献来源 | 被引次数 |
|---|---|---|---|---|---|
| 以科技金融创新破解科技型中小企业融资困境 | 唐雯 | 河北科技大学经济管理学院 | 2011 | 科技管理研究 | 113 |
| 中外知识产权质押贷款发展状况研究 | 徐栋 | 上海大学知识产权学院 | 2009 | 电子知识产权 | 92 |
| 知识产权质押融资中的资产评估 | 杨松堂 | 中国资产评估协会 | 2007 | 中国金融 | 89 |
| 日本知识产权质押融资和评估 | 李龙 | 华东理工大学法学院 | 2009 | 华东理工大学学报（社会科学版） | 88 |
| 政府支持下的知识产权质押贷款模式及其特征分析 | 李希义 | 中国科学技术发展战略研究院 | 2009 | 科技与法律 | 85 |
| 我国知识产权质押融资典型模式之比较分析 | 周丽 | 上海市知识产权发展研究中心 | 2009 | 电子知识产权 | 84 |
| 金融支持战略性新兴产业发展的实践创新、存在问题及建议 | 吕铁 | 中国社会科学院工业经济研究所 | 2012 | 宏观经济研究 | 78 |
| 知识产权质押融资理论发展、实践与借鉴 | 彭湘杰 | 中国人民银行湘潭市中心支行 | 2007 | 中国金融 | 76 |
| 知识产权质押融资中的政府配置研究 | 杨晨 | 河海大学知识产权研究所 | 2010 | 科技进步与对策 | 76 |
| 专利权质押融资现状分析 | 卢志英 | 国家知识产权局协调管理司 | 2007 | 中国发明与专利 | 74 |

| 题名 | 第一作者 | 作者单位 | 发表年份 | 文献来源 | 被引次数 |
|---|---|---|---|---|---|
| 知识产权证券化：知识产权融资的有效途径 | 杨亚西 | 安徽财经大学 | 2006 | 上海金融 | 69 |
| 广东科技金融发展模式初探 | 杨勇 | 广东省科学技术情报研究所 | 2011 | 科技管理研究 | 66 |
| 知识产权质押贷款的风险及其防范 | 仇书勇 | 北京大学经济学院 | 2009 | 新金融 | 65 |
| 知识产权质押融资的障碍及其克服 | 黎四奇 | 湖南大学 | 2008 | 理论探索 | 63 |

### 2.3.6 知识产权质押融资研究的发展态势分析

这里对截至 2018 年 9 月 30 日知识产权质押融资领域的 317 篇 CSSCI 期刊文献，综合定性和定量两种研究方法对其研究的发展、刊载期刊的分布、关键词频次、学术影响力等方面分析，得出了目前我国知识产权融资研究的基本态势，如下所述。

①经济发达地区尤其是北京、江苏、广东等省份在知识产权融资的研究中处于主导和领先地位，知识产权融资业务的发展状况深受当地经济与科技实力的影响，这也导致知识产权质押融资目前难以实现均衡发展。因此，发展较为落后的地区在重点发展当地金融经济体系的同时，不仅要大力促进知识产权的创新发展，还要借鉴学习北京、江苏、广东等省份的知识产权体系的研究与建设经验总结，更好地发挥知识产权的资本价值，服务于实践。

②中国科技部中国科学技术发展战略委员会、国家知识产权局、国家知识产权局专利局等科技主管部门及其研究机构人员是主要的研究群体，但是，来自天津财经大学、中国科学技术大学、北京联合大学等高校的学者（如苑泽明、姚王信、鲍新中等）也是科技金融研究的主要群体之一，

可以说是知识产权质押融资研究发展的主要推动力量。知识产权质押融资本是一项业务性和实践性较强的工作，金融部门在其中发挥着主导和推动作用，知识产权融资业务的发展离不开理论研究者与银行等资金提供者协同参与，但是现有研究中银行等实业界的研究者和实践者参与较少，科研学术界与实业界协作不足，不利于知识产权质押融资的实践与发展。因此，有必要推动实业界的研究者与实践者的加入以共同推动知识产权与金融资源的有效整合，达到促进融资的实践工作的开展和加强学科创新的目的。

③自 2006 年以来，与知识产权质押融资有关的文献数量呈现迅猛发展的势头，但很少刊载在顶级的刊物上，因此，该主题和方向的文献在质量上还有待进一步提升。

④研究主题较为多样化，但关注的主题主要集中在知识产权融资的障碍、对策和模式构建等的研究，实证角度的研究也主要集中在融资过程中面临的价值评估和风险预警问题，缺乏将该领域的问题作为一个系统整体来考虑的研究主题。我们基于我国技术、市场、制度和环境的特点，综合考虑多个学科、多个领域和诸多利益相关主体，从而避免"点与线式"的研究和考察的偏颇，全面认识、了解、掌握知识产权质押融资业务。同时，我们还要掌握科技的发展态势，融合理论于实践之中，达成"学以致用"的目标。

## 2.4 知识产权质押融资的影响因素及运行机制的相关研究

知识产权融资影响因素和运行机制的研究，是评价企业融资能力和管理科研成果的基础性工作，是企业制定总体创新发展战略和目标的重要依据。在知识产权质押融资和实现科技成果转化的过程中，将会受到各方面因素的影响。分析知识产权融资的相关影响因素是企业加强知识产权保护和管理的基础性工作内容之一，有助于促进实现知识产权质押融资的目标。

结合已有研究，根据我国知识产权质押融资的实践过程及其面临的问题，可以基于对美国、韩国、日本等国家的知识产权质押融资的模式和特点进行研究，更有针对性地提出有关确立政策的战略性长效机制，完善知识产权保险机制的构建，健全知识产权交易策略和交易服务平台的融资运行机制（李青，2012）。

### 2.4.1 运行机制的相关研究

知识产权质押融资的运行机制强调知识产权转化为实际融资行动的运行模式和关键过程。研究和分析知识产权质押融资运行机制，有助于企业知识产权质押融资活动的协调、有序、高效运作，有助于提高企业的融资能力和融资效率。然而，关于国内外知识产权发展的演化过程，研究的内容大多是从定性的角度出发，银行面向知识产权质押融资的合约设计仍处于经验分析阶段，对知识产权价值分析还主要集中于静态模型构建等问题（钱坤、沈厚才、殷倩波，2013）。

从知识产权融资运行方式来看，可以根据其主导类型进行划分。程守红和周润书（2013）将模式划分为政府主导型、市场主导型、政府引导的市场化及政府指令型。杨晨和陶晶（2010）将其分为政府担保加补贴、政府担保及市场运作模式。杨帆等（2017）将其划分为市场主导型直接质押融资、政府主导型间接质押及混合模式。其中，市场主导下由企业直接与银行对接，以北京市较为常见；政府主导下由政府基金提供担保，以上海市较为常见；混合型模式中加入了担保公司，将银行、担保公司和专利担保相结合，这在武汉市更为常见。宣顿（2017）单从政府的视角，将运行方式分为政府担保、政府补贴、政府指令和推动方式。蔡侯杰（2013）将运营机制划分为将权力本身为标的、知识产权获得的收益为标的，以及通过知识产权换取第三方的信用担保，并基于地区发展的具体情况，归纳为行政指令、行政鼓励、政府承担风险和政府推广下的第三方加入机制。王波（2016）针对我国知识产权质押融资模式由政府主导转变为由市场主导，价值取向由"安全兼顾效率"转向"效率兼顾安全"的现状，提出了两个转向下的制度、政府、信息、技术、风险五个层面知识产权质押融资运行机制。

在有关评价内容中，Choi、Kwon 和 Lobo（2004）通过投资组合与多元回归分析方法进行无形资产价值评估。苏任刚等（2015）采用价值速算和集值统计来评估知识产权的价值，结合期望超额收益的理论进行实证研究。姚王信和张晓艳（2012）结合相关理论和因子分析方法，研究了知识产权融资能力的影响因素和能力评价模型，并据以计算知识产权融资指数（EIPFI）。同时以此为基础构建整体绩效评价总指标（MPI），通过使用2009 年度 101 家信息技术类上市公司的相关数据，考察 EIPFI 和 MPI 之间的关系，从而揭示了知识产权融资目标与公司业绩管理目标之间的内在一致性。

在研究有关风险内容中，Wonglimpiyarat（2007）描述并研究了泰国中小企业发展银行的案例，运用 EVA 有关理论知识，构建了企业风险管理模型，同时论述了企业内部治理、风险投资管理和运行效率之间的重要关联关系。陆铭和尤建新（2011）分析了财政手段和资金调节手段的充分合理利用，有助于帮助企业实现融资的风险分散和风险共担。曾莉等（2017）采用改进灰色关联分析方法来研究质押融资中参与主体的风险因素和风险分担方法。王明（2017）基于 WBS – RBS 理论等识别风险，从政策、法律、经济、企业、技术及评估等影响因素方面分析风险形成机理，并基于收益分配理论和博弈论分析法，设计风险分担模型及具体实施路径。

在有关模式运行内容中，苑泽明等（2010）通过运用信息经济学的原理，结合定价机制提出构建交易、资本和信息平台，进而提出企业场外创立融资、企业上市、增资扩股融资、知识产权证券化融资、信贷融资、交易融资、其他场外融资等务实的实现路径。丁锦希等（2013）分别以苏州玉森制药有限公司的知识产权质押融资项目，以及该公司与美国新开展的新药组合融资项目为实证分析对象，从融资主体、融资过程和绩效评价等方面，总结了知识产权组合融资项目在创新药物领域的运作机制、开展优势和成功的经验，不仅为深入完善我国知识产权质押融资模式和运营机制提供了理论参考，而且还提出了相关建议。

### 2.4.2　知识产权固有的影响因素

知识产权质押融资的各影响因素之间相互联系，相互作用。结合知识产权固有的特点和发展环境来看，知识产权等无形资产受本身特征所带来的因素影响，具体包括了无形性、不确定性、难估性、变现性和风险性等特点。知识产权质押融资业务，与实物资产抵押融资相比，存在着供给与需求、融资能力、融资风险和收益等不对称性的问题（苑泽明、姚王信，2011）。

（1）信息不对称问题

知识产权融资过程中面临的信息不对称，以及新技术信息不确定等问题，不仅会影响质押物评估价值的提高，降低融资企业的融资效率，而且会影响银行贷款利率波动，减少银行相关收益，导致银行对企业贷款业务持消极态度，此外，还会引发融资企业与银行机构、中介机构、保险机构等之间的道德风险问题。

J P Niinimäki（2011）、Robert Cressy 和 Otto Toivanen（2001）探讨了信贷市场抵押物品的成本和收益，以及存在的信息不对称的问题。Svensson（2007）认为知识产权市场的专利商业化水平与发展程度较低与道德风险、逆向选择所导致的不对称信息相关，需要政府进一步强化实施政策手段，关注企业的融资目标，改变以项目为基础的贷款设计。苑泽明和姚王信（2011）基于法经济学理论，探究了知识产权质押融资不对称性的内容和法经济学的解释，为解决不对称性的问题提供了思路；并通过分析融资约束，揭示知识产权质押融资受到的法律因素影响。由此可见，应通过加快立法进程、提升中介机构的作用、优化战略性新兴产业发展的融资政策配置，帮助缓解知识产权本身带来的信息不对称和制度不完善带来的发展阻碍，积极营造良好的知识产权法律环境。

（2）知识产权的特征因素

一般来说，中小企业的主要融资特征是筹集资金，以知识产权等科技成果为资产基础的企业，其资产特征方面的约束，制约了知识产权商业化的发展，不利于企业的迅速成长。

Besanko 和 Thakor（1987）讲述了知识产权质押物本身的风险因素将引发有关信贷合约及其风险问题。通常情况下，高风险偏好借贷方倾向于选择高利率和低质押物的贷款项目，理应合理地评估质押物、进行信贷配给。李虹和石芳娟（2010）、黄宏斌和苑泽明（2011）认为知识产权的法律保护制度和创新体制尚不完善、变现难度大、处置收益和价值评估不确定以及知识产权交易市场尚未成熟等，制约了知识产权融资业务模式的发展。刘沛佩（2011）认为由于知识产权价值的难估计性，金融机构对此项融资的风险抱有抗拒心理。周文光等（2013）基于现有研究成果，将知识产权风险因素与吸收能力因素、产品创新绩效因素相联系，经分析得出结论，即知识产权风险对吸收能力与产品创新绩效有协调的作用，此外该结论解释了现有研究中相关结论不一致的原因，且将这些看似矛盾的结论统一起来。杜蓓蕾和安中业（2006）指出，自《担保法》实施以来，专利质押业务主要集中在证券专利上，且业务开展的实例少，很大程度上存在融资过程中知识产权价值评估不易、价值波动大、变现能力不易预测等操作问题，导致各银行的操作产生混乱。耿明英（2008）认为价值评估难、变现难、价值不稳定以及间接占有和法律问题等五大风险阻碍了融资业务的发展。创造有利于融资业务发展的环境需要银行开展创新型风险控制，也需要政府采取强化相关法律法规建设、建立合理的奖励体系、促进评估机构和评估体系的标准化、规范化等措施。

### 2.4.3 融资企业的影响因素

融资企业的知识产权融资受来自企业内部和外部环境多方面因素的影响。外部因素主要以市场经济为主，如市场因素、技术因素、法律因素、有关机构和组织的担保体系等；内部因素主要以企业管理体制为主，如管理体系、财务水平、信用水平、管理人员素质和专业水平等。科技产业集群中的企业，还会受到商业政策、财政政策、创业发展环境等的影响（Löfsten、Lindelöf，2003）。

（1）企业内部管理

企业发展知识产权经济，所受到的内部影响主要来自企业的经济管理，涉及管理人员和专业人员的经验和技术、企业的资金实力财务状况、企业的研发水平和创新能力、企业的发展潜力和成长环境等方面。

Svensson R（2007）通过对瑞典中小企业专利数据库的调查分析表明，中小企业在外部融资时需加强偿还能力，提高企业盈利能力。这不仅关系着企业内部的长远利益，也关系着企业对外树立的良好形象。Bruno Amable 等（2010）强调了企业创新水平和创新投资能力在开展专利质押方面的重要作用。涂靖（2013）总结了导致知识产权融资困难的因素，从科技型企业的角度提出了走出困境的对策。刘沛佩（2011）将影响中小企业权利转化和贷款融资效率的因素，概括为中小企业的持续经营能力、生产运营状况、制造系统与质押物的价值等，这也可以作为贷款方对企业发放贷款的判断标准。仇荣国和孔玉生（2017）对科技型小微企业的知识产权融资进行了定量研究，分析了资本投入、努力程度和风险项目管理能力等因素对企业融资风险的影响，因此可以通过建立合同契约机制，减少企业的道德风险，增加投资者对知识产权投资的积极性。

（2）外部环境因素

首先，银行是融资企业最主要的资金来源，一般而言银行的贷款业务基本针对具有较好经济成长实力和发展前景的企业，对成长型的中小企业的贷款积极性不高，对其知识产权质押融资业务持有消极态度。Lehmann 和 Neuberge（2000）也在对德国的银行数据调查研究中得出有关结论并阐述中小企业和银行之间的信贷关系和影响企业贷款价格的因素等。Jiménez、Salas 和 Saurina（2006）通过收集与银行贷款有关的面板数据，构建影响商业公司贷款因素的体系，站在银行的视角帮助融资企业判断影响贷款业务进展的因素。

其次，政府在知识产权融资中占据主导地位，发挥指导作用。目前，我国法律政策仍存有一些弊端，如有关的法律体系、法律管理、执法体系和中介体系的建设尚不完善，其质量参差不齐，专业人才匮乏；知识产权质押融资的范围和估值难以确定，导致大多数商业银行和中介机构对业务仍持消极态度；法律法规尚未在指导实践中完全落实；等等。这些因素都严重制约了知识产权融资发展进程。乐媛（2012）、储敏和周恒（2014）分别针对我国商标、专利、著作登记分属不同部门，造成程序冗杂、效率低下的现状进行了分析及研究，得出在落实立法的实践中存在一定风险问题和障碍的结论，因此有必要统一和完善我国知识产权质押登记制度，加强国家对中小企业的扶持，从而减小融资企业遇到的法律风险和阻碍。

尽管政策工具在实践中已取得一定的成效，但是在经济上的作用发挥得远远不够，知识产权中介机构和服务平台在企业融资中占据重要地位。Wang（2010）介绍了专利中介机构在知识产权质押融资和专利行业发展中的促进作用。李明发（2012）提出了降低融资成本和化解融资中介机构风险两方面的完善措施。王进和朱建栋（2012）提出了建立一个全国性的知识产权质押融资服务平台的重要性，并且要有流动性与畅通性的保障。这样不仅可以增大科技型中小企业将知识产权价值转化为资金来源渠道的机会，而且有利于降低质押和担保公司的风险。

此外，创造良好的发展环境，离不开产业集群和社会各主体的共同努力。杨扬和陈敬良（2014）认为高新技术企业的知识产权质押融资系统共同受外部环境及企业内部结构调整的因素影响，并处于动态发展中。刘纳新（2017）研究科技性小微企业集群融资，并认为企业在融资过程中将受到来自企业本身条件（盈利能力、创新能力、信誉及信用度水平、社会资本及关系资本等）、集群环境（集群合作度、集群方式和结构等）以及外部环境（金融市场发展程度、经济政策支持、行业发展环境等）各方面的影响。

综上分析，为解决知识产权质押融资业务制约因素的阻碍，其突破口是建立一个现代和灵活的担保体系（宋伟、孙玉兰，2007）。同时，健全知识产权质押评估、担保、登记制度以及相关法律法规，为该业务发展提供政策支持；完善知识产权交易和服务平台，为信息共享和资源配置提供良好的市场环境；提高民间资本及金融机构参与知识产权质押融资的积极性和灵活性；建立多层面、多主体合作和风险分担机制，实现利益共享，是激发知识产权质押融资业务活力和运营水平的重要举措。

## 2.5　知识产权质押融资合作及风险分担机制的相关研究

产权合作及风险分担是知识产权融资业务发展中的关键一环，运营机制重在加强金融机构、中介机构、政府和企业等主体之间的合作机制和交易服务平台，风险分担的重点是扩大责任主体范围、分散和控制风险。

健全的运营机制将有助于加强企业、政府、金融机构及服务支持机构等的合作黏度，完善产权评估和监管法律体系，构建产权服务交易平台；科学的风险分担机制有助于对担保融资过程中的风险进行识别、分析、转移与管理，提高融资效率和经济绩效。

### 2.5.1　知识产权质押融资风险的相关研究

在现有研究成果的基础上，可以认为知识产权质押融资仍存在资产层面、技术层面和制度层面三重阻碍。国内外学者在对融资风险的研究方面，主要是从风险的来源和类型、风险评估和管理的角度展开。

1）风险的来源与种类

研究知识产权质押融资过程中的各种风险及其形成机制，不仅顺应创新融资模式的发展趋势，而且有助于克服知识产权本身风险大、估值难等缺陷，降低企业融资面临的内部管理和外部环境的风险。

对高新技术和科技企业来说，参与融资过程的各个主体，需要在分析各自的风险程度的基础上，重视加强对风险的防范和控制程度。吴艳文和王新平（2011）以陕西省为研究对象，指出知识产权的融资问题和风险，主要缘于组织管理体系不健全、融资方式不完善和知识产权本身具有的估值难、变现难和风险大的因素。吕淑瑜和宋跃晋（2012）将知识产权的担保融资风险分为投资风险，法律风险，知识产权的价值评估、保值增值、流动性和变现能力。以下从三个方面来具体分析。

（1）法律风险

Pennington（2007）和 Crawford（2008）分别探讨了知识产权质押融资业务在科技型中小企业的不同成长阶段和过程中，所存在的信用、信誉、贷款偿还等问题。Besanko 和 Thakor（1987）指出了信贷市场中存在的收益分配和信息不对称的相关风险。黎四奇（2008）指出，知识产权的属性和法律法规的缺陷是知识产权质押融资业务发展的两大障碍。其中法律法规的缺陷问题，包含了担保法与物权法的衔接性较差、知识产权估价的规定不明晰、担保法压缩了质押物的使用范围等。刘沛佩（2011）指出登记制度和风险分散机制等缺乏完备的配套措施和实行规则，使有关融资业务的进行"举步维艰"。李宁（2013）基于经济法学，从知识产权融资环境的特点和担保融资的法律风险两个方面，对知识产权担保融资风险进行了特殊性研究。李增福和郑友环（2010）在研究中小企业专利等知识产权融资业务中，分析了将质押贷款的风险按照法律和经济层面进行归类的可行性。谌天（2015）重点分析了有关理论与实践融资过程中面临的体制缺陷和法律风险。从发展趋势看，随着实践中知识产权标的物范围的扩张，对相关法律法规的更新提出了更高的要求。因此，借鉴发达国家的法律制度，将促进我国知识产权法律制度的建设和立法的完善，从而降低融资企业的法律风险。

（2）知识产权的保护问题

Lai Y H 和 Che H C（2009）经案例研究对专利管理进行评估，其中将专利侵权诉讼的损害赔偿费用，认定为该专利的法律价值，从知识产权保护的角度注重专利侵权的谈判诉讼能力。Graham 和 Sichelman（2010）认为企业往往会忽视对专利和知识产权的保护，缺乏防止利润流失和受到侵蚀的预警机制，特别是对互联网软件行业来说，信息网络具有的开放性、共享性等使创新科技企业所面临的知识产权保护问题更加明显。蔡华（2010）认为专利制度内部存在的不确定性和复杂性导致了专利权自身风险、诉讼风险等风险的产生，而成熟完善的保险制度有利于风险的转移，但是此模式在我国专利的保护方面还未得到推广。蔡侯杰（2013）认为知识产权存在着价值评估、实现质权、权利归属等风险，以及由于审查不严格和先知识产权而导致的侵权问题；企业内部的融资风险则可体现在经营管理方面，如经营策略和整体运筹的科学性、有效性、市场扩张和控制程度、资金流转程度、按照预期目标实现资本回收的能力等方面。因此，应当采取建设知识产权的市场规范和信息平台、制定符合市场规律的赔付比例、加强社会信用制度建设等治理措施。

（3）企业的经营管理风险

企业的成长发展能力，包括企业的经营能力、财务能力、营运能力和研发创新能力等，既要从战略出发制定企业管理策略和科技研发创新策略，又要结合企业成长阶段和实际情况，分析有关财务指标和投资决策等增强企业知识产权融资风险的因素。Sohn、Hong 和 Moon（2007）进行了实证研究，分析了影响中小企业财务绩效和技术基金的风险因素。Hong 和 Sohn（2010）考虑企业的财务比率、技术创新和评估等经济财务指标，建立支持向量机模型，来分析和评价技术型中小企业的贷款融资和投资对策。Mann 和 Sager（2007）对成长型、创业型企业的风险投资周期进行分析；周文光和黄瑞华（2009）对企业自主创新中知识创造的不同阶段进行了区分。这些都有助于加深对企业，特别是创业型企业，知识产权融资业务及其风险的研究，有助于理解企业在知识创造的各个阶段面临的知识产权风险，以便及时采取相应的控制措施。

2）风险的评价与管理

传统的知识产权融资的风险管理方法是通过资产规模、信用评级和还款能力等指标来控制融资担保的风险，在运营和投资过程中缺乏识别、分析和处理风险的机制（朱佳俊、周方召，2015）。因此，创新风险管理机制，不仅可以着手于风险的预警、控制和分散等方面，而且可以通过借鉴发达国家知识产权发展情况，结合国内实际情况制定应对风险的具体策略，从而在知识产权融资和运营的过程中，进一步实现降低风险和强化信用的目的。

（1）风险的评价

Chiu Y J 和 Chen Y W（2007）针对专利的评估和管理，使用 AHP 分析方法构建了知识产权专利评分系统。夏阳和顾新（2012）将风险管理体系总结为风险的识别、评估、分析和控制四个阶段，并引入某软件企业智能交通系统这一知识产权投融资案例，基于科技型中小企业知识产权投资和融资风险管理系统进行实证分析。鲍新中等（2015）从价值评估风险的角度建立了风险评估指标体系，并结合融资项目进行分析。王明（2017）以科技型中小企业为研究对象，对具体融资过程中涉及的风险因素进行评价并提出解决方案，即由政府部门来分担政策和法律风险，政府、银行和担保机构共同分担经济风险，企业分担经营风险，企业和评估机构分担技术风险，银行、评估和担保机构共同承担评估风险。刘洁（2012）和蔡侯杰（2013）主张学习美国、日本等国家先进的风险管理经验和模式，结合国情发展地区特色模式，提高金融机构抵御风险的能力，重视外部市场环境的改善和创造。

（2）风险的预警

周文光和黄瑞华（2010）研究分析了企业自主创新中知识产权风险预警机制中的各个要素及其与风险预警过程之间的关系。预警机制要素主要包括了信息的收集与传递、风险的预警、分析与管理各方面。刘沛佩（2011）表明风险预警和分散体系的建立与完善是满足中小企业融资需求的重要手段。投资公司可以通过与知识产权权利人签订协议，以专利权为担保，在有效预警和分散风险的同时共同促进专利成果的转化；也可以放宽对中小企业的融资限制，通过引入风险投资以直接和间接的投资方式获得投资回报。杨晨等（2012）重视树立良好的风险防范和管理理念，以引领产业园区在转型期间培养创新知识产权管理和服务的新理念和新思想为宗旨，研究产业园区内知识产权的管理机理，并为企业能更有效地整合园区内外部资源、提升知识产权财富价值，以及确保园区产业链群效应的增值提供理论参考。黎向丹（2015）以武汉市中小企业为研究对象，基于已有质押融资的研究成果，提出从模式创新及机制完善两方面对风险进行分散，从而推动武汉市的科技创新。

（3）风险的控制

张弛（2007）归纳出知识产权质押融资风险控制的"REMMENS 原则"（知识产权的制衡性、管理性、可估性、流通性、稳定性），一方面通过对贷款的企业进行法律和可行性评价，从而降低风险；另一方面 REM-MENS 原则提供了从新兴知识产权种类中选择可以作为知识产权质押对象的方法和标准，扩大了质押标的物的范围。宋伟和胡海洋（2009）指出近年来尽管央行以及国家知识产权局在努力地推进知识产权质押融资业务的发展，但是效果不甚明显，很大程度上是受融资业务的高风险及由风险带来高成本状况的影响，然而目前实施的风险分散措施效果有限，针对此现象提出在融资业务中发挥政府的作用并建立国家担保制度来降低风险。陈莹和宋跃晋（2012）基于知识产权价值评估的风险分析，提出关于构建风险控制系统的思路。余丹和范晓宇（2010）根据不完全契约理论说明进行经济行为事后谈判和风险补偿的重要性，企业在应对知识产权融资风险和瓶颈的过程中，关键是对银行进行风险补偿，加强银行对融资业务的参与程度和资金支持力度；实质是对控制权的重新分配，加强行为过程中和过程后的风险控制。范晓宇（2010）认为除知识产权本身的风险问题之外，企业在担保融资方面会受到来自法律体制不健全、信息不对称带来的不利影响，严重阻碍了企业的融资过程。因此，相应的规范体制建设，约定应对合同债务提前到期的措施，推进知识产权交易平台和知识产权管理公司的建设等，是分散和控制风险的重要手段。创新发展政策性银行模式，在实际担保融资过程中也具有可行性，也符合知识产权战略发展方向。

### 2.5.2　知识产权质押融资合作及风险分担机制

目前，我国经济发展和技术创新水平不断提升，一方面，带来市场经济的动态波动，技术更新速度的加快，知识产权融资的风险将会加剧；另一方面，由于知识产权等无形资产本身具有的不确定性，在实际中具有评估难、变现难、风险大及权利归属不明晰等特点，都制约着知识产权交易市场的发展和专利技术成果的转化。

传统的风险防范和控制措施，如投资组合担保、额外担保和反担保，都存在担保机构风险过高和担保形式较为单一等缺陷，迫切需要创新融资新模式和风险分担新理念，平衡处理好知识产权融资业务中风险与收益的关系（马伟阳，2015）。因此，研究风险分担机制、制定风险防控措施，有助于弥补知识产权融资体制的缺陷，进一步分散风险、共享资源，促进知识产权质押融资的稳步快速发展。总的来看，风险分担机制主要有以下四个方面。

（1）联合担保机制

联合担保是一种有效分散风险，实现风险分担和利益共享的机制。目前在我国主要以银担合作方式为主。通过联合担保和进行风险投资组合，可以有效地监督融资双方的行为，增加投资者的价值和收益（Cumming D，2007）。

一般而言，商业银行希望通过寻求与信用担保和评估机构的合作来评估知识产权及其权利价值，并根据其价值的大小和企业申请的贷款数额等来设定各参与主体的担保比例。完善联合担保机制，既需要建立完善的产权评估体系，又需要确定联合担保分担比例。其中，当质押物预期价值低于向银行申请贷款的本金和利息时，为使银行和担保机构达成顺利合作，担保机构必须有足够大的承保比例（童婕，2014）。

实际上，由于知识产权价值存在评估难、波动大、变现收益不确定等特点，该机制在运用中较难推广。宋伟和胡海洋（2009）建议通过设立担保机制来达到分散风险的目标，从而优化融资环境，推进质押融资业务的有序发展。王明（2017）认为发展联合担保机制，需要在市场化运作和政府引导下，通过企业与银行、评估机构、保险公司、担保机构等多方主体的协同合作，形成风险分担和利益共享的和谐局面。

（2）集群信用互助融资

产业集群是通过社会网络，促进同一地区的相同企业和互补企业集团及附属机构实现共同发展的制度安排（Porter，1998）。产业集群反映了在产业技术和信用等方面，企业内部核心网络和外部集群支持环境的关联程度。其中，内部核心网络包括上下游企业和行业关联企业，外部支持环境包括政府、中介、科研和金融机构等。该合作机制反映了系统风险和市场盈利能力，便于对企业信用评级的综合判断（Porter，1998）。

集群信用互助融资机制，是通过构建产业集群网络，实现专业分工、信用分配、信息共享和资源优化配置，它不仅加强了企业与上下游企业之间的信用关系，而且加强了政府、企业、银行、科研机构和中介机构之间的战略合作，有助于实现规模经济。对以研发技术为主的中小企业而言，集群融资是一种创新的金融活动，符合集群网络环境的发展趋势。特别是处于初期或成长阶段的企业，其知识产权等无形资产的比例较高，资金需求量较大，在将科技成果转化及产权质押融资的过程中，由于本身面临的信息不对称、资产和资本风险等问题，需要发展产业价值链，构建产业集群网络，以充分利用各种资源，提升企业个体信用，降低生产经营成本和科技研发成本，增强企业融资能力。具体表现为在企业内部核心网络中，企业可以通过风险租赁、知识产权质押等资本合作手段进行信用担保与分配，降低企业融资风险。

知识产权集群信用互助机制的特点如下所述：金融工具的创新，融资主体边界扩张的同时实现信用增级，以及互联网融资技术的扩展（刘纳新，2017）。在产业集群发展的不同阶段，呈现出平行、交叉和混合互助的模式。①平行互助通常存在于一个简单的产业链中，直接的业务关系并不明显，主要运用于知识产权的授权、租赁和转让过程中；②交叉互助反映了产业集群网络关系，体现在企业通过技术研发、创新得到的知识产权实现其信用在外部集群支持环境中各组织机构间的分配；③混合互助反映了更为复杂的网络结构和网络连接，将平行互助与交叉互助模式相结合，既可以运用于知识产权授权和租赁业务中，也可以加强信用保障，分散信用风险，优化产业价值链（马毅、左小明，2014）。

科技型中小企业集群的主要融资方式如下所述：①从集群环境方面看，既可以将资金直接分配到集群企业，也可以经融资中介先把资金分到集群，再在集群企业间分配；②从融资来源方面看，包括信贷融资、债券融资、股权融资、供应链融资、互联网融资等融资模式（刘纳新，2017）。

（3）保证资产收购价格机制

保证资产收购价格机制（CAPP）是以融资风险为主要路径，以信用强化为重点的新型融资担保模式，实现了融资担保和产权评估、资产经营和管理咨询、风险管理和产权交易的融合。与知识产权承诺和信托相比，传统融资模式的优势更加突出，比如融资范围广、担保范围广、扩张渠道广、风险低和期限长。知识产权主要包括专利、版权、商标、勘探权、航空权、源代码、长期服务协议和许可权。

保证资产收购价格机制的具体运行中，中小企业可以将企业内部的知识产权用于向金融机构贷款，而 M－CAM 公司则提供信用担保，金融机构在将来企业无法按期履约还款收回知识产权时，可以按预定价格将知识产权出售给 M-CAM 公司。M-CAM 公司通过增强知识产权的信用评级，在一定程度上降低融资方的融资风险，避免了金融机构在产权处置过程中面临的市场风险。同时，由于收购价格是预先确定的，会导致融资方增加贷款金额（朱佳俊、周方召，2015）。朱佳俊等（2014）提出保证资产收购价格机制是基于信用增级业务的商业保证模式。针对现有保证资产收购价格机制中存在的问题与不足，建议从金融机构、政府和企业的角度分别开展不同的融资担保形式。

保证资产收购价格机制的风险分担过程主要包括：担保前的风险评估、担保后的风险监控和风险转移。该机制风险管理的思路主要有：优化企业信用评价体系和信用管理环境，建设有关保险体系和风险分散路径，重视风险管理的主动性和方法的多样性等。一方面，该机制可以有效地降低非系统性风险对融资担保的影响（朱佳俊、周方召，2015），促进交易市场和担保退出机制的优化，从而确保中小企业保持合理的资本流动和资金运转，强化信用和融资水平；另一方面，该机制具有相当严格的知识产权评估体系，运行过程相对复杂，因此开展范围有一定局限性。

（4）风险补偿基金运作模式

风险补偿基金运作模式主要是政府指导，由政府提供专项资金，为银行的知识产权质押融资损失和风险提供政策性补偿，形成政府引导、市场运作、风险共担、合理容错的基金运营格局（杨帆、李迪、赵东，2017），从而有效降低知识产权质押融资的风险和成本。

创新的风险补偿基金运作模式已日益取得发展成果。国家知识产权局已在四川、山东、广东、辽宁地区开展相关试点工作；国务院发布了有关知识产权保护和运用的规划，提出深入开展风险补偿基金运作，并在国家层面给予鼓励和支持。从风险角度来看，包括质押贷款前的权利评估风险，贷款中的权利贬值风险和贷款后的权利变现风险，并有明确的责任触发、分摊和补偿机制为保障。从运行来看，可分为政府主导及市场主导，政府主导下该模式的运作和管理等由有关政府部门负责；市场主导下的日常管理由政府委托基金管理人负责，重大决策由政府决定。从参与主体来看，主要有银行、基金、保险和担保公司，各个主体在具体模式中承担着各自担保、保险、监管和补偿等职责，并根据不同模式的运行、质押物风险、授信额度和补偿机制等方面进行合理的风险分担和利益受偿份额（杨帆、李迪、赵东，2017）。

随着风险补偿基金试点工作的稳步推进，辽宁、山东、广东和四川四个试点省份尝试引入专利质押融资担保机制，银行、保险机构、风险补偿基金和服务机构按照约定的比例分担风险。针对科技型企业的发展，相对政府的补贴机制，风险补偿机制更能有效地实现其融资目的（杨扬、陈敬良，2014）。地方政府应建立风险投资引导基金作为母基金，增加投资并引导社会资本共同设立风险投资子基金，由经验丰富的管理团队进行基金管理（宣頔，2017）。

然而，风险补偿基金运作模式的管理机制和风险分担仍有待深入完善。结合已有研究分析，扩大风险的补偿范围、增强参与主体的信用评级、加强各主体间的合作与监督、建立统一的企业管理和风险控制体系等措施，能为完善风险补偿的长效机制及促进融资发展奠定坚实的基础和保障。

## 2.6　本章小结

本章从知识产权质押融资的发展现状、政治法律环境、基本发展模式、影响因素与运营机制、合作与风险分担机制等方面对相关文献进行了回顾与研究，并且对 2006 年以来在 CSSCI 期刊上发表的相关论文进行文献计量分析。从实践上看，尽管各地政府对推动知识产权质押融资的热情很高，但是实际参与各方的具体业务开展却推动较慢；从理论上看，还有很多理论问题的研究相对较少。更多的是对知识产权质押融资的影响因素和运营机制进行定性分析，缺少一定的定量分析；更多的是关注与知识产权质押融资相关的风险问题，而关于如何有效建立各方利益共享机制的研究很少。因此，这里研究的知识产权质押融资影响因素和运营机制，以及合作利益分配等问题，一定程度上为深入研究知识产权融资发展提供了相关理论基础，具有研究价值和现实指导意义。

# 第三章　知识产权融资的模式与存在的障碍

在现代经济生活中，知识密集型的创新活动已经成为获得竞争优势的主要动因，从而无形资产在各行各业中也发挥着越来越重要的作用（孙玉荣，2016）。无形资产有别于厂房和设备等有形资产，是企业资产的另一种形式，包括专利、软件著作权、商标权、专有技术等。这些无形资产与企业的创新活动是紧密相关的，并且能通过各种方式给企业带来额外的经济收益，包括帮助企业开发新产品和服务、提高生产效率等。

中小型科技型企业是我国创新活动的中坚力量。但是，科技型企业在发展过程中往往会面临资金短缺的困难。融资难问题是影响我国中小型企业创新活动和业务发展的关键因素之一。企业的融资方式可以分为负债融资和股权融资两大类。从负债融资的角度来看，由于科技型企业一般成立时间相对较短，没有历史的信用记录可循，这就加大了债权人的未来风险性。在这种情况下，债权人就会要求科技型企业在融资时提供抵押品来降低违约风险，而对科技型企业来说，往往又缺少厂房、设备等有形资产，却拥有一定的专利、专有技术等无形资产。由于无形资产的流动性相对较差，同时无形资产的价值计量比较困难，且在企业破产时无法将其从有形资产中单独分离出来计价，因而不太适合做抵押品。从股权融资的角度来看，天使投资或风险投资这样的股权投资者在进行投资决策时更关注无形资产，因为这些股权投资者会分享这些无形资产可能带来的高额收益。但是，由于科技型企业和风险投资者之间在这些无形资产价值评估中的信息不对称，也会给投融资双方的合作带来障碍。

关于知识产权融资问题，自 2010 年以来有不少国内学者进行了研究，他们的研究主要围绕知识产权融资的供需关系（苑泽明等，2010）、业务模式（朱佳俊，2014）、服务体系（华荷锋，2011）、制度国际比较（丁锦希，2011）等方面展开。近几年更多的相关研究是围绕着知识产权质押融资而展开的，包括知识产权质押融资的模式（于立强，2017）、价值评估（王凌峰，2017）、风险管理（鲍新中，2016）、合作机制（黄丽清，2018）、相关法规（文豪，2016）、保险机制（宋河发，2018）、发展现状（王涛，2016）等主要问题。

总体上看，如何有效利用科技型企业的知识产权来开展融资活动，是解决中小微企业融资难问题的一条途径。很多国家都出台了相关政策来支持知识产权融资业务的开展。2014年，世界银行针对知识产权融资发布了一份研究报告（Juan，2014），该报告也是迄今为止唯一一份由世界银行公开发布的关于知识产权融资的专门报告。报告对知识产权融资的重要性、基本模式以及世界各国开展的知识产权融资的历史和现状进行了分析，对各国特别是发展中国家开展知识产权质押融资业务具有重要的参考意义。本章在分析和借鉴该报告的基础上，结合我国知识产权融资的实践，对我国开展的知识产权融资基本模式、存在的障碍进行分析，并提出相应的政策建议。

## 3.1 科技型企业开展知识产权融资的基本模式

由于专利、商标、工业设计、专有技术等知识产权能够在一定时期内帮助科技型企业获得一定程度的超额垄断收益，因而企业就可以利用这种优势向债权人或者股权投资者获得融资。具体来说，科技型企业利用知识产权进行融资的方式有两大类：一类是利用知识产权开展负债融资；另一类是利用知识产权开展股权融资。

### 3.1.1 利用知识产权进行负债融资

从国内外实践来看，目前科技型企业利用知识产权开展负债融资的形式可以归纳为四类，分别是利用知识产权增加企业信用、知识产权质押融资、知识产权售后回租和知识产权证券化。图3-1描述了四种知识产权负债融资的基本模式。

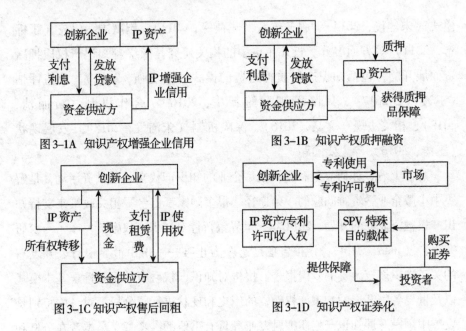

图3-1A 知识产权增强企业信用

图3-1B 知识产权质押融资

图3-1C 知识产权售后回租

图3-1D 知识产权证券化

**图 3 - 1 知识产权负债融资的基本模式**

（1）利用知识产权提高企业信用（Using IP to mitigate risk）

根据与金融机构的访谈发现，在面对拥有丰富知识产权的科技型企业的贷款申请时，尽管知识产权作为无形资产不一定能够作为抵押品，但是金融机构的贷款决策中往往会考虑到企业拥有的知识产权状况，在一定程度上提高了科技型企业的信用等级。这也是我国很多企业申请高新技术企业的重要原因之一，高新技术企业本身在产品销售、贷款、业务谈判等很多时候就能够提高企业的信用等级。

（2）知识产权质押贷款（IP - backed loans）

知识产权资产也可以直接作为质押品向银行获取贷款。目前，知识产权质押贷款在国内外都有很多成功的案例。早在 1994 年，陶氏化学公司（Dow Chemical）就以一个组合专利为质押获取了 100 万美元的银行贷款。出版公司以版权为质押物获取银行贷款的例子也很多。在我国，中国工商银行山西省忻州分行 1999 年办理了我国首笔知识产权质押贷款 200 万元，之后陆续有很多省市开展了知识产权质押融资业务，2008 年 12 月至 2010 年 7 月，国家先后三批共确定了 16 个全国知识产权质押融资试点城市。2016 年国家确定了质押融资的示范单位 11 个，而且发布了青岛、深圳、沈阳、长春、济南等 40 个新的质押融资试点地区，进一步扩大了我国知识产权质押融资的范围。

（3）知识产权售后回租

知识产权售后回租是指知识产权（如专利组合）的拥有者（承租人，lessee）可以将知识产权出售给出租人（lessor），然后又在一定时期内将该项知识产权从出租人手中租回，并定期支付一定的租赁费。在租赁期满，承租人通常还拥有从出租人手中购回知识产权的优先权。知识产权售后回租是一种典型的融资租赁业务。有记录的最早的知识产权售后回租业务发生在阿柏林（Aberlyn）资本管理公司和雷蒙德（RhoMed）生物化工公司之间。2015 年 4 月，北京华夏乐章文化传播有限公司以《纳斯尔丁·阿凡提》和《冰川奇缘》两部音乐剧版权为标的物，向北京市文化科技融资租赁股份有限公司成功融资 500 万元，这是国内首笔以版权为标的物开展融资租赁业务的案例。2017 年 9 月，北京金一文化发展股份有限公司以部分商标权作为标的物采取售后回租方式融资不超过人民币 3 亿元，租赁期限为 3 年。

（4）知识产权证券化（IP – backed securities）

知识产权证券化是科技型企业将版权等知识产权资产的未来收益权转移到特殊目的载体（special purpose vehicle，SPV），再由特殊目的载体以该资产作为担保，并进行信用增级后发行市场上可以流通的证券，从而为创新型企业进行融资的一种金融操作。新发行证券的风险是与科技型企业的自身风险相隔离的，相对来说，风险评级会比较低，在资本市场上更受欢迎。

知识产权证券化最有名的例子发生在 1997 年，以大卫·鲍伊（David Bowie）音乐专辑版权的未来销售收入为抵押，开发了鲍伊债券获得融资 5500 万美元。在国内，华侨城及其子公司上海华侨城和北京华侨城以五年内的欢乐谷主题公园入园凭证作为基础资产，由中信证券设立专项计划并以专项计划管理人的身份向投资者发行资产支持受益凭证，合计募集资金 18.5 亿元。2007 年，华谊兄弟首先尝试运用电影版权进行融资，通过债券形式面向市场出售 5 亿元资产，成功帮助公司融集到资金。

### 3.1.2 利用知识产权进行股权融资

图 3 - 2 列示了科技型企业利用知识产权进行股权融资的两种主要模式。一种是利用知识产权在吸引股权投资者过程中提高企业估值，另一种是利用知识产权获取许可收入或诉讼收入。

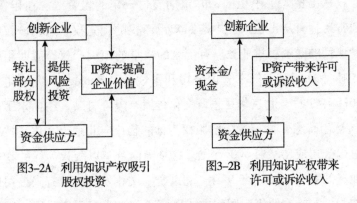

图3-2A 利用知识产权吸引
股权投资

图3-2B 利用知识产权带来
许可或诉讼收入

**图 3 - 2 利用知识产权开展股权融资的基本模式**

（1）知识产权在吸引风险投资者过程中提高科技型企业估值

在科技型企业吸引股权投资的过程中，虽然管理团队能力、技术能力、市场竞争能力等无形资产很难进行价值计量，但是这些无形资产可能会给科技型企业在未来带来额外的现金流，从而在吸引投资者的过程中占有更多的优势。而且，在吸引投资者的过程中，知识产权也有可能提高风险投资者对拟投资科技型企业的未来价值评估结果。实际上，科技型企业的知识产权情况往往成为风险投资者选择投资标的的企业的重要因素。Haussler 等人（2008）的研究表明，拥有这类高质量专利的企业往往更容易获得风险投资，而且在获取风险投资的过程中也很好地提高了科技型企业的估值。Helmers & Rogers （2011）的研究表明，科技型企业拥有的专利将有助于企业获取风险投资，但是存在一定的行业差异性。Sichelman & Graham (2010) 研究发现，生物医药行业的科技型企业进行股权融资时，专利的重要性程度要高于软件行业。在国内，由于数据获取困难，尚未见到相关的研究。

（2）利用知识产权获取许可收入和诉讼收入

有一些风险投资者在投资拥有很多专利的科技型企业时，他们往往不仅仅看重专利在自身企业的应用前景，还关注获得专利后可以获得的许可收入和诉讼收入。例如，美国的高智公司（Intellectual Ventures）从发明人手中购买有价值的专利，然后通过许可获得收入。另外，有些投资公司在获得专利后不用于生产专门的产品，而是通过获取专利许可收入和诉讼收入作为主要业务，这类企业称为"专利海盗"或"专利流氓"（Patent trolls）。人们对这类企业有一定的非议，但是这些企业却认为，他们为没有能力对自己的专利进行商业化运作的发明人提供资金，而且把有价值的专利选择出来，进行有效组合，降低了知识产权市场的交易成本。目前，国内的投资公司中，专门从事购买专利后谋求许可收入或诉讼收入的企业尚没有形成气候。

## 3.2 科技型企业开展知识产权融资的障碍

知识产权融资为科技型企业提供了一种新的融资机会，但在全球范围内，知识产权融资的开展并不十分普遍。金融机构还是很少认同知识产权作为质押物来发放贷款，而知识产权证券化、知识产权质押融资等负债融资方式往往还是被大型企业所采用，而这些大型企业本身具有很多不同的融资渠道。相反，一些急需资金的新兴企业、缺少融资渠道的小型企业在实际工作中却无法利用自身的知识产权开展融资业务。知识产权融资模式不能在科技型企业中得到广泛的推广应用存在很多方面的原因，本章从资金需求方（科技型企业）、中介市场和资金供应方（债权人或投资商）三个方面来分析影响知识产权融资业务展开的障碍，并提出相应的对策建议（如表3-1所示）。需要注意的是，这里没有考虑知识产权的制度环境因素，包括知识产权本身的状况以及相关法律制度系统，这些因素也会对知识产权融资业务的开展产生重要的影响。

表 3 - 1　开展知识产权融资业务的障碍

| 序号 | 参与方 | 存在的障碍 | 需要的政策支持 |
|---|---|---|---|
| 1 | 资金需求方（科技型企业） | 对知识产权认知不足；知识产权能力不足；知识产权服务成本过高 | 改善科技型企业对知识产权的认知并提高相关能力 |
| | | | 对接知识产权中介服务 |
| | | | 对知识产权的运用进行补贴 |
| | | | 帮助科技型企业回避风险 |
| 2 | 中介市场方面 | 知识产权估值难；知识产权处置的流动性问题 | 改善无形资产的计量和报告制度 |
| | | | 对知识产权价值评估的标准化 |
| | | | 改善知识产权信息的获取 |
| | | | 降低专利质量的不确定性 |
| | | | 完善交易市场机制，增加专利资产的流动性 |
| 3 | 资金供应方（金融机构和投资方） | 缺乏知识产权专家；开展知识产权质押贷款业务的意愿不强 | 鼓励国有商业银行开展知识产权融资业务，并设计政府担保机制 |
| | | | 提升中小型商业银行开展知识产权融资业务的意愿和能力 |
| | | | 鼓励银行开展知识产权质押融资业务 |

### 3.2.1　资金需求方开展知识产权融资存在的障碍

这里的资金需求方就是指拥有大量无形资产，但是缺少资金的科技型企业。问题是，这些企业所拥有的知识产权是否可以用于融资？很多高技术企业在投入大量研发费用的同时，并不一定会以申请专利的形式来对自己的无形资产进行保护。版权、商标、外观设计等知识产权也存在类似的情况。这样，就难以利用知识产权开展融资业务。

从作为资金需求方的创新型小微企业来说，影响知识产权融资业务开展的障碍包括：对知识产权法规以及可能带来的潜在利益冲突认识不足；企业的知识产权战略管理能力不足；知识产权申请和维护的费用过高等。英国中小企业局的一项调查表明，只有不到三分之一的企业有能力开展有效的知识产权管理，且只有不到 10% 的企业制定了知识产权战略。在我国，很多科技型小微企业对自身的知识产权缺乏足够的重视，不能对其实施足够的保护，更不要说制定企业的中长期知识产权战略，这在很大程度上影响到企业知识产权融资业务的开展。

### 3.2.2　中介市场方开展知识产权融资存在的障碍

中介市场方面存在的障碍，实际上就是指知识产权融资过程中产生的交易成本，交易成本越高，就越会影响知识产权融资业务的开展。

中介市场方面存在的首要障碍是知识产权的估值困难问题。与厂房、机器设备等有形资产相比，专利、版权等知识产权的价值相差很多，只有少量的知识产权有很高的价值，而大部分知识产权的价值却不高。在众多知识产权中找出哪些有融资价值就不很容易，更困难的是，这些知识产权价值的确定依赖于对未来现金流量的预测，而这种预测是很难实现的。因为在一个技术快速更新的市场中，一项高价值专利可能过不了多久就变得毫无价值。技术市场的不确定性和信息不对称严重影响了专利的估值水平。另外，专利价值还跟专利的可实施性相关联，专利价值还与专利实施公司的人力资源水平有关系。

专利价值评估难问题会使知识产权融资的成本大大提高，资金供应方需要花费较高的专家咨询成本来降低知识产权价值变化所带来的潜在风险。

### 3.2.3　资金供应方开展知识产权融资存在的障碍

资金供应方在发放贷款或进行股权投资决策时，也要对知识产权资产进行考察。但是大部分情况下，资金供应方缺少很有经验的知识产权专家，从而难以开展信用评价、专利处置，也无法判断科技型企业的商业模式以及其知识产权资产的风险。特别是对股权投资者而言，他们是从被投资企业的成长性中获益的，需要对被投资企业的未来成长性和未来价值进行评估，因此，更需要有经验的专家对知识产权资产的未来价值做出正确的判断。

## 3.3 发展知识产权融资所需要的政策支持

与前一部分相对应，这里也从资金需求方、中介市场和资金供应方三个方面来分析发展知识产权融资所需要的政策支持。

### 3.3.1 资金需求方方面：提高企业对知识产权的认知和使用

在我国国家创新驱动发展战略背景下，出台了一系列鼓励创新的政策，其中很多政策是鼓励企业加大创新程度并开发新的知识产权的，例如，对研发活动的财政支持、研发基金的设立、高校科研成果商用化方面的投资等。但是要推进科技型企业开展知识产权融资活动，还有很多的方面需要改进。

（1）对知识产权实施的补贴

很多国家都对知识产权的实施提供直接的补贴。在我国的国家知识产权战略和国家专利发展计划下，地方政府也都不同程度地提供了知识产权实施的补贴，这种补贴包括：专利申请和维护费用的补贴、对获奖专利进行补贴等。

（2）提升科技型企业的专利认知和使用能力

这里，首先要改善科技型企业（特别是小微企业）利用知识产权来保护自身创新成果的认识，并提升相应的业务能力。2012年英国知识产权局宣布，将通过专家培训和研讨的形式，专门来提高小微企业对知识产权系统的认知能力。他们还开发了在线工具来帮助小微企业进行价值评估。欧洲专利局（EPO）也为科技型企业开通了免费网络课程进行知识产权培训服务。我国各级知识产权管理部门、科技管理部门也都在宣传和推进对知识产权重要性的认识，以及对知识产权实施能力的培训提高。

（3）对接知识产权中介服务

可以由政府相关部门直接给科技型企业提供知识产权相关服务，也可以为科技型企业提供一定的补贴来降低其寻求知识产权市场服务的成本。在日本，国家行业产权信息和培训中心（IPNPIT）为科技型企业、大学和研究机构免费提供专家开展知识产权的注册和商用化服务。英国知识产权局与英国标准研究院共同出台了知识产权商用化服务标准，以提高市场的知识产权服务水平。我国的各类中小企业服务平台、创业孵化器等机构也提供相应的服务。

（4）帮助科技型企业回避知识产权风险

如果企业使用知识产权后陷入侵权纠纷，特别是国际侵权纠纷，将可能产生很高的成本。这在一定程度上可能会降低科技型企业使用知识产权的热情。为此，韩国政府为小微企业在出口过程中遭遇的专利侵权纠纷提供一定的支持，为他们提供超过70%的知识产权保险金。丹麦专利和商标局支持一家叫PatentEnforcer的公司，这个公司专门为小微企业提供专利诉讼方面的服务。

### 3.3.2　中介市场方方面：降低知识产权融资市场的交易成本

中介市场方方面影响知识产权融资业务开展的障碍主要来自两个方面：一是知识产权价值评估；二是知识产权处置的流动性问题。因而，相关政策也要从这两个方面展开。

（1）完善无形资产和知识产权资产的计量和报告制度

无形资产和知识产权资产紧密相关，因此，如果加强对企业无形资产价值计量结果的披露要求，对后续相关知识产权的价值评估将起到非常有用的参考，从而有利于知识产权融资业务的展开。这类措施可以包括：制定计量与披露指南、制定相关评估标准、建立同类资产分类标准、支持新创企业和科技型企业的报告制度、开发知识产权审计体系等。

（2）知识产权资产估值的标准化

知识产权资产估值的标准化将提高技术市场的透明度，从而使得知识产权资产更加适合开展融资业务。2007年，德国国家标准局发布了"专利估值基本规则"，以规范专利的估值工作和估值报告。他们还提出了专利估值的ISO标准。随后，又有国家提出了商标估值标准（ISO 10668：2010）。2008年，意大利的多个部门联合签署了开发专利价值评估标准化方法的备忘录。目前，我国的知识产权估值过程中还存在较多的问题，在估值程序、估值方法等方面还缺乏相应的规范。

（3）改善知识产权信息的获取

知识产权信息的获取越充分，不确定性就越小，充分的信息可以给资金供应方开展知识产权经济价值的评估提供有益的帮助。例如，专利被引用的情况、专利是否有人提出争议等。近年来，随着互联网技术的发展，我国各级知识产权机构都加大了知识产权信息披露的程度，也增加了相应的搜索功能，保证投资者可以获取专利的相关主要特征，如专利权人、合法状态、被引用情况，甚至是专利的参考评估价值等。

（4）降低专利质量的不确定性

对专利质量的怀疑加大了资金供需双方之间的信息不对称问题。虽然近年来我国专利数量大幅度增加，但是人们对专利质量的怀疑严重影响了知识产权融资业务的开展。因此，筛选高质量专利进行应用是知识产权中介机构的首要任务。美国专利和商标局开放了一个专利审查程序，他们鼓励全体公民中的相关专家都来做专利审查员和导航员，利用公众的实践经验和知识来对专利进行审查，收到了很好的效果。澳大利亚、韩国、日本、英国等国家的专利局也借鉴了这样的经验。国内相关部门也可以考虑借鉴这样的经验来增加专利价值的透明度，减少资金供需双方的信息不对称现象。

（5）完善交易市场机制，增加专利资产的流动性

健全的交易市场将增加知识产权资产的流动性，这样，即使利用知识产权开展质押融资的企业破产或出现财务危机，资金供应方也可以对知识产权进行有效处置，从而降低投资者的风险。以知识产权中介机构和交易市场为代表的知识产权市场生态系统的建设将有效促进知识产权资产的流动性。例如，英国政府支持开发了一个版权交易中心（copyright hub），为版权所有者和小微企业使用者提供低价值的知识产权交易。在我国，知识产权交易市场、技术市场、技术交易所等形式的机构不断涌现，将逐步改善我国知识产权的市场流动性。

### 3.3.3　资金供应方方面：提高金融机构对知识产权及其应用的认识

由于金融机构缺少知识产权方面的专家，对知识产权风险的认知也有限，这使银行和金融机构难以接受把知识产权作为质押资产。我们可以从以下三个方面来消除这种障碍。

（1）鼓励国有商业银行开展知识产权融资业务，并设计政府担保机制

泰国小微企业银行、日本开发银行、中国交通银行北京分行等国有银行都开始开展知识产权质押贷款业务。巴西联邦发展银行在对小微企业信用进行评价时，无形资产的因素占到50%的份额。政府担保计划也有助于知识产权质押融资业务的开展，例如，英国企业金融担保计划为小微企业提供知识产权质押融资的担保。在我国多个城市，都出台了相应的政策，政府通过贴息、风险保证金等形式，来降低参与各方的风险和成本，促进知识产权融资业务的发展。

（2）提升中小型商业银行开展知识产权融资业务的意愿和能力

一方面，要提高商业银行开展知识产权融资业务的意愿；另一方面，要帮助它们提高服务能力和水平。近年来我国各地出台的相应政策措施不少，但是具体的实施效果却不是很明显。这方面的工作还需要更加细化，更加切合实际。

（3）鼓励银行开展知识产权质押融资业务

有的国家将银行开展知识产权质押融资业务视同为资本充足率约束条件，从而更好地使银行满足巴塞尔协议关于资本金和杠杆率的要求。这种做法也值得政策制定者在一定程度上借鉴。

## 3.4　本章小结

本章首先对国内外知识产权质押融资的模式进行了概括，科技型企业利用知识产权开展融资的基本模式分为负债融资和股权融资两大类。其次，从资金需求方（企业）、中介市场方（各类机构）、资金供应方（银行等）三个方面剖析了当前影响我国知识产权融资业务开展的障碍。最后

针对这三个方面提出了相应的政策建议。从资金需求方即企业来说，应该致力于提高企业对知识产权的认知和使用；在中介市场方面，要通过政策来降低知识产权融资市场的交易成本；而对资金供应方即金融机构来说，也要通过有效的政策引导来提高金融机构对知识产权及其应用的认识。

在制定相关政策时，也要注意到各类政策之间可能会存在一些交叉影响。例如，鼓励专利申请以及对申请专利的补贴可能会使专利的申请量得到较大幅度的提升，但同时又可能会降低专利的整体质量，从而加大知识产权融资过程中价值评估的信息不对称问题。还有，政府对知识产权服务市场的干预有可能会影响市场竞争的公平性。政策制定部门需要考虑知识产权融资系统中不同政策之间的交互影响，系统设计提高知识产权融资的政策体系，包括补贴支持、知识产权规章、银行监管、知识产权服务机构的运营模式等。

第二篇
知识产权质押融资业务的
影响因素与运营机理

# 第四章 知识产权质押融资业务开展现状与影响因素的调查分析

科技型中小企业在我国有着非比寻常的重要地位，对促进我国的经济发展和技术创新都有着至关重要的意义。科技型中小企业在发展过程中的融资不同于一般企业，我国科技型中小企业发展所需的资金大多来源于创业者的自筹资金或银行贷款，在债务融资方面一直是步履维艰。与传统企业相比，从事的行业往往充满竞争，加之各项技术更新速度很快，企业的经营风险较大，要得到知识产权质押融资并非易事。因此在同等条件下，银行更愿意贷款给有固定资产的企业，而不愿意将资金贷给风险较大的科技型企业。虽然随着融资工作的开展，知识产权融资也日益成为研究的热点问题，但是金融机构进行知识产权质押融资业务时非常谨慎。我国相关政府部门陆续颁布了相关优惠政策帮助银行等金融机构降低风险，帮助银行知识产权质押融资业务的开展，但效果并不明显。为进一步解决科技型中小企业融资难的问题，本章通过问卷调查，对科技型中小企业知识产权质押融资的开展现状、意愿现状进行分析，探究其影响因素，并对鼓励企业及银行开展知识产权质押融资提出建设性的意见和指导性的建议。

## 4.1 问卷设计和发放

本次问卷设计分成两个部分，第一部分是针对科技型中小企业的问卷，主要调查科技型中小企业开展知识产权质押融资业务现状、意愿和主要影响因素，第二部分是针对银行的调查问卷，主要调查银行开展知识产权质押融资业务的现状、意愿和主要影响因素。问卷设计见附件一和附件二。

针对科技型中小企业的问卷，样本企业选取主要分为已经展开知识产权质押融资的科技型中小企业和未展开知识产权质押融资的科技型中小企业，样本企业大多在北京地区，也有部分位于其他省份，其中未展开知识产权质押融资的科技型中小企业较多。发放对象主要是企业创始人、总经理或者财务总监。样本银行的选取同样分为已经展开和未展开知识产权质押贷款两部分，发放对象主要是银行的信贷人员。

问卷采用两种形式发放，一是将问卷录入发放平台后，通过转发微信和网页链接的方式进行传播，二是通过邮箱和书面问卷形式发放。在问卷发放时已经建立了限定条件，问卷的填写人主要是企业创始人、总经理或者财务总监，或是财务的相关人员。银行方面问卷填写人主要是银行信贷部门相关工作人员。本次的调查历时两个月，共收回问卷 160 份，其中有效问卷 139 份，无效问卷 21 份。其中，针对科技型中小企业的有效问卷 66 份，针对银行的有效问卷 73 份，调查共涉及 12 个省份。

## 4.2 科技型企业开展知识产权质押融资的现状及影响因素调查分析

### 4.2.1 企业知识产权质押融资意愿的调查分析

（1）企业是否愿意进行知识产权质押融资的调查

科技型中小企业对知识产权质押融资的需求程度整体来看还是比较高的，根据调查数据显示，已经展开的占总数据的 7.58%，有 69.69% 的企业处于有意愿但尚未开展和观望中的状态，见图 4-1。科技型中小企业对知识产权质押融资有所需求，但很多公司却处于观望中，多数企业都表示有意愿开展知识产权质押融资这一业务来扩大资金来源渠道，但还未开展也说明科技型中小企业对知识产权质押融资这一业务仍有很多顾忌的因素在内。

（2）企业对知识产权质押融资业务的了解程度

调查结果表明，科技型中小企业对知识产权质押融资业务有一定了解

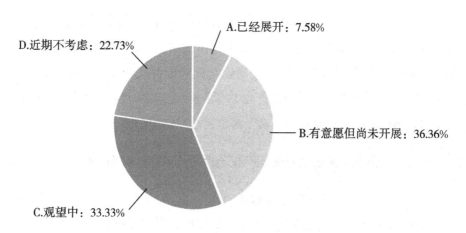

图4-1 企业进行知识产权质押融资的意愿调查

的占48.48%，不了解和没听说过的占45.46%，只有6.06%的人对此项业务非常了解，见图4-2。这也说明了知识产权质押融资这一业务虽然开展时间已经比较久，但目前在科技型中小企业这一领域范畴的开展范围并不大，甚至对此项业务非常了解的企业并不多。

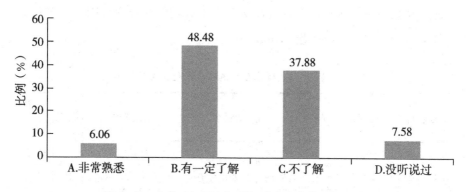

图4-2 企业对知识产权质押融资业务的了解程度

总结：科技型中小型企业对技术创新、经济发展起着举足轻重的作用。在科技方面，由于中小型企业的定位，一般都是在大企业的夹缝中求生存，因此不断地探索创新、进行科技开发是其发展的主要动力，也因此为我国的经济发展提供了巨大助力。然而与较大企业相比，它们依然存在很多不足与弊端。融资困难就是其中一项主要问题。对银行来说，抵押贷款和担保借款是其最乐于接受的融资方式，然而绝大多数科技型中小企业规模小、实物资产少、企业经营风险和财务风险偏高，难以找到担保企业担保也没有足够的实物做抵押，且由于自身发展形式，中小型科技企业的科技创新等无形资产较多，因此，知识产权的抵押成为中小型企业首选。从数据中显示，有77.27%的科技型中小企业，对知识产权的融资有意愿，但有45.46%的中小型企业却不甚了解，甚至没听说过。

### 4.2.2 企业内部因素对知识产权质押融资意愿的影响分析

（1）中小型科技企业的资金财务状况

企业的资金财务状况即企业资金短缺程度，直接影响科技型中小企业的融资意愿。科技型中小企业的基本财务状况主要包括：公司成立的时间、企业资产规模和负债规模、企业资产负债率、净资产的增长速度、企业过去一年里的净资产增长率、企业知识产权转化收入占总收入比重和企业研发投入占总收入的比重。以公司的基本财务状况为自变量，观察不同公司的财务状况对企业知识产权质押融资业务的影响程度的大小，而选取会对科技型中小企业知识产权质押融资产生影响的企业内部因素。被调查的样本企业主要相关财务指标如表4-1所示。

表4-1 样本企业的主要财务指标

| 变量名称 | 变量选项 | 频率 | 比例（%） | 变量名称 | 变量选项 | 频率 | 比例（%） |
|---|---|---|---|---|---|---|---|
| 您公司成立的时间 | 1年之内 | 6 | 13.64 | 企业的资产规模 | 50万元以下 | 17 | 21.21 |
| | 1～2年 | 12 | 18.18 | | 50万～200万元 | 10 | 15.15 |
| | 2～3年 | 6 | 9.09 | | 200万～1000万元 | 11 | 16.67 |
| | 3年以上 | 39 | 59.09 | | 1000万元以上 | 31 | 46.97 |
| 资产负债率水平 | 基本无负债 | 22 | 33.33 | 过去一年或几年中公司的净资产增长率 | 不超过20% | 33 | 54.56 |
| | 30%以下 | 23 | 34.85 | | 20%～40% | 19 | 22.49 |
| | 30%～50% | 11 | 16.67 | | 40%～70% | 8 | 13.64 |
| | 50%～65% | 5 | 7.84 | | 70%～100% | 2 | 3.14 |
| | 65%以上 | 5 | 7.31 | | 100%以上 | 4 | 6.17 |

| 变量名称 | 变量选项 | 频率 | 比例（%） | 变量名称 | 变量选项 | 频率 | 比例（%） |
|---|---|---|---|---|---|---|---|
| 企业知识产权转化收入占总收入的比重 | 低于10% | 25 | 37.88 | 企业研发投入占总收入的比重 | 低于1% | 12 | 18.17 |
|  | 10%~20% | 22 | 33.33 |  | 1%~5% | 15 | 22.73 |
|  | 20%~30% | 5 | 7.58 |  | 5%~10% | 15 | 22.73 |
|  | 30%~50% | 5 | 7.57 |  | 10%~20% | 9 | 13.64 |
|  | 50%以上 | 9 | 13.64 |  | 20%以上 | 15 | 22.73 |

①现资金的需求情况。如果企业近期对资金的需求较大，而企业又存在一定数目的资金短缺问题，则企业会更有意愿开展知识产权质押融资，但如果企业资金比较充足，无须经过贷款解决资金短缺问题，企业就没有意愿开展知识产权质押融资。

当以企业的资产负债率作为自变量因素时，可以明显从图4-3中看出，企业开展知识产权质押融资的最好时机是当企业的资产负债率在30%~65%之间时。调查结果显示企业开展知识产权质押融资的比率为0时，企业资产负债率在0和65%以上，此时，多数科技型中小企业对知识产权质押融资的态度为正在观望状态，尤其当资产负债率为65%以上时，企业基本不考虑知识产权质押融资这一融资手段，因为当企业的资产负债率很高时，知识产权质押融资的资金金额可能已经不够弥补企业的资产负债率了。

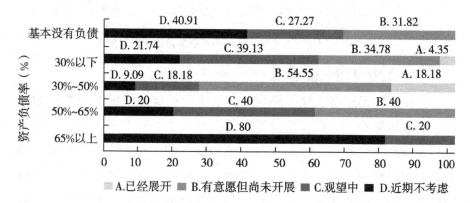

图4-3　企业资产负债率与开展知识产权质押融资意愿分析

②未来发展情况。如果企业需要扩大规模，研发新技术，则会对资金产生更大的需求，而如果企业在近期着眼于现有业务，则对资金的需求会更小。

企业的研发投入占总收入每个区间所分布的企业数量都比较平均，没有太大差异，但不同的研发投入比对企业知识产权质押融资的意愿影响程度却不相同。如图 4-4 所示，不愿意开展知识产权质押融资的企业的研发投入比在 1% ~5% 之间，当研发投入比在 5% 以上时，便开始有企业已经开展知识产权质押融资业务，其中当研发投入比达到 20% 以上时，开展知识产权质押融资业务的企业数量达到最大。研发投入比重越大时，对企业开展知识产权质押融资的意愿鼓励就越大。

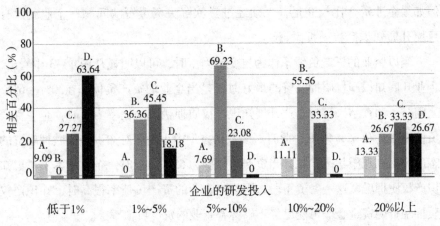

图 4-4　研发投入比与开展知识产权质押融资意愿分析

（2）知识产权数量情况

企业要实现知识产权质押融资，以企业拥有的知识产权数量为基础，企业所拥有的知识产权数量可能会对企业是否有意愿开展知识产权质押融资产生影响。如果拥有多项知识产权，则企业往往会更多地考虑知识产权的运用，出售知识产权，也可能更有意愿通过质押部分知识产权来为企业解决融资问题；如果拥有的知识产权数量较少，则企业往往对拥有知识产权更有保护意识，因此不会轻易考虑运用知识产权来进行融资。

从图4-5可以看出，当企业知识产权数量在50个以上时，并没有企业展开知识产权质押融资业务，且多处于观望状态，当知识产权数量较多时，企业一般较为稳定，资金匮乏程度较小，很可能以出售知识产权为主，进而减少对资金的迫切需求，因而对知识产权的融资持观望态度。而已经展开知识产权质押融资业务的部分企业都拥有知识产权在1~50个之间，并随着知识产权数量的增加，意愿相对也增强，没有开展的企业也表示有意愿或处于观望状态。

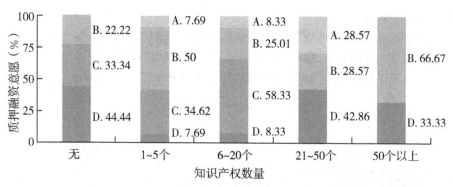

图4-5　知识产权数量和开展知识产权质押融资意愿分析

（3）企业对知识产权融资的了解

科技型中小企业融资方式多为自有资金或亲朋好友的资助。从图4-6中可以看出，目前仅有7.58%的企业实行了知识产权质押融资这一融资方式，足以说明目前我国开展知识产权质押融资这一业务的企业比例很小。知识产权质押融资在我国科技型中小企业领域的推广范围还有待扩大。

虽然科技型中小企业对知识产权质押融资看法积极。但目前开展知识产权质押融资的企业数量较少。科技型中小企业对知识产权质押融资这一融资模式并不是很了解，目前已经开展该项业务进行融资的更是少之又少。

从图4-7中可以看出，在企业对开展知识产权质押融资的质押率的期望调查中，有34.85%的企业表示对知识产权质押融资不了解，其他科技

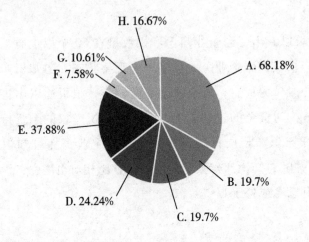

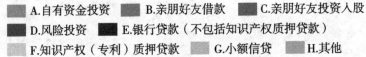

图 4-6　科技型企业融资方式

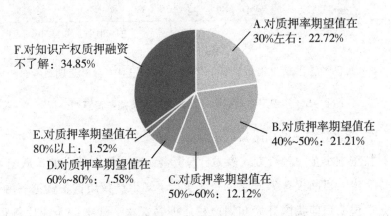

图 4-7　对银行知识产权质押融资质押率的期望

型中小企业中大部分（56.05%）对知识产权质押率的期望值都在60%以下，仅有少数企业（9.1%）对知识产权质押率的期望值在60%以上。

（4）知识产权融资成本

融资成本是每个企业在融资时必然会考虑到的问题，相对融资成本过高的方式，企业可以选择其他融资方式加以替代。在调查中发现，科技型中小企业对知识产权质押融资贷款期限预期为中长期，对信贷额度预期为45%，而实际上银行发放贷款一般较短，且信用额度较小。其中，贷款期限对科技型中小企业意愿的影响更为显著，过短的贷款期限会给中小型企业带来很大的还款压力，与此同时，从知识产权贷款制度来看，知识产权融资贷款复杂，融资成本过高、评估机构能力不足，会增加中小型企业融资的时间成本、费用成本。成本的增加，势必会导致需求的下降。

（5）人才情况

由于中小型企业规模限制，决策者直接影响企业的发展情况，因此对硕士及以上学历人数与企业融资意愿进行交叉分析。

由图4-8可见，大多数的科技型中小企业的管理层人员都有数量不等的海外经历，更有85%的科技型中小企业的高管层有数量不等的研究生学历以上的人。但根据交叉分析发现，大多数的已经开展了知识产权质押融资的科技型中小企业的人力资源情况表明，它们的高管层的学历在研究生以上的人数比较多，且近期不会考虑融资的（企业）研究生以上学历人数较少。可以表明，学历的高低，对融资的意愿有一定的影响因素。

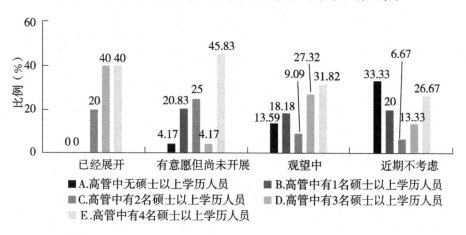

图4-8 硕士及以上学历人数与企业融资意愿

### 4.2.3 外部因素对科技型中小企业知识产权质押融资意愿的影响分析

在相关文献资料的了解和相应的调查问卷的统计支持下，总结出中介机构因素、法律因素、宏观经济因素是科技型中小企业知识产权质押融资意愿的外部影响因素，其对科技型中小企业知识产权质押融资意愿的影响程度的频率分布表及描述性统计表分别见表4-2和表4-3。

表4-2 变量频率分布表

| 外部影响因素 | 影响程度 | 样本数量 | 比例（%） |
|---|---|---|---|
| 中介机构因素 | 严重 | 14 | 21. 21 |
| | 较严重 | 18 | 27. 27 |
| | 一般 | 26 | 39. 39 |
| | 不存在 | 1 | 1. 52 |
| 法律因素 | 严重 | 9 | 13. 64 |
| | 较严重 | 21 | 31. 82 |
| | 一般 | 20 | 30. 3 |
| | 较轻 | 11 | 16. 67 |
| | 不存在 | 5 | 7. 58 |
| 宏观经济因素 | 严重 | 12 | 18. 18 |
| | 较严重 | 17 | 25. 76 |
| | 一般 | 25 | 37. 88 |
| | 较轻 | 8 | 12. 12 |
| | 不存在 | 4 | 6. 06 |

表4-3 变量统计表

| 外部影响因素 | N | 极大值 | 极小值 | 均值 | 方差 |
|---|---|---|---|---|---|
| 中介机构因素 | 66 | 5 | 1 | 3. 56 | 0. 99 |
| 法律因素 | 66 | 5 | 1 | 3. 27 | 1. 28 |
| 宏观经济因素 | 66 | 5 | 1 | 3. 38 | 1. 22 |

由表4-2和表4-3可知，在对科技型中小企业的影响中，中介机构、法律、宏观经济三者对其影响程度为一般以上的比例分别为87.87%、75.76%、81.82%，均高达70%以上，均值分别为3.56、3.27、3.38，均

达到比较严重的水平，由此可知，中介机构因素、法律因素、宏观经济因素已成为科技型中小企业知识产权质押融资的主要障碍。

本章通过问卷调查与进一步的分析，对外部因素的三个方面进行了细分，其变量频率及描述性统计分别见表4－4和表4－5。

表4－4　变量频率分布

| 外部影响因素 | 变量名称 | 变量选项 | 样本数量 | 比例（%） |
|---|---|---|---|---|
| 中介机构因素 | 评估费用、担保费用等中介成本 | 很高 | 9 | 13.64 |
| | | 较高 | 21 | 31.82 |
| | | 一般 | 12 | 18.18 |
| | | 很低 | 0 | 0 |
| | | 不了解 | 24 | 36.36 |
| | 对评估机构评估能力满意度 | 满意 | 5 | 7.58 |
| | | 较好 | 20 | 30.30 |
| | | 一般 | 34 | 51.52 |
| | | 较差 | 7 | 10.61 |
| | | 很差 | 0 | 0 |
| 法律因素 | 对知识产权法律制度的满意度 | 满意 | 7 | 10.61 |
| | | 较好 | 20 | 30.30 |
| | | 一般 | 30 | 45.45 |
| | | 较差 | 7 | 10.61 |
| | | 很差 | 2 | 3.03 |
| 宏观经济因素 | 政府相关优惠政策的有效性 | 满意 | 8 | 12.12 |
| | | 较好 | 14 | 21.21 |
| | | 一般 | 33 | 50 |
| | | 较差 | 10 | 15.15 |
| | | 很差 | 1 | 1.52 |

表 4-5　变量描述性统计

| 外部影响因素 | 变量名称 | N | 极大值 | 极小值 | 均值 | 方差 |
|---|---|---|---|---|---|---|
| 中介机构因素 | 评估费用、担保费用等中介成本 | 66 | 5 | 1 | 2.86 | 2.34 |
| | 对评估机构评估能力的满意度 | 66 | 5 | 2 | 3.35 | 0.60 |
| 法律因素 | 对知识产权法律制度的满意度 | 66 | 5 | 1 | 3.35 | 0.85 |
| 宏观经济因素 | 政府相关优惠政策的有效性 | 66 | 5 | 1 | 3.28 | 0.85 |

（1）中介机构的评估费用、担保费用等中介成本高

该变量的均值为 2.86，被调查企业认为中介成本很高或较高的比例占 45.46%，被调查的企业中没有企业认为中介成本很低。根据成本—效益原则，很高的中介成本使科技型中小企业对知识产权融资方式望而却步，转向其他融资成本较低的融资方式。较高的中介成本已成为知识产权融资的主要障碍之一。

（2）评估机构评估能力较差

根据企业对评估机构评估能力满意度的调查结果，满意度的均值为 3.35，在被调查的 66 家企业中，只有 5 家企业对其评估能力达到满意，占比 7.58%。所以从整体来看，评估机构对知识产权的评估能力较差，需要更多的专业型人才来保证其评估能力的增强。

（3）知识产权相关法律制度有待完善

根据企业对知识产权相关法律制度满意度的调查结果，该变量均值为 3.35，在被调查对象中只有 10.61% 的企业对相关法律制度比较满意，30.3% 的被调查企业认为相关法律制度较好，但是仍存在着 3.03% 的企业认为相关法律制度很差。

（4）政府相关优惠政策有待完善

对政府相关优惠政策有效性调查的结果显示，被调查企业中对政策有

效性满意或认为有效性较好的占比为33.33%，认为有效性一般、较差或很差的高达66.67%。所以需要政府实施更多、更有效的政策来提高知识产权融资企业的满意度。

## 4.3　银行开展知识产权质押融资现状及影响因素调查分析

### 4.3.1　银行对知识产权贷款业务的意愿分析

（1）银行对知识产权质押融资业务的了解程度

表4-6和图4-9的问卷调查结果显示，目前我国大部分银行已经对知识产权质押融资业务有一定了解，但对知识产权质押融资非常了解的银行占比很少，仅占参与调查银行总数的9.59%，且仍有相当一部分银行对该项业务不了解甚至没听说过。

表4-6　银行对知识产权质押融资业务的了解程度

|  | 频数 | 比例（%） | 累计比例（%） |
| --- | --- | --- | --- |
| 非常熟悉 | 7 | 9.59 | 9.59 |
| 有一定了解 | 39 | 53.42 | 63.01 |
| 不了解 | 20 | 27.40 | 90.41 |
| 没听说过 | 7 | 9.59 | 100.00 |

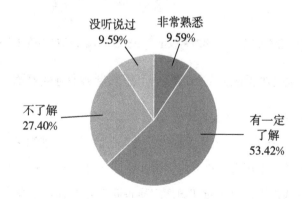

图4-9　银行对知识产权质押融资业务的了解程度

（2）银行对科技型中小企业开展知识产权质押融资业务的意愿

从表4-7和图4-10的数据分析中可以看出，参与问卷调查的73个信贷人员中，仅有19.18%的银行已经开展知识产权质押融资业务，有34.25%的银行有意愿开展此项业务，其余相当一部分比例的银行对科技型中小企业开展知识产权质押融资业务持观望甚至不愿意的态度。可以看出银行作为开展知识产权质押融资业务的审批方来说，其对开展知识产权质押融资业务的积极性并不高。

表4-7 银行是否有意愿对科技型中小企业开展知识产权质押融资业务

|  | 频数 | 比例（%） | 累计比例（%） |
|---|---|---|---|
| 已经开展 | 14 | 19.18 | 19.18 |
| 有意愿但尚未开展 | 25 | 34.25 | 53.43 |
| 观望中 | 20 | 27.40 | 80.83 |
| 没意愿 | 14 | 19.17 | 100.00 |

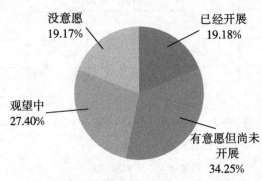

图4-10 银行是否有意愿对科技型中小企业开展知识产权质押融资业务

### 4.3.2 银行内部因素对开展知识产权质押融资业务意愿的影响分析

（1）银行开展知识产权质押融资业务的年限

从表4-8和图4-11中可以看出，大部分的银行开展知识产权质押融资业务的时间不长，都还在1年以内，该业务开展时间超过3年以上的非常少。开展时间比较久的银行由于对知识产权质押融资业务比较了解，因此对开展意愿也会相对松弛，相反，开展年限较短的银行，所受约束会稍大一些。

表4-8　银行开展知识产权质押融资业务的年限

|  | 频数 | 比例（％） | 累计比例（％） |
|---|---|---|---|
| 1 年以内 | 46 | 63.01 | 63.01 |
| 1～2 年 | 13 | 17.81 | 80.82 |
| 2～3 年 | 6 | 8.22 | 89.04 |
| 3～4 年 | 2 | 2.74 | 91.78 |
| 4 年以上 | 6 | 8.22 | 100.00 |

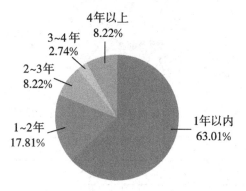

图4-11　银行开展知识产权质押融资业务的年限

（2）银行开展知识产权质押融资的利率和质押率

根据表4-9、图4-12、表4-10、图4-13 的调查，发现部分银行虽然开展了知识产权质押融资业务，但普遍存在质押融资的利率比较高、质押率偏低的情况。大部分银行开展知识产权质押融资业务的利率在6％以上，质押率基本为30％左右，这与企业的期望和需求相距甚远。

表4-9　银行开展知识产权质押融资的利率

|  | 频数 | 比例（％） | 累计比例（％） |
|---|---|---|---|
| 12％ 以上 | 5 | 6.85 | 6.85 |
| 10％ ～12％ | 11 | 15.07 | 21.92 |
| 8％ ～10％ | 13 | 17.81 | 39.73 |
| 6％ ～8％ | 25 | 34.24 | 73.97 |

续表

| | 频数 | 比例（%） | 累计比例（%） |
|---|---|---|---|
| 4%～6% | 9 | 12.33 | 86.30 |
| 4% 以下 | 10 | 13.70 | 100.00 |

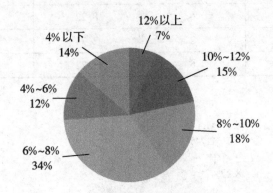

图4－12　银行开展知识产权质押融资的利率

表4－10　银行开展知识产权质押融资的质押率

| | 频数 | 比例（%） | 累计比例（%） |
|---|---|---|---|
| 30% 左右 | 42 | 57.53 | 57.53 |
| 40%～50% | 11 | 15.07 | 72.60 |
| 40%～60% | 12 | 16.44 | 89.04 |
| 60%～80% | 4 | 5.48 | 94.52 |
| 80% 以上 | 4 | 5.48 | 100.00 |

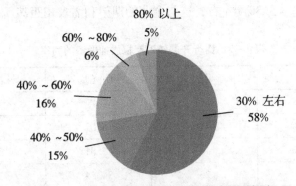

图4－13　银行开展知识产权质押融资的质押率

（3）银行对知识产权质押融资业务前景的看法

表 4-11 和图 4-14 的调查结果显示，约有 38.36% 的银行对知识产权质押融资业务的前景是看好的，同时约 47.94% 的被调查银行认为该项业务前景一般，说明大部分银行对涉足科技型中小企业知识产权质押融资业务持较为谨慎的态度。

**表 4-11 银行对知识产权质押融资业务前景的看法**

|  | 频数 | 比例（%） | 累计比例（%） |
| --- | --- | --- | --- |
| 十分看好 | 6 | 8.22 | 8.22 |
| 比较看好 | 22 | 30.14 | 38.36 |
| 一般 | 35 | 47.94 | 86.30 |
| 不太看好 | 6 | 8.22 | 94.52 |
| 很不看好 | 4 | 5.48 | 100.00 |

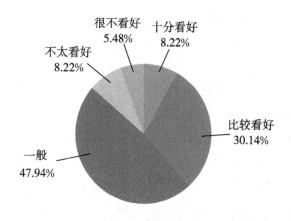

**图 4-14 银行对知识产权质押融资业务前景的看法**

（4）科技型中小企业的状况对银行开展知识产权质押融资业务的影响程度

针对银行开展知识产权质押融资业务的调查问卷中的企业认知模块进行描述性分析，主要分析从银行的角度认为科技型中小企业的目前基本状况和哪些因素会对银行开展知识产权质押融资业务活动的意愿产生影响，分析结果如表 4-12 所示。

表 4 - 12　对企业认知的描述统计

|  | N | 极小值 | 极大值 | 均值 | 方差 |
|---|---|---|---|---|---|
| 知识产权是否为科技型中小企业的核心技术 | 73 | 1 | 5 | 2.05 | 1.37 |
| 科技型中小企业的知识产权的技术含量 | 73 | 1 | 5 | 2.11 | 1.33 |
| 科技型中小企业的知识产权的可替代性 | 73 | 1 | 5 | 2.51 | 1.46 |
| 科技型中小企业对所拥有的知识产权的依赖性 | 73 | 1 | 5 | 2.18 | 1.02 |
| 科技型中小企业的技术研发能力 | 73 | 1 | 5 | 2.37 | 1.25 |
| 企业历史及当前盈利状况 | 73 | 1 | 5 | 2.37 | 0.97 |
| 企业的资产规模及市场地位现状 | 73 | 1 | 5 | 2.44 | 1.18 |
| 企业的历史信用状况 | 73 | 1 | 5 | 2.25 | 1.17 |
| 企业的现金流量状况 | 73 | 1 | 5 | 2.44 | 1.02 |
| 企业的资产负债率现状 | 73 | 1 | 5 | 2.73 | 0.91 |
| 企业家的品质与个人信用 | 73 | 1 | 4 | 2.08 | 0.95 |
| 有效的 N（列表状态） | 73 | | | | |

注：将每个因素影响程度从很高到很低五个程度依次赋值1到5。

①科技型中小企业的知识产权技术核心力。企业拥有的知识产权是否是科技型中小企业的核心技术调查结果，有73.38%左右的银行认为知识产权是否为企业的核心技术对其决策的影响程度较高，均值显示为2.05。说明银行对企业用于质押融资的知识产权是否对其至关重要这一点十分看重。

②企业家的品质和个人信用。企业家的品质和个人信用在一定程度上反映了整个企业的信用状况，因此，有72.61%的银行较为看重申请知识产权质押贷款企业的企业家个人信用及其品质，均值显示2.08。

### 4.3.3　外部因素对银行知识产权融资意愿的影响分析

中介机构因素、法律因素、宏观经济因素对银行知识产权质押融资意愿的影响程度的频率分布及描述性统计分别见表 4 - 13 和表 4 - 14。

表4-13 变量频率分布

| 外部影响因素 | 影响程度 | 样本数量 | 比例（%） |
|---|---|---|---|
| 中介机构因素 | 严重 | 20 | 27.40 |
| | 较严重 | 20 | 27.40 |
| | 一般 | 27 | 36.99 |
| | 较轻 | 6 | 8.22 |
| | 不存在 | 0 | 0 |
| 法律因素 | 严重 | 22 | 30.14 |
| | 较严重 | 26 | 35.62 |
| | 一般 | 20 | 27.40 |
| | 较轻 | 4 | 5.48 |
| | 不存在 | 1 | 1.37 |
| 宏观经济因素 | 严重 | 18 | 24.66 |
| | 较严重 | 28 | 38.36 |
| | 一般 | 21 | 28.77 |
| | 较轻 | 5 | 6.85 |
| | 不存在 | 1 | 1.37 |

表4-14 变量描述性统计

| 外部影响因素 | N | 极大值 | 极小值 | 均值 | 方差 |
|---|---|---|---|---|---|
| 中介机构因素 | 73 | 5 | 2 | 3.74 | 0.92 |
| 法律因素 | 73 | 5 | 1 | 3.88 | 0.92 |
| 宏观经济因素 | 73 | 5 | 1 | 3.78 | 0.90 |

由表4-13和表4-14可知，在对银行知识产权融资意愿的影响因素中，中介机构、法律、宏观经济三者对其影响程度为一般以上的比例高达91.78%、93.15%、91.78%，均达到90%以上，在被调查银行中没有银行认为中介机构因素对银行开展知识产权融资不存在影响，73家银行中认为法律因素和宏观经济因素对银行开展知识产权融资不存在影响的分别各有1家；均值分别为3.74、3.88、3.78，均达到比较严重的水平，简单从

被调查资料的数据来看，中介机构因素、法律因素、宏观经济因素相对于科技型中小企业来说，它们对银行开展知识产权融资业务具有更大的影响。通过对三种因素进行细分，详细分析具体变量对银行开展知识产权融资业务的影响程度，其变量频率及描述性统计分别见表4－15和表4－16。

表4－15　变量频率分布

| 外部影响因素 | 变量名称 | 影响程度 | 样本数量 | 比例（%） |
|---|---|---|---|---|
| 中介机构因素 | 缺少中介机构的有效支持 | 严重 | 8 | 10.96 |
| | | 较严重 | 36 | 49.32 |
| | | 一般 | 21 | 28.77 |
| | | 较轻 | 7 | 9.59 |
| | | 不存在 | 1 | 1.37 |
| 法律因素 | 相关法律法规不健全 | 严重 | 17 | 23.29 |
| | | 较严重 | 30 | 41.10 |
| | | 一般 | 19 | 26.03 |
| | | 较轻 | 6 | 8.22 |
| | | 不存在 | 1 | 1.37 |
| 宏观经济因素 | 政府相关优惠政策有效性不足 | 严重 | 17 | 23.29 |
| | | 较严重 | 24 | 32.88 |
| | | 一般 | 21 | 28.77 |
| | | 较轻 | 9 | 12.33 |
| | | 不存在 | 2 | 2.74 |

表4－16　变量描述性统计

| 外部影响因素 | 变量名称 | N | 极大值 | 极小值 | 均值 | 方差 |
|---|---|---|---|---|---|---|
| 中介机构因素 | 缺少中介机构的有效支持 | 73 | 5 | 1 | 3.59 | 0.75 |
| 法律因素 | 相关法律法规不健全 | 73 | 5 | 1 | 3.77 | 0.90 |
| 宏观经济因素 | 政府相关优惠政策有效性不足 | 73 | 5 | 1 | 3.62 | 1.13 |

（1）缺少中介机构的支持

被调查银行中认为如果缺少中介机构的支持对其开展相关服务具有严重影响或较严重影响的占比60.28%，超过50%，该变量均值为3.59，方差为0.75，在73家被调查对象中只有8家银行认为缺少中介机构的支持对银行开展知识产权融资业务具有较轻影响或不存在任何影响。从整体来看，该变量对银行相关业务具有较严重影响，已成为银行知识产权融资意愿的重要影响因素之一。

（2）相关法律法规不健全

被调查银行中认为相关法律法规的不健全对其银行开展相关服务具有严重影响或较严重影响的占比为64.39%，只有1.37%的银行认为对其不产生影响，该变量均值为3.77，从整体来看，该变量对银行知识产权融资意愿具有较严重影响。

（3）政府相关优惠政策有效性不足

被调查银行中认为政府相关优惠政策的不足对其开展相关服务具有严重影响或较严重影响的占比56.17%，与认为具有较轻影响或不存在任何影响的15.07%相比来说，仍然占很大比重。该变量均值为3.62，从整体来看具有较严重影响。

## 4.4 本章小结

本章针对科技型中小企业知识产权质押融资开展的现状及影响因素展开调查分析。首先分别针对科技型中小企业（融资方）、银行（放贷方）设计了相应的问卷，问卷内容涉及知识产权融资业务的开展情况、开展意愿，以及相关影响因素。对于问卷回收结果，分别针对科技型中小企业和银行进行了分析，提出了知识产权质押融资参与各方的科技型中小企业、银行以及外部环境方面存在的一些问题，并提出了一些相应的对策建议。

# 第五章 基于结构方程模型的知识产权质押融资业务影响因素研究

经过近 30 年的发展，中小企业已经成为支撑我国国民经济发展的一支重要力量。但是，资金短缺仍是目前困扰许多中小企业成长的制约因素，是其发展过程中碰到的"心病"。对许多拥有自主知识产权的中小型企业来说，即使手握知识产权，也往往因为资金短缺而无法将其转化为生产力，无法实现产能的扩大。近几年的实践证明，破解此类中小企业资金不足的有效途径之一是知识产权质押融资。当前我国正值产业结构调整的关键时期和供给侧结构性改革的攻坚阶段，更加需要将知识产权盘活用于企业融资实践中，以此不断推进创新发展，提高创新活力。在大众创业、万众创新的新形势下，中小企业的创新活动风起云涌，中小企业正经历着快速成长的黄金期，在此阶段对知识产权质押融资的需求更为旺盛。利用知识产权所开展的融资业务，可以使企业通过无形资产的质押获得资金来源。这促进了企业创新活动的开展，对中小企业解决发展中的资金问题具有重要意义。

在新的形势下，经济社会有了新的发展，对知识产权质押融资业务的开展提出了新的要求。从当前现实情况来看，尽管知识产权质押融资工作已经取得了长足发展，为部分中小企业缓解了融资难问题，但仍然存在一些亟待解决的问题：①业务发展不平衡，在不同地区知识产权质押融资业务开展的程度存在很大的差异，就总体而言，业务量还不够充分，并未从根本上改变中小企业的资金困境；②资金供需市场不平衡，中小企业的资金缺口很大，融资需求十分旺盛，但是金融机构慎贷惜贷，在进行知识产权质押融资时颇为谨慎，两者之间存在不平衡；③知识产权价值评估方法的科学性和合理性有待加强，评估机构发展不够规范，对评估机构的培育不到位，服务规范性有待完善；④知识产权的交易市场不成熟，质权处置难、变现难。这些发展中的问题，都是制约知识产权质押融资业务开展的因素，都需要尽快加以解决。

本章基于知识产权质押融资业务发展过程中的瓶颈问题，从中小企业角度出发，采用结构方程模型系统分析了其参与质押融资时受到各种因素影响的结果，从而在一定程度上为该研究领域提供理论参考，同时为解决该业务发展中的现实问题提供借鉴。

## 5.1　相关文献回顾

知识产权质押融资作为中小企业融资的重要途径，与传统的融资方式存在很大的差异，该业务在运行过程中对不同的参与主体也存在不同的风险。李文江（2010）从企业的角度分析了知识产权质押融资风险所包含的内容，认为知识产权质押融资风险包括质押过程中的法律风险、经济风险和变现风险，同时知识产权质押业务的高风险会带来高交易成本。张伯友（2009）关注了知识产权自身的特性所带来的质押风险，包括技术被市场认可和接受的程度、技术淘汰和更新速度、许可费支付风险、管理服务中的风险、法律风险等。也有学者从银行视角归纳了知识产权质押融资的风险，例如，宋伟和胡海洋（2009）、鲍新中和屈乔（2015），他们将知识产权质押融资风险分为法律风险、知识产权风险、融资企业经营风险、银行自身风险和宏观风险。而尹夏楠等（2016）从不同融资主体的角度将风险进行了归类，她将知识产权质押融资风险分为财务管控风险、经营管控风险、知识产权自身风险、政府行为相关风险。章洁倩（2013）同样也从银行视角研究了知识产权风险、知识产权质押管理风险、变现风险及经营风险的影响因素。除此以外，Pennington & Sanchez（2007）、Crawford & Strasser（2008）从信用风险、侵权风险和补偿风险视角关注了知识产权从产生到用于质押过程的不同阶段中所带来的风险，分别从三个方面研究了知识产权在不同阶段中存在的风险。

知识产权质押融资在运行过程中表现出不同的实现模式。关于知识产权质押融资模式目前还没有明确的分类方式。学者们在研究过程中从不同的角度对运行模式进行了区分。其中，苏琰（2010）、欧晓文（2013）针对该业务开展实践中运行成功地区的典型模式（北京模式、浦东模式、武汉模式和湘潭模式）进行了分析，并从业务各参与主体的角色与定位、业务运行过程中的风险构成和差异，以及不同模式的优缺点进行了深入的比较和分析。鉴于政府在该业务开展过程中的重要地位和作用，杨晨和陶晶（2010）从管理的角度提出了三种知识产权质押融资管理模式，即"政府担保＋补贴"、政府担保和市场主导，他们在研究过程中发现"政府担保＋补贴"更为符合当前我国发展的现状，而政府担保模式很难广泛推广开来，这主要是因为政府作为社会公共职能部门，其主要作用在于政策引导、支持和服务，不可能持续为中小企业承担主要的担保责任。而市场主导模式在当前我国市场经济不够完善的背景下也同样无法成为一种主导运行模式。与其观点所一致的是，凌辉贤（2011）也提出我国目前应建立以政府为主导的知识产权融资模式。部分学者在研究过程中，发现我国的知识产权质押融资模式应该充分借鉴国外的间接经验，比如美国中小企业局（SBA）的担保模式（左玉茹，2010），日本实质（企业经营状况）重于形式（知识产权融资担保）的模式。也有部分学者认为合理的知识产权质押融资模式应该充分考虑多方主体的利益和风险，其中，李增福和郑友环（2010）在从法律和经济两个层面将知识产权质押融资风险进行分类的基础上，结合当前国情提出了构建"银政企合作"的多方共赢质押融资模式。刘沛佩（2011）建议，应建立多方参与、责任共同的风险分担机制，强调创新发展机构、政府部门和中介机构等主体共同参与开展知识产权质押融资业务，以降低将知识产权作为质押物所带来的法律风险。杨茜（2014）建议，应构建集融资企业、政府和金融机构三者相互联系的科技型小微企业知识产权质押融资支持体系。

## 5.2　理论分析与概念模型建立

知识产权参与质押是帮助企业实现融资、克服资金链短缺问题的重要手段，在具体运作中可以呈现为不同模式。但不管是采用哪种模式，都离不开多个主体的积极参与和互动（刘沛佩，2011；杨茜，2014）。其中，政府部门在知识产权的担保和质押过程中发挥着重要作用（聂洪涛，2014），尤其是在目前国内中小企业知识产权水平不够高，企业知识产权的市场化交易市场还未形成规模，知识产权交易活动的规范性不够，整个知识产权运营服务体系还未最终形成，在这样的背景下，政府的作用尤为重要（杨晨、陶晶，2010）。政府部门，通过履行引导和公共职能，为知识产权的质押工作带来有关的政策效应、策略和服务支持。由于知识产权质押融资服务工作在我国开展时间还不长，很多方面需要不断的实践和探索，该业务的发展前景在很大程度上受到政府的支持和推动政策的影响，如果国家不予扶持和发展，则该业务的发展将很难持续开展下去。可以看出，相关的国家政策导向将对知识产权等成果的融资发展方向起到指引作用。政府除了从政策层面进行鼓励和支持外，还会通过各种形式的财政资金来推动该业务的发展，并可加强相关软硬件条件来影响业务的持续发展方向。

银行机构是该业务工作发展的资金提供者。银行开展该业务的意愿和动力，相应的人才储备以及贷款流程的便利性等在很大程度上影响了该业务的发展。在进行融资时，银行通常会通过审核申请企业的贷款能力来决定是否向其提供贷款。在提供贷款后，如果中小企业发生违约情况，银行将通过变卖中小企业质押的知识产权来补偿财务损失。一般而言，银行将资金贷给中小企业的风险要明显大于规模大的企业，因此，银行在审核中小企业融资时特别严格。

中介机构是知识产权质押融资业务开展的重要第三方，是联结资金提供方（银行）和资金需求方（企业）的纽带。一般而言，业务开展中涉及的有关中介方主要有评估、担保和法律等组织机构，都对专利等产权的质押业务能否顺利运行产生有关重大影响。担保组织机构主要充当了为融资方的产权设立担保的角色，融资企业一旦发生违约，担保公司将承担一定的赔偿义务。评估专业机构使用适当的评价和估值方法，根据专业的系统和指南的要求，对质押物价值进行准确评价。法律机构负责对质押知识产权确权，确权的作用包括：第一，可以反映对无形资产估值的确切程度；第二，可以作为判断质押行为有效性的依据；第三，有助于衡量在发生贷款违约时质押物的变现能力。

中小企业，特别是科技创新型企业，其内部所有的知识产权等无形资产的比重，相对于实物资产而言，占较大比重，它们往往参与贷款的路径较窄，因而从借贷方式来看，如何激发和拓展知识产权的质押途径，对企业扩大现金流、提高财务实力至关重要。从企业内部经营分析，其基本发展现状和成长背景对本身培养和提高科研成果的融资能力造成影响。企业成立的时间、企业规模、企业偿债能力都是银行信贷管理人员所关注的，其中最为重要的是企业的财务因素。企业的高级管理人员也会影响有关融资业务的开展，科研人员的数量，以及管理层的学历、海外背景、任职年限等能反映出一家企业的创新水平和研发潜力。如果一个企业拥有足够多的、创新性和实用性好、包含的技术水平高、市场前景好、可替代性风险低的知识产权，将是其获得质押融资贷款的关键因素。

基于以上分析，建立科技型企业有关质押业务影响因素的概念模型，如图 5 – 1 所示。

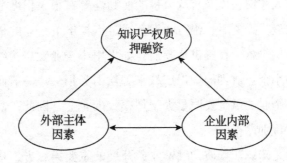

图 5 – 1　科技型企业有关质押业务影响因素的概念模型

## 5.3　样本选取与变量定义

### 5.3.1　样本选取

本章所用数据全部来源于调查问卷。本调查问卷主要搜集和了解北京中小企业知识产权质押具体情况及其相关数据。本调查问卷总共发放了110份，经统计，回收率达91%，表明调查结果非常可行。本问卷的调查对象集中于北京地区的110家中小型企业的高级管理人员，如董事、监事、总经理、业务总监、部门经理等，由于他们对企业的资产状况、产品研发、申请贷款等业务情况较为了解，问卷结果可以反映中小企业有关知识产权及其权利质押业务的现状。

### 5.3.2　变量定义

根据研究的需要，在本次问卷调查中将政府部门、银行机构、中介机构、企业基本情况、知识产权管理情况、高管人力状况和知识产权质押融资行为作为潜在变量，然后为每一个潜在变量选取几个可观测到并能够计量出来的显变量进行归纳整理。调查问卷中涉及的相关内容见表5-1。

表5-1　调查问卷的变量与调查内容

| 因素性质 | 主体类型 | 对应问卷问题 | 变量名称 |
|---|---|---|---|
| 外部主体因素 | 政府部门 | 知识产权融资法规的完善性 | e41 |
| | | 贴息或风险补偿政策的有效性 | e42 |
| | | 政府的引导和宣传力度 | e43 |
| | | 对中介机构的支持力度 | e44 |
| | 银行机构 | 贷款银行对知识产权质押融资业务的态度 | e1 |
| | | 银行知识产权质押融资流程的简捷性 | e2 |
| | | 银行的信贷风险管理 | f13 |
| | | 银行放贷需求和动力 | f17 |
| | | 银行相关专业人才储备 | f18 |
| | 中介机构 | 评估机构的服务 | e31 |
| | | 保险机构的服务 | e32 |
| | | 担保机构的服务 | e33 |
| | | 法律服务机构的服务 | e34 |

续表

| 因素性质 | 主体类型 | 对应问卷问题 | 变量名称 |
|---|---|---|---|
| 内部因素 | 企业基本情况 | 企业近三年年均员工总数 | a0 |
| | | 企业成立的时间 | a1 |
| | | 企业的资产规模 | a2 |
| | | 企业的资产负债率水平 | a3 |
| | | 近三年企业收入的增长速度 | a4 |
| | 知识产权管理情况 | 企业拥有的知识产权（如专利）的数量 | b3 |
| | | 企业知识产权的创新性和实用性 | b4 |
| | | 企业利用知识产权所开发的产品市场前景 | b5 |
| | | 企业知识产权包含的技术水平 | b6 |
| | | 企业的知识产权在未来几年中的可替代性风险 | b7 |
| | 高管人力状况 | 企业本科以上学历人员比例 | c1 |
| | | 企业高管中有硕士及以上学历人数 | c2 |
| | | 企业高管中有海外学习或工作背景的人数 | c3 |
| | | 企业高管平均任职年限 | c4 |
| | | 企业研发人员占员工人数的比例 | c5 |
| 因变量 | 知识产权质押融资行为 | 风险对知识产权质押融资业务的影响程度 | d |
| | | 企业是否进行过知识产权质押融资 | d1 |
| | | 对知识产权质押融资业务的了解程度 | d2 |
| | | 企业是否可能将知识产权用于质押 | d4 |
| | | 企业申请知识产权质押融资的总次数 | d5 |
| | | 是否享受过知识产权质押融资的优惠补贴政策 | d7 |

## 5.4  变量检验

### 5.4.1  信度检验

信度（Reliability）检验是分析并判断搜集到的数据是否可以进一步用

于实证研究的基础步骤，通过信度分析能够看出数据源的可靠性，即在对数据进行重复检测后分析检测结果是否是一致的，如果一致就代表将用于实证分析的数据可靠。该分析的观测指标是由信度系数（Cronbach's Alpha）来表示，其值的大小表示数据可靠和有效程度的高低。一般而言，当信度系数超过 0.65 时，代表数据的可靠性能够接受，可以用于实证分析。本章利用 SPSS 22.0 数据处理软件，分别从总体和主要变量的角度进行信度检验，具体见表 5-2 与表 5-3。

表 5-2 主要变量的信度检验

| 结构变量 | 观测变量个数 | 信度系数 |
| --- | --- | --- |
| 政府部门 | 4 | 0.729 |
| 银行机构 | 5 | 0.701 |
| 中介机构 | 5 | 0.728 |
| 企业基本情况 | 5 | 0.756 |
| 知识产权管理情况 | 5 | 0.771 |
| 高管人力状况 | 5 | 0.785 |
| 知识产权质押融资行为 | 6 | 0.764 |

表 5-3 总体信度

| 变量数量 | 信度系数 |
| --- | --- |
| 21 | 0.866 |

## 5.4.2 效度检验

CFA（验证性因子分析，下同）是构建结构性方程的基础步骤，也是确保实证研究结果有效的重要方法。Thomopson 指出优先对测量的模型检验分析，是进一步建立结构方程模型的基础，因为测量模型可以正确地反映研究的构面或因素。据此本章对模型中的所有构面检验分析。模型的七个构面分别为政府部门、银行机构、中介机构、企业基本情况、知识产权管理情况、高管人力状况和知识产权质押融资，拟合度均已达标，即表现为卡方/自由度低于 3、拟合优度指数（GFI）和修正的拟合优度指数（AGFI）值高于 0.7、近似误差的平方根（RMSEA）低于 0.08。然后，根据其因子分析得出的结果，选取相应的观测变量，具体的选择标准为载荷量大于绝对值 0.5（以下简称 0.5）的变量留下作为结构方程模型中的观测变量，小于 0.5 的变量删除。

（1）政府部门构面

政府部门构面共有四题，在执行 CFA 后，标准化系数 e41、e42、e43、e44 分别为 0.57、0.78、0.63 和 0.56，结果在可接受的区间范围内，残差为正，且结果显著，未见违犯估计。配适度可接受，因此，该四题全部予以保留（如图 5 − 2 及表 5 − 4 所示）。

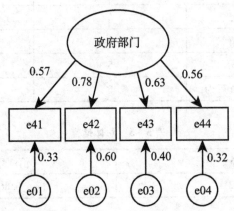

卡方值=2.387　自由度=2
卡方/自由度=1.193
GFI=0.988　AGFI=0.938
RMSEA=0.044

图 5 − 2　政府部门构面的验证性因子分析

表 5 − 4　政府部门构面问卷原始题项

| 构面 | 指标 | 题目内容 |
|---|---|---|
| 政府部门 | e41 | 知识产权融资法规的完善性 |
| | e42 | 贴息或风险补偿政策的有效性 |
| | e43 | 政府的引导和宣传力度 |
| | e44 | 对中介机构的支持力度 |

（2）银行机构构面

银行机构构面共有五题，在执行 CFA 后，标准化系数 e1、e2 分别为 0.91、0.81，处在 0.7 至 0.95 的区间数中，残差值均正，且结果显著，未见违犯估计。而 f13、f17 和 f18 的标准化系数均小于 0.5，因此予以删除。配适度也在可接受的范围，因此该五题中两题予以保留（如图 5-3 及表 5-5 所示）。

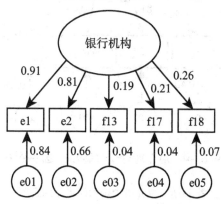

图 5-3　银行机构构面的验证性因子分析

表 5-5　银行机构构面问卷原始题项

| 构面 | 指标 | 题目内容 |
|---|---|---|
| 银行机构 | e1 | 贷款银行对知识产权质押融资业务的态度 |
| | e2 | 银行知识产权质押融资流程的简捷性 |
| | f13 | 银行的信贷风险管理 |
| | f17 | 银行放贷需求和动力 |
| | f18 | 银行相关专业人才储备 |

（3）中介机构构面

中介机构构面共有四题，执行 CFA 后，标准化系数 e31 和 e32 为 0.63、0.81 大于可接受的水平，即 0.5，残差均为正并且显著，未见违犯估计。而 e33 和 e34，标准化的系数均小于 0.5，可以将其剔除。配适度也在可接受的范围，因此该四题中两题予以保留（如图 5 - 4 及表 5 - 6 所示）。

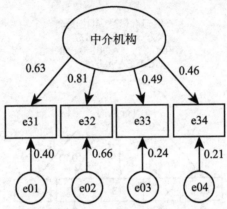

图 5 - 4　中介机构构面的验证性因子分析

表 5 - 6　中介机构构面问卷原始题项

| 构面 | 指标 | 题目内容 |
|------|------|----------|
| | e31 | 评估机构的服务 |
| 中介机构 | e32 | 保险机构的服务 |
| | e33 | 担保机构的服务 |
| | e34 | 法律服务机构的服务 |

（4）企业基本情况构面

企业基本情况构面共有五题，在执行 CFA 之后，标准化系数 a0、a1 和 a2 分别为 0.52、0.52 和 0.86，超过 0.5 的可接受水平，残差为正，且显著，未见违犯估计。而 a3、a4 的标准化系数均低于 0.5，因此予以删除。配适度也处在可以接受范围，因此，保留其中的三题（如图 5 - 5 及表 5 - 7 所示）。

表 5 - 7　基本情况构面问卷原始题项

| 构面 | 指标 | 题目内容 |
|---|---|---|
| 基本情况 | a0 | 企业近三年年均员工总数 |
| | a1 | 企业成立的时间 |
| | a2 | 企业的资产规模 |
| | a3 | 企业的资产负债率水平 |
| | a4 | 近3年企业的收入增长速度 |

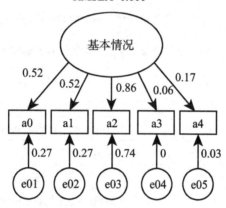

图 5 - 5　基本情况构面的验证性因子分析

（5）知识产权管理情况构面

知识产权管理情况构面共有五题，在执行 CFA 之后，标准化系数 b4、b5 和 b6 分别为 - 0.59、- 0.68 和 - 0.79，超过 0.5 的可接受水平，残差为正，且显著，未见违犯估计。而 b3、b7 的标准化系数均低于 0.5，因此予以删除。配适度也处在可以接受范围，因此，保留其中的三题（如图 5 - 6 及表 5 - 8 所示）。

卡方值=7.220　自由度=5
卡方/自由度=1.444
GFI=0.972　AGFI=0.916
RMSEA=0.067

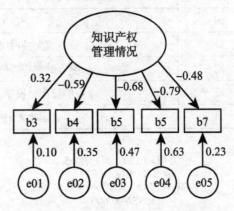

图5-6　知识产权管理情况构面的验证性因子分析

表5-8　知识产权管理情况构面问卷原始题项

| 构面 | 指标 | 题目内容 |
|------|------|---------|
| 知识产权<br>管理情况 | b3 | 企业拥有知识产权（或专利）的数量 |
| | b4 | 企业知识产权的创新性和实用性 |
| | b5 | 企业利用知识产权所开发的产品市场前景 |
| | b6 | 企业知识产权包含的技术水平 |
| | b7 | 企业的知识产权在未来几年中的可替代性风险 |

（6）高管人力状况构面

高管人力状况构面共有五题，执行 CFA 后，标准化系数 $c_2$ 和 $c_3$ 分别为 0.65 和 0.7，超过 0.5 的可接受水平，残差指均为正，且结果显著，未见违犯估计。但是 $c_1$、$c_4$ 和 $c_5$，标准化的系数均小于 0.5，可以将其剔除。配适度处在可接受范围中，可以保留其中的二题（如图 5-7 及表 5-9 所示）。

卡方值=4.721　自由度=5
卡方/自由度=0.944
GFI=0.982　AGFI=0.947
RMSEA=0.000

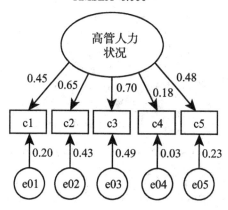

**图5-7　高管人力状况构面的验证性因子分析**

**表5-9　高管人力状况构面问卷原始题项**

| 构面 | 指标 | 题目内容 |
|------|------|----------|
| | c1 | 企业本科以上学历人员比例 |
| | c2 | 企业高管中有硕士及以上学历人数 |
| 高管人力状况 | c3 | 企业高管中有海外学习或工作背景的人数 |
| | c4 | 企业高管平均任职年限 |
| | c5 | 企业研发人员占员工人数的比例 |

（7）知识产权质押融资行为构面

关于知识产权质押融资的行为构面有五个问题内容，执行 CFA 后，标准化的系数 d4、d5 和 d7 分别为 -0.59、-0.86 和 -0.69，超过 -0.5 的可接受水平，残差指均为正，且结果显著，无违犯估计。但是 d1 和 d2，标准化系数均低于0.5，可以予以剔除。配适度处于可接受范围区间，可保留其中的三题（如图5-8及表5-10所示）。

卡方值=27.495 自由度=9
卡方/自由度=3.055
GFI=0.920 AGFI=0.813
RMSEA=0.075

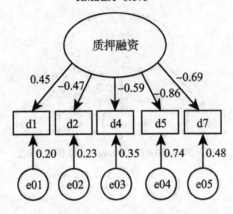

**图 5 -8 知识产权质押融资行为构面的验证性因子分析**

**表 5 -10 知识产权质押融资行为构面问卷原始题项**

| 构面 | 指标 | 题目内容 |
|---|---|---|
| 知识产权<br>质押融资<br>行为 | d | 风险对知识产权质押融资的影响程度 |
| | d1 | 企业是否有知识产权质押融资经历 |
| | d2 | 对知识产权质押融资业务的了解程度 |
| | d4 | 企业的知识产权是否可以用于质押 |
| | d5 | 企业申请过知识产权质押融资的总次数 |
| | d7 | 是否享受过知识产权质押融资相关的优惠补贴政策 |

通过上述的检验，可以看出全部构面观测变量的取舍情况，具体如表
5 -11 所示。

**表 5 -11 变量选取汇总**

| 构面 | 指标 | 指标是否留用 |
|---|---|---|
| 政府部门 | e41 | 是 |
| | e42 | 是 |
| | e43 | 是 |
| | e44 | 是 |

续表

| 构面 | 指标 | 指标是否留用 |
|---|---|---|
| 银行机构 | e1 | 是 |
| | e2 | 是 |
| | f13 | 否 |
| | f17 | 否 |
| | f18 | 否 |
| 中介机构 | e31 | 是 |
| | e32 | 是 |
| | e33 | 否 |
| | e34 | 否 |
| 企业<br>基本情况 | a0 | 是 |
| | a1 | 是 |
| | a2 | 是 |
| | a3 | 否 |
| | a4 | 否 |
| 知识产权管理情况 | b3 | 否 |
| | b4 | 是 |
| | b5 | 是 |
| | b6 | 是 |
| | b7 | 否 |
| 高管人力状况 | c1 | 否 |
| | c2 | 是 |
| | c3 | 是 |
| | c4 | 否 |
| | c5 | 否 |
| 知识产权质押融资行为 | d | 否 |
| | d1 | 否 |
| | d2 | 否 |
| | d4 | 是 |
| | d5 | 是 |
| | d7 | 是 |

表 5 – 12 给出所有构面留下的变量的收敛效度检验，从中可以看出，全部七个构面的载荷量都介于 0.5 ~ 0.904 的范围，且结果显著；此外组成信度大于 0.6，平均变异数萃取量介于 0.411 ~ 0.747 之间，均属可接受范围，因此，七个构面均具有收敛效度。

表 5 – 12　潜在构面收敛效度统计

| 构面 | 指标 | 模型参数估计值 | | | | 收敛效度 | | | |
|---|---|---|---|---|---|---|---|---|---|
| | | 非标准化因素负荷 | S.E.（标准误） | C.R.（t-value）（t 值） | P（显著性水平） | 标准化因素负荷 | SMC（多元相关平方） | C R（组合信度） | AVE（平均萃取变异量） |
| 政府部门 | e41 | 0.874 | 0.217 | 4.023 | *** | 0.572 | 0.327 | 0.733 | 0.411 |
| | e42 | 1.398 | 0.314 | 4.450 | *** | 0.777 | 0.604 | | |
| | e43 | 1.204 | 0.283 | 4.256 | *** | 0.630 | 0.397 | | |
| | e44 | 1 | | | | 0.563 | 0.317 | | |
| 银行机构 | e1 | 1.069 | 0.247 | 4.332 | *** | 0.914 | 0.835 | 0.855 | 0.747 |
| | e2 | 1 | | | | 0.812 | 0.659 | | |
| 中介机构 | e31 | 1.022 | 0.237 | 4.318 | *** | 0.630 | 0.397 | 0.687 | 0.528 |
| | e32 | 1 | | | | 0.811 | 0.658 | | |
| 企业基本情况 | a0 | 1.022 | 0.237 | 4.318 | *** | 0.522 | 0.272 | 0.676 | 0.426 |
| | a1 | 0.652 | 0.222 | 2.929 | *** | 0.514 | 0.264 | | |
| | a2 | 1 | | | | 0.861 | 0.741 | | |
| 知识产权管理情况 | b4 | 1.015 | 0.239 | 4.246 | *** | 0.562 | 0.316 | 0.734 | 0.484 |
| | b5 | 0.833 | 0.187 | 4.456 | *** | 0.704 | 0.496 | | |
| | b6 | 1 | | | | 0.800 | 0.640 | | |
| 高管人力状况 | c2 | 1.316 | 0.334 | 3.939 | *** | 0.652 | 0.425 | 0.629 | 0.460 |
| | c3 | 1 | | | | 0.703 | 0.494 | | |

续表

| 构面 | 指标 | 模型参数估计值 | | | | 收敛效度 | | | |
| | | 非标准化因素负荷 | S. E.（标准误） | C. R.（t-value）（t 值） | P（显著性水平） | 标准化因素负荷 | SMC（多元相关平方） | C R（组合信度） | AVE（平均萃取变异量） |
|---|---|---|---|---|---|---|---|---|---|
| 知识产权质押融资行为 | d4 | 1.977 | 0.404 | 4.897 | *** | 0.661 | 0.563 | 0.773 | 0.540 |
| | d5 | 4.752 | 1.140 | 4.167 | *** | 0.604 | 0.365 | | |
| | d7 | 1 | | | | 0.904 | 0.817 | | |

## 5.5 实证分析结果

### 5.5.1 结构方程模型构建

本章采用结构方程模型，全面分析了影响技术型融资企业的知识产权质押发展的要素。这主要有两方面的原因，一方面，在同时存在多个因变量的情况下，结构方程模型的方法，将比传统多元回归分析方法更加适用；另一方面，由于这里的所有测量变量都是通过调查问卷的形式获取的，在处理这样的数据时，结构方程模型比起多元回归分析更具有优势。本章根据前文理论分析和变量选取情况来具体构建了相应的结构方程模型。图 5 - 9 中展示了潜在变量（以椭圆表示）、相应的测量变量（以长方形表示）和误差项，以线条和箭头表示变量彼此之间的关系。其中，单向箭头和双向箭头的线条，分别是指两两变量之间的效应关系和变量间的关联关系。

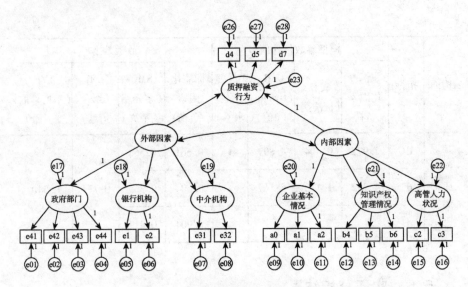

图 5 - 9 中小企业知识产权融资影响因素的结构方程模型

### 5.5.2 模型整体配适度分析

合理的建立结构方程，有必要对配适度进行分析与评估，即模型与数据拟合的程度。本章选择的配适度指标，主要有：卡方值、卡方值/自由度、GFI、AGFI 和 RMSEA，结果如表 5 - 13 所示。从模型的评价指标来看，本章所构建中小企业知识产权质押融资影响因素的结构方程模型从统计上可以接受，拟合程度比较好。

表 5 - 13 模型整体配适度

| 配适度指标 | 理想要求标准 | 模型 |
| --- | --- | --- |
| 卡方值 | 越小越好 | 279. 316 |
| 卡方值/自由度 | 小于 3 | 1. 543 |
| GFI | 大于 0. 9, 0. 8 可接受 | 0. 838 |
| AGFI | 大于 0. 9, 0. 8 可接受 | 0. 816 |
| RMSEA | 小于 0. 08 | 0. 044 |

### 5.5.3　结构方程模型结果分析

通过分析影响科技型企业质押融资业务因素的结构方程模型，我们发现外部主体因素对该业务的进程具有重大影响，并在1%的水平上显著，其中，政府部门的影响最大，其次是银行机构的影响，最后是中介机构的影响，这表明当前企业融资活动面临的最重要外部影响因素是政府的法律策略和行政措施，这在一定程度上反映了当前政府部门不断出台知识产权质押融资政策和制度来推进该业务不断发展的积极作用。此外，银行是企业取得资金的主要途径和来源，在业务中有着很大的影响。由于中介机构在该业务中也具有一定的影响，实证结果表明其影响也很显著，但是由于中介机构的发展相对较慢，其对该业务的影响排在政府部门和银行机构之后。

如表 5 – 14 所示，内部因素的影响通常很小，据标准化系数的绝对值可以判断出其产生的影响远低于外部因素。这主要是因为中小企业管理层和人员对知识产权可以进行质押业务的认识水平和理解程度有待提高，未能充分重视科研成果的转化，加之知识产权等成果的质量参差不齐，这也在一定程度上制约了该业务的开展。具体而言，内部因素中，企业基本情况对知识产权质押融资具有积极影响，但是知识产权管理情况的影响为负，该方面有待加强。

表 5 – 14　影响路径及影响结果表

| 影响路径 | 标准化系数 | 非标准化系数 | S. E.（标准误） | C R（组合信度） | P（显著性水平） |
|---|---|---|---|---|---|
| 质押融资 <—内部因素 | 0.265 | 1.000 | | | |
| 质押融资 <—外部因素 | 0.562 | 0.796 | 0.263 | 3.033 | *** |
| 中介机构 <—外部因素 | 0.870 | 1.106 | 0.278 | 3.974 | *** |
| 基本情况 <—内部因素 | 0.338 | 1.000 | | | |
| 知识产权管理情况 <—内部因素 | – 0.380 | – 2.412 | 1.022 | – 2.360 | ** |
| 银行机构 <—外部因素 | 0.800 | 1.866 | 0.434 | 4.300 | *** |
| 政府部门 <—外部因素 | 0.751 | 1.000 | | | |

续表

| 影响路径 | 标准化系数 | 非标准化系数 | S. E.（标准误） | C R（组合信度） | P（显著性水平） |
|---|---|---|---|---|---|
| 高管人力状况 <—内部因素 | 0.228 | 1.056 | 0.531 | 1.988 | ** |
| d4 <—质押融资 | 0.632 | 1.000 | | | |
| d5 <—质押融资 | 0.853 | 1.860 | 0.325 | 5.724 | *** |
| d7 <—质押融资 | 0.679 | 0.502 | 0.093 | 5.403 | *** |
| b6 <—知识产权管理情况 | 0.763 | 1.000 | | | |
| b5 <—知识产权管理情况 | 0.724 | 0.897 | 0.151 | 5.935 | *** |
| b4 <—知识产权管理情况 | 0.586 | 1.109 | 0.220 | 5.047 | *** |
| a2 <—基本情况 | 0.751 | 1.000 | | | |
| a1 <—基本情况 | 0.533 | 0.780 | 0.209 | 3.729 | *** |
| a0 <—基本情况 | 0.596 | 0.808 | 0.207 | 3.902 | *** |
| e2 <—银行机构 | 0.869 | 1.000 | | | |
| e1 <—银行机构 | 0.861 | 0.940 | 0.094 | 9.991 | *** |
| e44 <—政府部门 | 0.540 | 1.000 | | | |
| e43 <—政府部门 | 0.558 | 1.112 | 0.274 | 4.053 | *** |
| e42 <—政府部门 | 0.798 | 1.497 | 0.310 | 4.835 | *** |
| e41 <—政府部门 | 0.628 | 1.000 | 0.229 | 4.359 | *** |
| c2 <—高管人力状况 | 0.569 | 1.007 | 0.594 | 1.697 | * |
| c3 <—高管人力状况 | 0.800 | 1.000 | | | |
| e32 <—中介机构 | 0.719 | 1.000 | | | |
| e31 <—中介机构 | 0.719 | 1.316 | 0.225 | 5.850 | *** |

## 5.6　本章小结

　　本章通过问卷调查获得融资方企业进行质押融资业务的有关数据，利用结构方程模型，系统地分析了来自外部环境和企业内部因素对该业务的影响。进而研究了影响企业质押融资的各个因素。经研究发现并得出相关结论，具体有以下三个方面。

①外部环境因素是促进知识产权质押融资业务开展的推动力。其中，政府部门的影响最大，其次是银行机构，最后是中介机构。而三个外部主体因素均对该业务具有显著的积极影响。

②内部因素对知识产权质押的影响较弱。与外部因素的影响相比，中小企业内部因素对知识产权质押融资业务的推动作用不够明显，内部因素是目前亟待解决的关键问题。只有企业内部改进对该业务的认知，加强知识产权的研发，提高知识产权的价值，引进更多业务人才才能使该业务不断发展，为中小企业解决资金短缺的困境。

③中小企业的知识产权管理也是制约和阻碍该业务推广和开展的重要一环。由于目前大多知识产权等科技成果的水平存在很大差异，在其资产的管理和运营方面，企业的经验和能力不足，相对缺乏专业人才，导致资产创造价值和盈利的能力不够，今后如何加强知识产权资产的管理成为推动该业务发展的当务之急。

# 第六章　基于系统动力学的知识产权
## 质押融资运行机理分析

　　基于第五章对中小企业参与知识产权质押融资业务中受到的影响因素进行分析，了解到政府有关部门、银行等金融部门、中介组织机构（包括评估、担保和法律等方面的组织机构）以及作为资金需求方的科技型企业等主体都参与到了知识产权质押融资的过程中，既会对融资整体业务产生影响，又在其中有着各自的主体地位和作用。如何协调好多方主体在融资过程中的作用，有助于提高融资的成功率。

　　关于知识产权质押融资的研究内容，现有文献大多采用法学（Iwan Davies，2006）、社会学（Verma，2006）、经济学（张礼国，2013）等视角进行研究，主要的关注热点包括知识产权价值评估（王凌峰，2017）、风险控制（李海英，2017；何慧芳，2013）、运作模式（周丽，2009；张文春，2011）、体制机制（黄光辉，2010）以及政策配置等方面。在知识产权质押融资过程中，无论是价值评估、风险研究、政策配置，都要基于对其内在机理的揭示。事实上，知识产权质押融资涉及资金短缺方、资金供给方、中介机构以及政府等多个主体，包含众多相互影响并产生反馈的变量，可以看成是一个动力学过程。这一过程是复杂的，描述它的方程是高阶、非线性、时变的，利用常规的数学手段很难求解方程并从中获得完整的信息。系统动力学是揭示系统动态行为的一种计算机仿真技术（Jay，1968），可以针对复杂的社会经济系统或复杂的生态系统展开研究，揭示影响复杂系统行为模式的内在机制（Mark，1996；Bruce，2002；徐静，2010；杨晓光，2003）。而系统动力学也广泛应用于各个领域。

本章基于整体的角度，采用系统化的研究原理，考虑资金需求方、资金提供方、第三方服务机构等各个参与主体，系统地对知识产权质押融资运行过程中参与主体之间的因果关系和作用机理进行深入剖析，从根源上找出知识产权质押融资过程中存在的不足，促进我国知识产权质押融资业务的有效开展。

## 6.1　知识产权质押融资的构成要素与典型流程

### 6.1.1　知识产权质押融资的构成要素

知识产权质押融资过程主要涉及融资方（资金需求方）、政府部门、法律服务中介机构、担保机构、价值评估机构及金融机构。

（1）知识产权价值评估机构

在开展资产质押的整个流程中，最核心的就是对资产价值的有效衡量，如何确定知识产权等无形资产的价值成为关键，评估得到的价值越高，该资产参与交易和融资活动的可行性越高、机会越多。因此，能否找到一家具有专业资质、独立、公正的价值评估机构对知识产权等资产权利进行估值，对提高知识产权的融资效率和效益的结果来说，有着不可忽视的意义。

（2）法律服务中介机构

由于知识产权的特殊性，知识产权的法律权属问题等对融资影响重大，所以在融资的前期对法律服务的需求很有必要，并且融资过程较为烦琐和复杂，涉及的交易主体众多，可能会产生法律层面上的纠纷和矛盾。为避免这种情况的发生，需要聘请具有专业法律知识和良好职业规范的人员即律师，从中进行调节和给予法律帮助，从而推动知识产权质押融资能够顺利进行。

（3）融资方（资金需求方）

融资方大多为科技和创新型的中小企业，这些企业一般体现出企业规模小、无形资产比重大、发展前景良好、融资意愿强烈的特点。因此，创新的知识产权参与质押的方式为该类型的企业主体解决资金难题开辟出一个新路径和新方法，即使知识产权被作为标的物融资成功后，融资企业依然可以继续享有使用出质物权利，将知识产权的产权转化为资金资本使用权，提高了企业融资绩效和效率。

（4）政府有关部门

政府有关部门的激励和扶持，是顺利推进知识产权相关经济活动的政治基础与法律保障。现实中，政府支持主要包括出台相应法规政策、规范市场化行为、倡导安全健康的融资氛围、建立贷款信用担保体系，以及构建知识产权信息平台。

（5）担保机构

担保机构在融资市场中发挥着重要的作用。为了降低银行等金融机构的贷款风险，需要从中引入担保机构。担保机构对融资的中小企业调查更全面、更客观，风险控制手段更灵活、更有效，它可以很好地提升融资企业的贷款成功率，同时缓解由于借贷给银行带来的风险和危害。

（6）金融机构

在知识产权质押融资过程中，金融机构尤其是银行，在充当资金提供方中有其主导地位，发挥着重要的作用，其贷款条件的严苛程度、对企业规模的限制、贷款程序的复杂程度和借贷意愿都会直接影响到融资的结果。

### 6.1.2　知识产权质押融资的典型运行流程

知识产权质押融资，主要是对资本资金需求较大、具有知识产权等资产的企业，依法通过法律规定和途径，将知识产权设定为质押融资的资产，实现获得银行贷款等目的。所以，简单的质押流程过程中会涉及两方面的参与主体（融资企业和金融机构），融资企业是资金的需求者和业务活动的发起人，银行是资金的提供者也是风险的主要承担者，但是，出于谨慎性原则的考虑，银行通常通过了解和掌握申请贷款的企业相关的经营、偿债、盈利和成长能力来做出是否贷款的决定，由于知识产权归属无形资产，具有专有性，未来的收益和价值不明晰，市场信息的搜集相对滞后，具有不对称的特征，等等，使银行很难根据掌握的信息做出放贷决策。因此，就需要专门的中介机构对知识产权的价值进行评估，而且出于对风险分担的考虑，又会引入政府及担保机构等分担风险，由此形成以产权质押为主的筹融资路径，即有融资企业、政府部门、估值和法律中介机构、担保和金融机构等多个社会主体的参与过程，具体流程见图6-1。

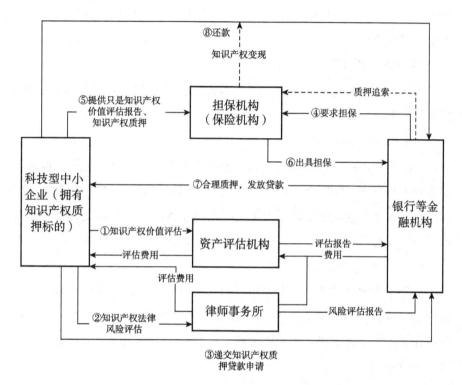

图6-1　知识产权质押融资的一般流程

我国知识产权质押融资的典型运行流程有以下九个环节。

（1）知识产权的价值评估

融资方的中小企业需要对其所有的知识产权等资产标的进行评价与估值，一般是委托专业资产价值评估机构进行，并出具专业的估值报告等书面证明，以帮助包括企业在内的融资参与方更好地明确标的物的市场和经济价值。

（2）知识产权法律风险评估

融资企业在进行估值时，需要评估知识产权的相关法律风险，了解相关法律状况，一般是提请专业的具有资质的律师事务所进行，并由律师事务所针对预审结果出具意见书，以作为质押贷款的申请报告。

（3）递交知识产权质押贷款申请

融资企业，一般以科技型中小企业居多，向商业银行等金融机构，递交由评估机构出具的价值评估报告以及法律机构出具的风险评估报告，由此申请贷款金额。

（4）金融机构提出担保要求

银行等金融机构收到质押贷款申请后，往往会提出需要担保的要求，以降低自身的风险。

（5）知识产权的出质

主要是引入第三方担保中介机构为申请融资的企业进行担保，即融资的企业出质资产并将资产交由专业提供担保的第三方专业机构，专业机构将通过考核融资企业的管理层人员情况及纳税情况、信用程度和资金财务状况等，结合质押物的考核，决定可否给融资企业设定担保。

（6）担保企业向金融机构出具担保

如果融资的科技型中小企业通过担保企业的审核，担保企业将为其向银行等金融机构出具担保，并向企业收取一定数额的费用。在具体工作的执行环节中，也会引进与保险有关的机构和企业参与，以更好地分担执行中的风险问题。

（7）金融机构发放贷款

主要是指银行部门，一方面参考专业的审计和评估结果，一方面对融资的企业进行信息审核，信息合格的基础上依照借款合同等法律规定，与融资企业签订合约并发放贷款。由于有担保或保险等中介公司参与和介入，银行部门的风险实现了转移。

（8）企业还贷

贷款到期后，融资企业需要按照合同规定及时履行向银行还本付息的义务。

（9）知识产权变现

如果科技型中小企业不能按照贷款合约按期还本付息，则按照贷款企业与担保机构、金融机构签订的担保协议对知识产权进行处置，并对贷款本息进行补偿。

知识产权质押融资模式对轻资产型的科技型企业来说，具有明显的优势，其克服了传统融资模式中依赖价值稳定、变现能力强的实物资产作为抵押物的不足，解决了轻资产、资信水平低的企业贷款成功率低的压力。从银行的角度来看，以知识产权作为抵押物的新型贷款形式在扩大银行服务范围的同时，如果融资企业到期无法偿还贷款资金时，银行可以通过变卖知识产权这种优质抵押资产，减少损失。但是，相对于传统实物资产的抵押贷款，知识产权质押融资贷款业务，随着参与主体的增加以及对融资信息的挖掘，在原有风险问题的基础上，如资产评估、企业经营和过程监督等方面问题，会有更多复杂性和多样性的矛盾呈现出来，由于知识产权的专有性以及不具有实物形态，伴随着质押物自身特性风险、知识产权质押物的法律风险和宏观风险等新风险的产生，将会更加迫切地需要对各方风险的成因进行分析和控制。

## 6.2 知识产权质押融资运行过程相关因素分析

### 6.2.1 技术因素的诱因分析

（1）技术替代性

现如今，随着科技的迅猛发展，技术更新迭代速度加快，我国已经迈入信息化时代、大数据时代。无论是实物产品还是虚拟产品，都面临着被替代的压力。知识产权更是如此，作为人类思维的产物，在人工智能日益成熟的今天，能否经受住技术替代的考验，对知识产权本身而言，也是一项巨大的挑战。

（2）市场化程度

市场化程度一般体现为市场发挥资源配置作用的程度，在这里主要以某一项技术的流通效果和程度为参考。市场化程度越高时，不仅对评估无形资产以及对其设定质押的工作开展越为有利，而且证明了该技术或权利资产在市场上被高度的重视和接受，便于交易和推广。相反，当市场化的程度偏低，则证明该技术还不够成熟，无法扩展推广和流通的范围。

（3）超额获利能力

超额获利能力是指除商品本身价值之外，还能带来的溢价。当实际价格超出商品本身价格较多时，其差异值则称之为商品的超额获利能力。若该知识产权等质押资产具有超额获利的能力，那么对企业通过融资市场来解决资金需求等问题则更加有利。

### 6.2.2 风险因素的诱因分析

（1）侵权诉讼风险

由于国内的知识产权的创新发展起步晚、历程短，当前国内还没有相对系统、配套的法律和制度来约束整个市场经济和融资行为。再加之对专利等科研成果的保护力度不足，就导致可能存在权属争议和侵权诉讼风险。而在质押融资过程中一旦出现类似纠纷，则会对各个关联方和融资进程产生较大影响，轻则延缓融资进程，重则会导致融资项目失败。因此，建立健全相关法律法规也是稳步实施产权质押、创新融资领域亟待落实的关键所在。

（2）技术过时风险

知识产权属于无形资产，主要涉及智力成果、技术和知识的创新等，区别于传统的实物资产，体现出了较强的复杂性、获利性和专业性，但其也存在易波动、更新快和不稳定等特征。该资产本身的技术特性是以知识产权等科研成果作为抵押物进行贷款的首要要素，所涉及的技术越先进，获得抵押贷款的可能性就越大，但是，随着技术的不断进步和发展，一项技术可能在法律保护期内就因为技术的更新使其经济价值大打折扣，甚至原有价值可能消失。因此，培育并提升技术的先进性具有重大的积极影响和意义。

### 6.2.3 市场因素的诱因分析

（1）市场份额

融资的成功与否和企业的发展状况有密不可分的关系，市场份额在一定程度上能够代表企业的经营状况和未来的偿债能力。市场份额越大，企业经营和还款能力越强，融资道路越宽阔。具备科研成果及其生产技术的企业，在市场中与有同类技术的企业相比较，谁占有的市场份额小，说明其竞争水平越低，在行业中处于不利地位，经营风险也就越大，就会降低银行对融资企业还款能力的估分。相反则很可能会受到银行的青睐，从而提高贷款融资的成功率，所以，了解企业在市场中的占有率具有重要的意义。

（2）专利市场化程度

我国现阶段的知识产权缺乏活跃的交易市场，相关的交易渠道还比较有限，知识产权的流转范围和交易对象都受到限制，并且知识产权变现的交易手续繁杂，交易成本较高，这些都导致了一旦融资企业资金困难，资金提供方面临专利等质押资产的变现风险。此外，专利等知识产权具有一定时效、有限的使用范围和依附性的特点，都体现为知识产权专业化水平，且其价值还依附于特定的研发团队，脱离这些限定条件，更会增加其质押融资的风险。因此，知识产权市场化程度的评估，对银行决定是否放贷、风险的控制有重要影响。

### 6.2.4 管理因素的诱因分析

（1）管理者素质

管理者素质也与知识产权的质押融资开展结果有着紧密的联系。有的管理者素质较低，一定程度上将缺乏对知识产权成果和相关资产的理解和安全保障意识，加之缺乏行之有效的统筹运营小组和人才队伍，则面临知识产权等成果转化的问题，如转化并体现其获利的能力较弱，也会导致企业效率低下、资金链波动、资产变现水平及其价值较低。而企业内部的盈利能力又与其经营和还贷能力相关，造成还贷困难，最终将降低各方参与知识产权质押融资的概率。

（2）企业信用记录

许多融资方的企业都处于成长阶段，存在着信用缺失现象，具体的可以展现为：合同欺诈，运用各种手段逃避还债以及合同上规定的职责；财务情况失真、财务报表造假等。由于这些行为都将向外传递企业发展的不良形象，因此将会对企业的筹融资工作和业务的开展产生消极影响。

（3）财务风险水平

企业盈利能力的高低和财务状况的好坏也会对融资结果造成深远的影响。新兴的成长期中的企业，通常财务状况不佳、发展规模较小，一般体现出：内部资金短缺、管理不善、业绩波动、持续经营和盈利水平较弱；实物资产比重少、资产结构不合理，会计信息不准确、财务报表弄虚作假；财务的管理体系和方法不完备、缺乏统一的规范和制度等。这些财务问题都会增加企业的财务风险，从而严重影响融资机构对企业的信任，加剧融资困难。

### 6.2.5 法律因素的诱因分析

知识产权是科技创新和知识经济发展下的产物，所以由于市场环境动态变化、技术创新方法存在某些缺陷、法律政策不断修订修正等现象，都会使知识成果缺乏一定的法制保护并且会面临一定的风险。除此之外，知识产权在市场化的过程中，由于技术的使用、竞争对手的研发、研发人员保密意识差等，都可能给企业带来权属冲突等风险。法律因素的诱因主要来自以下三个方面。

（1）法律法规的不完善风险

法律法规不完善是我国知识产权融资过程中法律关系不确定最重要的风险源，甚至某一方面法律规定的缺失使得融资业务不知该何去何从。比如，在现阶段对融资活动中标的物的转移主要通过类似房地产交付的方式进行，然而对专利等知识成果类的资产来说，只有权利证书，而我国法律未规定权利证书必须交付才能达成权利质押，所以缺少以明确的法律形式来规范和确定权利质押的过程及其有效性。再者，由于我国对有关知识产权的管理，属于"分散式"的管理模式，即由多个行政管理和执法部门来共同进行知识产权相关工作，导致责任权属不明现象，而又缺乏破除各自为政的行政管理体制，所以影响了权属的确定。

（2）律师事务所的资质和信誉

律师事务所以专业角度从制度的设计、流程的制定、贷款模式策划等方面对质押融资业务提前规划，并且律师事务所还以第三方角度的身份参与到融资业务过程中，受银行的委托，对知识产权法律方面的问题进行调查分析，出具法律评估报告，供银行参考，同时能够为融资企业了解自身知识产权提供资料。

（3）知识产权的权属性

知识产权的研发或者使用过程不符合法律的规定抑或是知识产权的产权问题存在争议，就很可能给融资业务的成功带来风险。权属风险是关键，如果权利人或他人的一些行为造成资产的权属不明晰，往往会导致该资产的权利失去法律上的效果，质押融资业务也会归为零，这对准备依靠质押融资缓解资金问题的企业而言，影响无疑是巨大的。然而，在实际的过程中，知识产权的权属问题通常存在很多的相似点或者交叉因素，很可能难以确认，从而存在侵权或被侵权的风险，进而导致专利因此归于无效，贷款也就缺乏了相应的保障。

### 6.2.6　信用担保的诱因分析

1）风险分散能力

（1）组合担保

主要是指多种形式共同担保的工作，具体有：以信用作为担保、资产的质押和抵押，可以从中选取两种或三种组合进行。它的出现，大大提高了债务活动的安全性，对知识产权质押业务的推进来说，更是如此。一般地，资金的需求方申请以权利资产和知识成果等为主要标的物进行贷款，大多是发展中的高新技术企业，固定资产价值较小，经营状况也处于起步阶段，尽管以知识产权作为贷款标的物，但是知识产权价值还在不断地波动，对银行而言，知识产权的担保能力不足，组合担保方式的出现为降低风险提供了多重保障。

（2）反担保制度

反担保是对现有担保的保证。主要是债权人同意第三方为还款的当事人做出担保，并且从中获取或者约定当事人为其自身提供担保。该制度的存在保证了融资担保工作的顺利开展，维护并确保了担保人的利益，这也激发了银行参与融资业务并向融资方提供其所需资金的活力和积极性。同时，在知识产权的质押融资过程中，反担保可以有效地调节和降低融资担保中的风险，可以迂回和化解设定某个担保时所遇到的阻碍和难题，树立融资企业良好形象，增强信用管理和筹融资水平。

（3）再担保制度

主要指对没有能力独立实现其保证责任的担保人进行的担保。一方面，如果在再担保中存在合同协议，则应按合同比例进行，没有通过协议说明再担保机构负有一般连带保证责任。与再保险业务类似，再担保业务在原有担保之上实现了担保链的延伸和延续，不仅有利于提高担保人的信用增级、降低担保人的信用损失，还起到转移和分散担保机构风险的作用，保障了债权人利益的顺利实现。担保企业在参与产权的质押过程中发挥重要的作用，可以更好地推动融资工作的有效开展。另一方面，随着交易市场的动态发展及体制不完善的局限，增加了质押物价值的不确定和波动性，不利于银行做出贷款的决策，而担保的存在为银行风险的控制提供了保障，但是有时知识产权价值大，融集资金可能为担保机构带来一定压力，通过该制度能够缓解融资方在业务上的压力，鼓励该类技术知识成果参与到融资领域中。

2）风险防范能力

（1）风险监控

风险的监控主要在银行方面实施。而银行有关部门主要通过管理体系和信息处理平台，如信用、信息管理和风险监控等系统，来监控自身在融资过程中遇到的问题和风险，以及时处理内部危机。系统的不完善，可能造成银行无法对知识产权的质押过程实施有效的、合理的事前评估、事中监控和事后追踪，从而导致操作过程中产生的风险超出银行可承受的风险范围而未被察觉，以至于无法采取及时有效的行为来阻止或降低损失的发生。

（2）项目的评审工作

项目的评审工作，主要流程涉及对项目计划的审查、批准、变更及展开进度的评价等。可以理解为：一是审查担保，二是具体评价项目。银行等金融机构，对知识产权质押融资业务开展担保项目的评审，其内容主要包括项目计划的进展程度、项目未来的展望和发展，对融资方的经营情况、盈利和发展潜力等做出相关分析和评价。进而，帮助管理层及时地发现、分散和防控风险，并为银行做出继续执行该融资项目的决策，提供相关参考，如管理层的认可等。

## 6.3　知识产权质押融资系统动力学模型的建立

### 6.3.1　系统动力学方法及原理

系统动力学是 Jay W Forrester 教授为解决系统动态复杂的问题而建立的科学，它强调以系统的角度考虑问题，了解融资过程内部各因素的结构与功能，更重要的是摸清因素之间的相互关系，从而能够在不同参数或者不同情况决策结果输入时，结合反馈控制、计算机技术，运用定性和定量研究方法，对复杂的情景模拟并观察仿真结果，打破了研究过程中由于信息收集不完整、系统交互作用带来的难题。与其他的研究方法相比，采用因果式的反馈关系对系统进行研究，能够使研究者直观地观测到因素之间的相互作用关系，以及结果的未来变化趋势。

通过知识产权质押实现融资目标的模式，丰富了科技创新型的融资企业发展资金链和产品价值链的方式，为银行不愿承担风险而消极放贷的局面提供了应对措施，减轻了轻资产、资信水平低的企业承担的贷款压力。但是以知识产权作为抵押物的新型贷款形式在扩大银行服务范围的同时，如果融资企业到期无法偿还贷款资金，由于无形资产交易市场还不够成熟，加上知识产权价值不好衡量的特点，就会给不同参与主体带来多方面的风险，阻碍融资业务的推进。因此，借助于系统动力学基础理论和方法，使用 VensimPLE 软件，以参与该业务过程中的第三方机构、贷款企业、金融机构为主，从整体方面建立开展该融资模式的 SD 图形，从而能在整体上把握流程进展情况，确保对其中的各个环节实施有序控制与合规管理，更好地加强各参与主体的积极性，实现合作共赢。

### 6.3.2　动力学模型的构建目的和假设

知识产权质押融资结果受不同参与主体之间相互交错、互相作用的影响，而系统动力学正是在整体的基础上寻求改善系统行为的机会和途径，并且其不以抽象为假设，而是以现实为依据。因此，本章基于不同主体错综复杂的影响因子系统动力学模型，从定量的角度对知识产权融资业务运作的动态过程进行研究，并探讨其运作的动态过程中有关参数变动如何对结果产生影响，该模型有以下五个基本假设。

①模型的组成部分。整个融资模型是供需的推拉式模式，即资金需求方根据自身的研发状况和规模的扩张计划，决定所需申请的贷款数额，银行根据企业的经营状况和担保知识产权价值的大小，确定是否贷款及贷款的大小；

②不考虑价值评估、法律评估的费用，资金需求方知识产权价值评估的需求能够由第三方中介服务予以满足，并且需求方与第三方就评估的事项做出协议后，评估机构就该知识产权能够及时地出具评估报告；

③质押融资的过程，体现出其期限短的特征，即一般期限低于 3 年，且不得申请展期，因此，本模型将模拟时间设定为 12 或 24 个月，时间的间隔为 1 个月；

④本模型中将获取的信用贷款，按照一定比例只在研发比例和生产比例之间进行分配；

⑤关于参与融资过程的质押物，本模型假设企业初始拥有的未参与融资的知识产权的金额为 500 万元。

### 6.3.3　知识产权质押融资运行机理因果回路图

实现以知识创新成果的质押为媒介参与融资的过程，构成了多方面主体共同参与和共同协作的有机统一的整体，有助于帮助融资方拓宽其资金来源途径，获取所需财务支持，同时推动各个参与主体充分发挥各自主体的地位和作用。以该业务的具体过程为基础构建的有关质押融资的因果回路如图 6-2 所示：

①正反馈回路 R1、R2 主要对融资方企业产生的业务需求进行分析。企业交易过程中由于技术创新、赊销等情况的存在导致资金周转困顿，激发了企业贷款需求，并且可能引发企业经营状况不好的问题出现，如此现

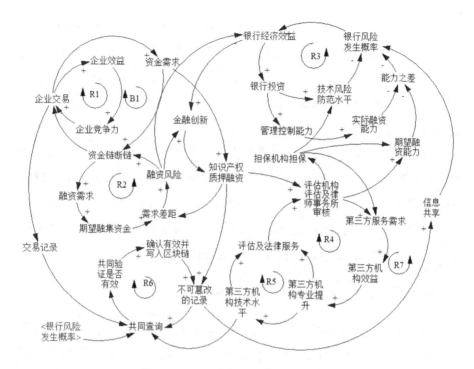

**图6-2 知识产权质押融资因果回路**

状加剧了企业对金融产品创新的需求；R3正反馈回路反映了金融机构融资模式的创新。金融机构可以通过加强与各个参与项目融资过程的社会主体进行合作，如价值评估、担保企业和机构、律师事务所等，以利于降低金融机构面临的风险，摆脱依赖于融资企业财务状况的传统融资模式，从而更好地发挥其作为资金提供方的重要主体作用。资金的提供者，以银行部门为主，通过将知识成果等作为标的物向企业提供所需资金，并且在实现降低风险的同时拓宽自身的业务范围。

②正反馈回路R4、R5反映了中介机构的辅助职能。在该融资模式进展中，律师事务所、评估机构和担保机构都可以凭借自身在业务能力上的专业性，为银行提供服务，减少银行在贷款过程中信息不对称造成的风险，同时，担保机构的存在，更是为银行降低风险提供了一层保护伞，作为融资企业信用信息的补充。在融资过程中引入第三方中介机构，不仅将更好地满足质押融资业务对中介机构服务日益增长的需求，而且将同时提高中介机构和质押融资第三方平台的经济水平和效益，可见需进一步地增

大中介服务机构及平台的技术投入和投资强度，提升其信息服务的能力。

③正反馈回路 R6 反映了信用数据库平台建设在质押融资当中所体现的信用审核及监督的有关职能。由于知识产权本身不确定性所带来的信息不对称等风险问题，如何加强信用信息的沟通和整合变得至关重要，尤其是银行及有关部门，可以通过掌握并分析申请贷款的融资方内部的信用信息、运营和发展实力等，降低由质押物所产生的危机状况，所以，信用信息平台应运而生。信用信息平台，一方面综合来自融资企业日常交易过程中信用状况等多方面的信息；另一方面通过整合中介机构的评估信息、法律权属信息等，帮助金融机构减少信息不对称带来的风险，同时创新融资企业融资链条的价值，提升贷款的质量和效益。

### 6.3.4 知识产权质押融资系统动力学流图

根据上述的研究中所述的因果关系，可以构建以知识产权为核心的质押融资系统动力学图，具体地，将从知识产权的研发和质押融资两个角度来构建分析 SD 模型。

（1）知识产权研发子系统

企业是创新科技发展的源泉，其以创新带动产业、以创新促进就业的举动推动了知识产权在数量和质量进一步提升和发展，而作为质押标的物且可以合法转让的产权资产，在提高融资效益和效率方面发挥重要的作用。具体来看，融资方企业以自身合法拥有的知识产权作为标的物，通过聘请第三方机构出具评估报告和向担保机构申请担保，最后向银行等金融机构提交贷款申请。在模型中，"知识产权"作为存量，其大小由"研发"和"淘汰"的速率确定，"研发"和"淘汰"的差额比重也决定了知识产权的先进性。而授信贷款的额度及用于的研发比例，将新增"研发投资"进而增加"知识产权"的存量，受法定年限或受市场需求的影响已有知识产权会遭到"淘汰"，"重置研发投资"将重新激发淘汰知识产权为企业创造价值。"市场估计"代表了市场对该知识成果未来的变现能力和预期带来的利益，其受企业管理、市场经济环境、科技进步、法律和风险因素这五方面的影响，管理状况越好、市场前景越乐观、技术可替代性越弱、面临的侵权风险越小的知识产权其价值越高，市场估计价值与知识产权账面价值的比例就是"市价比"，"无形资产"的账面价值和市场估计的大小确定了减值的大小。具体见图6-3。

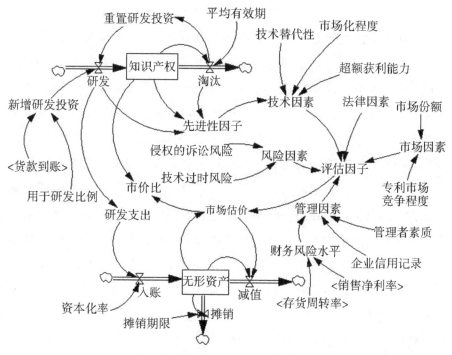

**图6-3 知识产权研发子系统的因果流**

注：IP—知识产权，RAD—研发，OOP—淘汰，TVIP—知识产权总值，IA—无形资产，R—入账，I—减值，A—摊销，RAI—重置研发投资，NAD—新增研发投资，AVP—平均有效期，AP—摊销期限，AF—先进性因子，EF—评估因子，MF—市场因素，TF—技术因素，LF—法律因素，GF—管理因素。

知识产权研发子系统中主要关系式如下：

$IP = INTEG( + RAD - OOP, TVIP)$

$IA = INTEG( + R - I - A, TVIP)$

$RAD = RAI + NAD$

$OOP = IP/AVP$

$A = MAX(0, IA/AP)$

$AF = (RAD - OOP)/AP$

$EF = 0.15 \times MF + 0.25 \times TF + 0.25 \times GF + 0.25 \times FF + 0.1 \times LF$

（2）质押融资子系统

在该融资模式中，知识成果等作为质押物，其状态将经历"未融资""融资中""已融资"三个阶段。在知识产权等成果从未融资阶段，向融资中阶段转化过程中，银行根据出质资产的法律状态、技术状态以及有关担保方的担保能力，以确定是否与资金需求方的企业主体建立授信关系，并依据上述的信息进一步确定质押率，实现该资产从未融资，到融资中，再到已融资阶段的跨越。资金需求方获取知识成果等资产的主要目的在于通过研发投资，增加资产价值，扩大生产经营的范围，增强创新和竞争实力，其中用于生产经营的资金由银行授信贷款到账后，逐步从资金状态转变为原材料，再由原材料投入生产转变为成品，最后通过成品出售重新返回货币资金。整体质押融资子系统中，已实现的融资加大了融资企业的负债，但是新增生产的投资所带来的生产规模的扩大又带来存货数量的上升，通过销售赚取利润的过程中实现了资金的累积，同时，有利于企业资金状况的改善和到期贷款的本息偿还，而"知识产权负债存量"的大小也由上述"贷款到账"和"本息偿还"的差额来确定。具体见图6-4。

质押融资与系统中主要关系式如下：

$$UIPR = INTEG(-EP," < IUIP >")$$

$$HFIP = INTEG(FR," < IFOIP >")$$

$$IPL = INTEG(+DF - RP,100)$$

$$IA = INTEG(P - S,0)$$

$$LA = BC/LD$$

$$P = (NPI + RPI) \times 1 + AF$$

$$IPF = EBIT/IOP$$

$$MV = INTEG(IA \times AF,IA)$$

$$LVR = 0.5 \times GF + 0.2 \times LF + 0.3 \times TF$$

$$TF = 0.3 \times AF + 0.2 \times DM + 0.2 \times TS + 0.3 \times EP$$

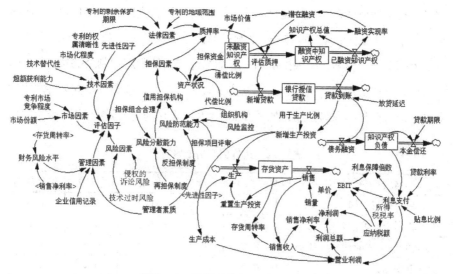

图 6-4　质押融资子系统因果流

注：UIPR—未融资知识产权，EP—评估质押，IUIP—初始未融资知识产权，HFIP—已融资知识产权，FR—融资实现，IFOIP—初始已融资知识产权，IPL—知识产权负债，DF—债务融资，RP—本金偿还，IA—存货资产，P—生产，S—销售，LA—贷款到账，BC—银行授信贷款，LD—放贷延迟，NPI—新增生产投资，RPI—重置生产投资，IPIF—融资中知识产权，IPF—利息保障倍数，IOP—利息支付，MV—市场估价，LVR—质押率，GF—担保因素，LF—法律因素，TF—技术因素，DM—市场化程度，TS—技术替代性，EP—超额获利能力。

## 6.4　模型仿真及结果分析

### 6.4.1　边界因子值与权重的估计

使用系统动力学机理进行定性和定量研究的前提条件需要找出模型中涉及的边界点，并且对其进行赋值或者利用一定的方法对其权重进行确定（本章采用专家打分法对相关边界点进行确定）。

通过分析图 6-3、图 6-4 所示的知识产权质押融资动力学模型，可知边界点包含：用于研发的比例、资本化率、摊销期限、贴息比例、贷款的利率和期限、放贷延迟、单价、专利涉及的地理范围、剩余保护期和所有权清晰度、市场化的程度、技术替代性、超额获利能力、专利市场竞争程度、市场份额、企业信用记录、技术过时风险、侵权的诉讼风险、再担保和反担保的制度、担保项目审查、风险监督和防控、组织机构、代偿和清偿比例、担保资金。其中用于研发的比例、贴息比例、单价、贷款利率、贷款期限、放贷延迟、摊销期限、资本化率根据市场一般情况进行估计确定，剩余的边界因子由专家评分方法来判定。本章选择了五位在法律、技术和金融等不同领域的相关专家，进行打分和评级。结果如表6-1所示（表6-1以部分边界因子为例）。

表6-1 边界因子值专家打分

| 边界因子 | 专家A | 专家B | 专家C | 专家D | 专家E | 综合得分 |
|---|---|---|---|---|---|---|
| 专利的地域范围 | 0.3 | 0.5 | 0.5 | 0.3 | 0.4 | 0.4 |
| 专利的剩余保护期限 | 0.7 | 0.6 | 0.6 | 0.5 | 0.6 | 0.6 |
| 专利的权属清晰性 | 0.5 | 0.6 | 0.5 | 0.4 | 0.5 | 0.5 |
| 市场化程度 | 0.3 | 0.5 | 0.5 | 0.3 | 0.4 | 0.4 |
| 技术替代性 | 0.7 | 0.6 | 0.5 | 0.5 | 0.6 | 0.6 |
| 超额获利能力 | 0.5 | 0.6 | 0.5 | 0.4 | 0.5 | 0.5 |
| 专利市场竞争程度 | 0.6 | 0.7 | 0.7 | 0.7 | 0.8 | 0.7 |
| 市场份额 | 0.3 | 0.5 | 0.5 | 0.3 | 0.4 | 0.4 |
| 企业的信用记录 | 0.7 | 0.6 | 0.6 | 0.5 | 0.6 | 0.6 |
| 技术陈旧风险 | 0.5 | 0.6 | 0.5 | 0.4 | 0.5 | 0.5 |

采用同样的方法，我们可以得到其余的边界因子值。

### 6.4.2 融资过程的仿真分析

（1）研发比例变动的仿真分析

处于创新发展中并拥有大量知识成果的企业，是参与该模式的主要融资主体，因此，知识产权是企业顺利筹集资金的基础条件，由知识产权研发子系统的因果流图即图6-3中可以看出，"知识产权"存量大小由"研发"和"淘汰"两个流量决定，高强度的研发会使融资方不断保持科技的创新和进步，更能够促进内部整体的可持续发展；高研发技术投入的比例有助于融资方成长为技术研发主体，实现知识成果的顺利转化。经研究，建立系统动力学模型，并将改变其研发的比例分别设定为20%（Current0）、40%（Current1）和80%（Current2），得到知识产权的模拟结果，如图6-5所示。

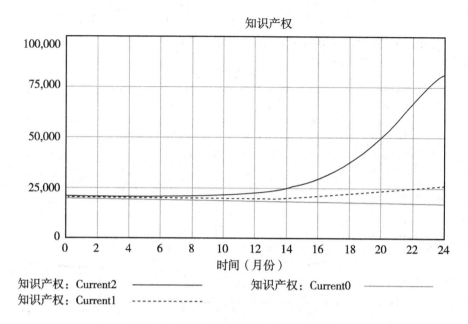

图6-5 研发比例变动对知识产权的模拟

事实证明，从获得的贷款中"抽取"较高的比例投资于知识产权的研发，有利于维持企业技术的先进性，降低由于技术更新或者需求等的变化对知识产权价值产生不利的影响给企业或银行带来的风险。

（2）质押率变动的仿真分析

顺利有序地发展知识产权的质押融资业务，除了拥有核心技术外，首要条件是确定一个客观、合理的质押率，高质押率有利于贷款企业在有限的知识产权价值下最大限度地满足资金需求。而由于该资产归属于智力成果，具有独特性和专业性，需要具有专业资质的法律、评估和担保方面机构依据相关法律规定，采取合理的方法，对质押资产实施评定和估值。因此，本章介绍了在模型中引入第三方服务机构后分别从产权和价值等方面来分析知识产权，帮助融资企业和银行确定一个合理的质押率，而在质押率确定过程中，评估构成指标是影响融资率结果的决定性因素，其体现了各方面专业人员对知识产权状态的客观认识和准确衡量的标准。要对质押率进行准确确定，关键是对指标有一个准确认识，在模拟过程中通过改变其中某些构成要素，观察其对质押率和融资结果的影响，图6-6显示质押率分别为 0.24（Current0）和 0.37（Current1）时，对已实现融资的知识产权和知识产权的负债所产生的影响情况。

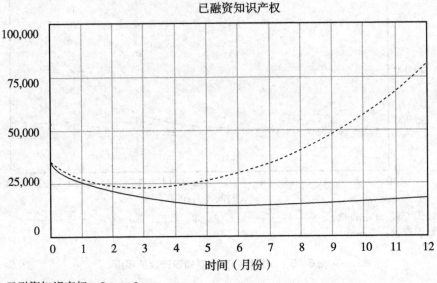

已融资知识产权：Current0 ——————————
已融资知识产权：Current1 ------------------------

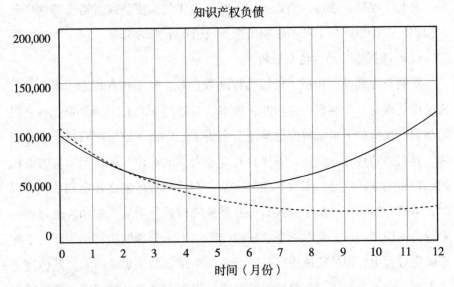

知识产权负债：Current0 ——————————
知识产权负债：Current1 ------------------------

图6-6　质押率对已融资知识产权和知识产权负债的影响模拟

从图 6 - 6 中可以看出，随着质押率的变动，"已融资知识产权"有很明显的变动，融资企业"知识产权负债"也有大幅度的增长，可以给融资企业一定的启示，在拥有知识产权数量有限的情况下，可以通过提高质押率的大小，从而尽可能多地填补资金缺口。而质押率的大小又受评估机构对质押率的评价指标的影响，从指标体系的构成得到，质押率的影响因素是多方面的，需要综合考虑提升融资方的企业主体内部的营运、财务、核心技术和成长发展的能力和潜力等多个方面。

（3）销售量变动的仿真分析

知识产权质押融资的实践效果不甚明显，很大原因是银行对融资企业能否按时偿还贷款持怀疑态度，如果企业能够证明一旦融资成功，得到的资金能够使经营状况明显改善，赚取利润，这样能够给予银行信任感，更有利于融资的实现。本模型中，假定市场尚未处于饱和状态，企业的经营状况有赖于销售的提高，设定销售分别为 10 万元和 17 万元，观察对企业利息保障倍数的影响，如图 6 - 7 所示。

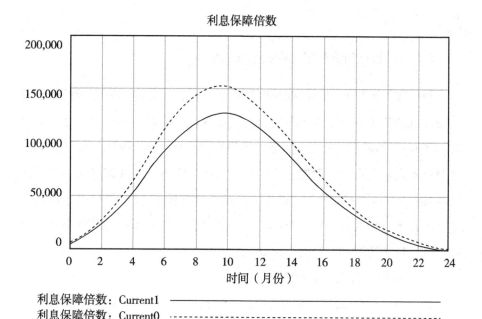

图 6 - 7　销售变动对利息保障倍数的模拟

利息保障倍数，由企业主体的经营性税前利润除以利息所得，所得的值与该主体具有的偿债能力有正相关关系，比值越大，则偿付利息的能力就越强。由图6-7可得，销售量的变动引起了利息保障倍数值的增长，为企业偿还银行贷款带来了利好的信号。由于本模型中销售的模拟设定固定数，销售不变的情况下，"融资贷款新增生产投资"继续增加，所以导致利润和EBIT下降，但利息等成本还在增加，从而利息保障倍数在一定期间后就呈现下降的势头。

## 6.5　基于知识产权质押融资运行机理仿真的启示

知识产权作为新型的质押融资模式中的标的物主体，由于存在诸多不确定和不稳定性，造成其实践效果尚未取得突破性的成功和进展。本章通过对该融资模式运行机理的探究，针对具体业务流程和实现路径，合理提出建议性措施，即建立知识产权质押的市场机制、信用机制，加强融资方的企业主体更加完善其知识成果，改进并发挥好中介平台和机构的重要作用等。

### 6.5.1　建立知识产权质押的市场机制

设立知识成果和知识产权的交易服务平台，是构建与完善新型的质押融资模式的相关市场机制的基础与首要步骤。交易服务平台的建立，不仅扩大了相关知识成果交易的范围，为质押标的物的来源奠定广泛的基础，还有利于融资方企业的发展；同时市场网络的完善，实现信息的共享，并且市场也离不开交易规则的建立，通过法律和道德的共同约束，营造公平、公正的市场交易和沟通交流环境，推进质押融资流程的合规化及有序化发展，杜绝违法和虚假交易的发生。

（1）知识产权交易平台的建立

该交易平台的成立与建设，需要政府、中介合作机构、资金需求者（一般是融资的中小企业）和资金提供者（以银行为主的金融机构）多方面的共同努力。①政府有关部门可以为该融资模式的创新发展，营造文明优良的社会法律环境，提供更加有利于发展的条件和支持，如颁布不同的产权交易规则、制定相关的政策优惠，以鼓励银行等金融机构参与融资业务，从而促进知识产权通过市场更好地转化为资金优势，推进知识产权融资业务的发展；②中介机构方面，融资的有效推进离不开规范的中介化服务，如公正、公开的资产评估、合理的评估流程等，为融资业务的开展提供保障，支持知识产权评估、注册、律师事务所和其他中介机构的发展，为融资业务提供基础保障；③知识产权在我国起步较晚，发展水平参差不齐，借鉴国外的发展经验和银行信贷等模式的发展经验，在业务开展的过程中，不断对交易平台完善升级，有利于提高效率和降低成本。

（2）加强市场网络的建设

知识产权质押融资业务需要多方面主体的共同参与，传统的信息沟通方式和业务流程模式，会降低信息传递的速度，不能够及时解决企业的资金困顿，而借助于互联网方式构建的融资交易平台，有利于各方面主体快速、全方位的共享信息，减少信息共享的时间，而且当质押人出质的知识产权价值变动时，能够在信息平台上及时得到更新，帮助银行增强风险防范和控制，降低质押资产的评估和变现风险，更好地促进整体项目的进行。

### 6.5.2　探索知识产权质押融资的信用机制

信息的不对称和缺失信用机制等在融资业务开展过程中会造成逆向选择和道德风险，增大各个参与方的主体风险，阻碍了该业务的进一步发展。因此，探索和构建有关的信用机制非常重要。

（1）建立融资方企业的信用和信息系统

现今，国内仍没有丰富的中小企业信用和信息数据库，仅依靠银行的信用信息体系和第三方提供的中介服务来评估企业的信用评级和资质状况。评估的正确性不仅较低，难以实施且成本较高。因此，建立全国统一的中小企业信用体系，形成规范标准的信用评价标准和制度，并且严格要求和培育第三方中介结构，对提高信息不对称的管理和处理效率、降低信用成本、防范信用缺失来说至关重要。

（2）企业提高自身素质

融资方的中小企业提高自身的素质能够增加资金提供者对中小企业融资的信心，能够提高融资贷款的成功率。所以，融资企业有义务从强化管理者素质、建设专业化人才队伍、落实科学指导、提高生产效率、增强自主创新、提高产品竞争力、提升经济效益等多条途径加强自身素质建设。同时，企业还应该加强信用意识，树立遵守信用的良好形象，按时偿还本息，与其他企业的交易过程中讲究信用，争取在交易平台上不断提高信用水平，从而间接提高知识产权质押融资的能力。

### 6.5.3　强化中小企业知识产权建设

强化融资方中小企业主体的知识产权建设，创新研发知识成果和科学技术，是开展质押融资业务的必要前提和基础。然而，实际上，科技创新型的企业，特别是处于成长发展中企业，由于资金的缺乏，投资研发水平受到了限制，知识产权研发和创新的竞争实力薄弱，很少拥有甚至没有支撑企业长远发展的核心技术，即使部分企业拥有具备一定优势的核心技术，也可能会由于知识产权意识不强，忽视知识产权成果的保护和进一步更新建设，致使成果本身没有得到充分利用，不仅限制了本身的发展，更造成了企业资源的浪费，甚至有可能引起侵权纠纷。因此，中小企业要培养并强化核心的竞争和创新能力，获得更好的发展，就必须强化知识产权意识，增强对知识产权的研发、建设与保护。

（1）增强融资方企业的研发创新能力

发展知识产权参与质押业务的首要条件是融资方有较高且较多科技含量的技术，高科技含量技术能增强银行对贷款企业的信任感，从而资金需求企业取得贷款的机会也更多，从发达国家的发展历程来看，研发和创新是国家和企业发展的引擎，一旦取得银行授信，拥有核心科技的企业会因为具有较高的经济价值和发展潜力，取得更多的发展。鼓励企业加强创新技术水平，产出高质量的技术知识成果。政府应该充分发挥其在政策引导、资金投入和配置方面的优势，通过制定相关税收优惠政策、人才补贴政策，激发高新技术企业提高自身创新能力的积极性，从而从源头上控制知识产权成果本身的局限性问题对融资过程带来的不利影响。

（2）建立和完善知识产权交流和交易服务平台，提高技术水平和成果转化的能力

知识产权产业链的构建和完善，需要交流和服务平台奠定良好的基础，通过该平台，各类科技型企业可以与竞争对手、科研机构、高校等，通过购买、合作、交流学习、特许经营等方式，实现知识产权探索式的发展，拓宽了创新的思维和渠道，引导和推动了企业多元化、多角度的思考问题，加强知识产权发展的能力和水平。

（3）强化知识产权意识，提升融资方企业的经营发展水平和现代化的知识产权管理水平

社会可以利用新媒体的方式，高科技行业可以借助于行业协会，政府可以通过专题讲座等方式，组织专业化的人才队伍，培育科技创新型企业的产权管理和运营意识，帮助企业制定科学合理的现代化知识产权管理体制和规范、制定严格的考核标准和体系，从而实现对知识产权成果等资产的高效和专业化管理，规避和防范风险。科技型的融资企业的经营和财务状况、管理能力等与融资的成败密切相关，提高经营能力同样也能给予银行融资企业有能力还款的信号，有助于企业获得贷款。

### 6.5.4　完善知识产权质押融资第三方服务系统，建立严格的责任制

完善第三方服务系统，可以为知识产权参与的新型融资模式创造良好的发展环境，具有十分重要的意义。

（1）担保公司业务延伸

银行等金融机构是资金的主要提供者，一旦融资方到期无法按规定按时偿还贷款，银行将将面临巨大损失，因此，引入担保机构的机制在融资过程中能够为企业提供保证的同时，还能与银行共同分担风险，有利于该业务的展开。政府也可以通过补贴担保、鼓励基金、设立再担保基金、担保机构示范等多样化形式激发担保公司担保意向和提高其担保能力。

（2）规范知识产权评估市场

知识产权参与质押的过程中离不开评估环节，但实际上国内有关的评

估制度和体系尚不完善，评估措施和方法尚不统一，专业人员业务水平有待提升，因此，建立统一的评估平台是重点，其中应包含评估的数据库、模型和方法，以及具有专业资格的人员组成的专家库，从而能够更好地为融资企业和授信银行进行知识产权评估工作提供坚实的基础，以在具体融资中实现信息的共享和效率的提升。

## 6.6 本章小结

科技型的融资企业通过知识产权的质押融资模式，可以盘活其自有知识产权，并解决内部资金缺口问题，但由于起步较晚，还存在诸多制约因素，因此尚未完全发挥在资金融通方面的优势。针对当前知识产权的实践现状，在分析融资因果关系及作用机理的基础上，本章采用动力学的研究方法，建立了涉及知识产权、融资企业、金融机构、法律机构、评估机构、担保机构六方面融资参与主体之间关系的系统动力学模型，并通过模拟动态影响模式来揭示具体融资业务中的内部运行机理和反馈关系，以期通过定量分析机制，为完善知识产权质押融资业务提供理论框架和实践指导。

# 第三篇
# 知识产权质押融资的
# 业务模式及合作机制

3

# 第七章 国内外知识产权质押融资的基本模式及其比较分析

知识产权质押融资体系涉及融资企业、银行等金融机构、中介机构（如担保公司、评估师事务所、律师事务所、保险公司等）以及政府多个参与主体，每个主体都有各自的职责和作用，主体之间通过相互合作，共同实现知识产权质押融资业务的运营。知识产权质押融资模式因运行环境和发展阶段不同也存在不同的类型。不同的知识产权质押融资模式决定了质押风险的承担者存在差异，风险的产生根源也不尽相同。本章首先介绍国内外代表性的知识产权质押融资模式，探究不同模式的运行机制、各参与主体承担的风险及职责和作用，通过不同维度的分析和比较，指出我国当前最具生命力的"政府引导＋市场化模式"存在的问题。本章以知识产权质押融资过程中政府作用的强弱、市场力量的大小为依据，对知识产权质押融资模式予以定义，如果偏重于政府作用，则为政府主导型；如果偏重于市场力量，则为市场主导型。

## 7.1 国外知识产权质押融资模式

### 7.1.1 以"美国"为代表的市场化融资模式

由于知识产权质押融资相对于传统的质押方式有偏高的风险，知识产权质押融资业务在美国得到广泛开展和应用也经历了相对长的时期。在业务发展初期，当地政府成立专门机构与一些商业银行合作，同时逐步制定相关的法律法规进行规范，从而取得了良好的效果。之后，越来越多的商业银行接受了这种新的融资方式，在赚取利润的同时促进了美国中小企业的发展。政府的引导作用逐渐转变为市场导向的商业化融资模式。美国具有代表性的知识产权质押融资模式有以下三种。

（1）小企业管理局模式

该种模式中，美国小企业管理局（Small Business Administration，SBA）是为小型企业知识产权质押融资提供服务的政府机构（莫易娴，2006），吸纳了全美7000多家商业银行共同合作，通过受托机构在公开市场募集资金，SBA为这些受托机构提供信用担保，鼓励金融机构为小企业放贷（谢黎伟，2010）。具体的操作程序如下：融资企业与SBA签订质押合同，SBA对企业提供的担保进行信用增级，同时提供部分担保，贷款由金融机构向企业发放，SBA不直接向科技型中小企业发放贷款。如果发生贷款企业不能按照约定偿还到期债务，则SBA将按照担保比率补偿金融机构因债务拖欠所造成的损失。SBA拥有自己的小企业投资公司（SBIC）及再担保项目，并提供部分贷款或投资，双方共享收益，共担风险。据SBA提供的数据，2002年，SBA支持了总额达123亿美元的贷款资金流向小企业以及超过10亿美元的灾难贷款。可见，在该模式中，SBA没有设立专项资金对科技型中小企业进行直接扶持，而只履行中介服务角色的职能。

（2）硅谷银行（SVB）模式

美国硅谷银行是专门以提供信贷支持科技型中小企业的初期发展而闻名，马良华和阮鑫光（2003）、李希义和邓天佐（2011）、石洋（2010）、娄飞鹏（2012）对其具体操作流程和成功经验进行了总结。具体操作程序为：具有风险投资支持的公司向硅谷银行申请知识产权质押贷款，融资公司质押知识产权作为担保。如果债务到期，融资公司不能偿还到期融资款，则知识产权将归硅谷银行所有；若融资公司难以持续经营，则处置知识产权的收益优先赔偿硅谷银行，风险投资公司的受偿权排在后位。对银行来说，该模式充分利用了风险投资机构的投资选择结果，可以降低审核成本和放贷的风险；对融资公司来说，可以快速得到短缺的资金。该银行通过金融产品和服务创新有效解决了银行与企业之间的信息不对称，从而降低了支持早期阶段科技型中小企业的信贷风险（李希义，2013）。

（3）保证资产收购价格机制模式

保证资产收购价格机制（Certified Asset Purchasing Price，CAPP）是由美国 M‒CAM 公司于 2000 年根据市场发展所推出的一种基于信用强化的商业保证模式。M‒CAM 公司拥有多年的知识产权运营管理经验和专业能力。在整个融资过程中，M‒CAM 公司为寻求知识产权融资机会的企业提供一种新型的信用增级保证，而不是向中小融资企业直接提供贷款。如果发生融资企业不能清偿贷款的情况，该公司有义务按照签订协议中约定的金额（通常约为知识产权估值的 75%）收购企业出质的知识产权，从而降低金融机构的风险，以此方式帮助科技型中小企业获得融资。CAPP 是一种融资创新模式，改变之前由政府机构为主体的知识产权融资担保模式，进而向市场化、商业化融资担保的模式发展，拓宽了中小企业的融资渠道（Borod，2005）。

综上所述，美国的知识产权质押融资业务伴随技术进步、知识产权发展以及金融创新经历了一个从萌芽、成长到逐渐成熟的过程。在这一历程中，美国政府在传统质押担保融资的基础上，推出了多种融资创新，促进了新型知识产权质押融资模式的发展，逐步由市场化、商业化的融资模式替代了由政府主导的知识产权质押融资模式，充分发挥科技与金融融合的作用，拓宽了中小企业的融资渠道。

### 7.1.2　以"日本"为代表的半市场化融资模式

在日本，知识产权质押融资业务的发展初期也是困难重重。基于对知识产权质押融资风险比较高的考虑，日本政府设立了政策投资银行予以支持，在政策上联合商业银行进行合作，并强化了相关法律制度的建设，鼓励中小企业建立自己的金融机构，以较大程度地降低融资风险，有效推进知识产权质押融资业务的发展。当前，日本知识产权质押融资主要有以下两种模式。

（1）政策投资银行模式

日本政策投资银行（Development Bank of Japan，DBJ）是 1999 年由北海道开发金库和日本开发银行进行合并重组而成立的银行。为了推动知识产权创新、扶持中小型科技企业，日本政策投资银行专门为创立初期的科技型中小企业提供知识产权质押融资服务。该种模式下，中小融资企业将自身的知识产权质押给日本政策投资银行，提出贷款的申请。日本政策投资银行首先委托评估机构和律师事务所对质押的知识产权进行审核，包括知识产权的价值估值以及知识产权的权属等法律风险进行评估，银行同时开展对申请融资企业的信用状况调查。根据多方的评估结果，如果企业通过了所有审查，该银行则按照相应的放贷标准，确定放贷金额并发放贷款。企业实现融资后，其融资风险则由日本政策投资银行委托给第三方，比如资产管理公司，负责贷后风险的监控和不良融资的处置。富士银行、三菱银行和住友银行等也借鉴了该种模式（宋光辉，2016）。

（2）信用保证协会模式

信用保证协会模式是当前在日本占主导地位的一种知识产权质押融资方式。信用保证协会是为中小企业提供公共信用担保的政策性金融机构，通过国家立法的形式成立。金融机构的筹款、地方政府拨款以及协会自身的收支共同组成了该协会的资本金。在信用保证协会的资本金中金融机构出资的金额占较大比重。此外，日本还设立了全国统一的信用保险公库，由中央政府进行投资和监管。信用保证协会和信用保险公库共同为中小企业融资提供信用担保。中小企业采用知识产权质押方式向银行申请融资时，信用保证协会为中小企业充当保证人，但需要收取相应的服务费，用于弥补损失、日常经费等必要的费用支出。信用保证协会一般承保金额的法定最高限额为资本金的60倍，信用保证协会承保的债务则由信用保险公库进行保险，从而实现质押融资由中央和地方共同担保。一旦发生企业违约时，信用保证协会先赔付约定的金额，信用保险公库将会补偿信用保证协会代偿额的70%~80%，很大程度上降低了信用保证协会的风险。

## 7.2  国内知识产权质押融资模式

从2008年开始，我国政府大力推行知识产权质押融资工作，各地方结合自己的经济发展特点构建了不同的知识产权质押融资模式。目前，我国已经基本形成了具有区域特色的多元化知识产权质押融资体系。这里将着重介绍具有代表性的四种知识产权质押融资模式，并从政府在知识产权质押融资业务中所处的角色及承担的风险程度差异等方面进行阐述。

### 7.2.1　以"四川内江"为代表的政府行政命令模式

政府行政命令模式是政府以行政命令方式要求金融机构向其推荐的企业发放贷款，这些企业均是政府审核的具有优质知识产权的企业，并以知识产权为质押，政府全程跟踪监控。该模式往往是政府为了取得某种效果而强制推行，而忽略市场因素的作用。该模式一般适用于知识产权不富裕、不具备知识产权运营能力、市场机制不发达的地区。该模式的优点是银行直接向企业发放贷款，减少银行中间的审核环节，提高了融资效率，能快速解决企业缺少的资金。其最大的缺点是市场经济条件下违背市场规律，以行政手段干预市场的运行，金融机构被动承担贷款风险，风险不可控。此外，该模式容易滋生权力"寻租"等贪腐行为，不利于知识产权质押融资市场的长期持续发展，借鉴和可推广价值较低。到目前为止，只在四川内江市发生过一例该模式的知识产权质押融资项目。

### 7.2.2　以"上海浦东"为代表的政府主导模式

政府主导模式中，融资企业贷款所需要的担保机构或者担保基金均由政府相关部门设立。因此，融资的主要风险也由政府承担，政府在知识产权质押融资过程中发挥关键性作用。在实践中主要以上海浦东模式为代表。其一般运作流程为：上海市浦东新区政府成立了浦东生产力促进中心，专门为中小企业知识产权质押融资业务服务，具体包括各中介机构审核企业质押融资资格的各项业务，同时担任担保机构、资产评估机构、法律查询机构以及政府管理机构的职能，全过程操作质押融资业务。在自愿原则的基础上，鼓励在浦东新区注册的科技型中小企业各自上缴20万元，以建立科技发展基金池，同时，浦东政府出台《浦东新区科技发展基金科技企业信用互助专项资金操作细则》，规定浦东生产力促进中心每年接收来自浦东新区政府注入的 2000 万元企业知识产权质押融资担保资金的专项，能够为企业提供的担保比例高达 95% 以上，政府只收取 1.5% 的担保费用，并可以向中小企业提供 1 ~ 2.5 倍杠杆的贷款额度。银行仅承担不到 5% 的担保，而且贷款利率在银行基准利率的基础上可以上浮 20% ~ 30% 。该种模式下，银行承担的风险非常低而且可以实现可观的收益。而政府由于承担了几乎全部的风险，因此生产力促进中心以企业的知识产权和信用作为反担保来降低自身风险。显然，这种模式在知识产权质押融资工作推广的初期起到了很大的促进作用。但从长远的发展来看，融资规模将受制于政府专项资金的额度。如果要推广知识产权质押融资业务，需要政府源源不断地进行投资，而相对应的政府收益仅限于担保费用。从长远来看，政府的压力会逐渐增大，同时也会限制该模式的发展空间。

### 7.2.3  以"北京中关村"为代表的"政府引导＋市场化"模式

该模式是由政府、企业、银行等金融机构和中介服务机构共同搭建合作平台，政府主要通过财政扶持或者政府信用等措施在一定程度上参与知识产权质押融资业务，以银行创新业务为主导、政府支持引导的市场化知识产权质押融资模式。以北京为例，其具体运作流程为：银行委托资产评估机构对质押的知识产权价值进行估值，委托律师事务所审查质押知识产权的法律状态，知识产权的种类多限于发明专利权、实用新型专利权和商标权；企业聘请担保公司以全额连带责任的担保方式进行贷款担保；银行审批后发放贷款，一般授信额度是评估值的 20% ~ 30% ，不同的知识产权贷款比例有所差异，并且有贷款额度上限；一旦企业无法偿还到期贷款，先由担保公司代偿，然后用知识产权处置收益弥补担保公司的损失。在整个融资过程中，银行、担保公司和其他中介机构共同承担风险。政府在这个过程中起着重要的桥梁作用和发挥服务职能，一方面，政府搭建知识产权交易平台，积极引导重要产业链中的相关企业成立产业知识产权交易联盟，制定一系列的政策和立法引导社会机构积极参与；另一方面，给予一定的财政支持，对符合条件的贷款企业和担保机构提供贴息和风险补偿。2009 年北京市相关政府部门发布的《关于加快推进中关村国家自主创新示范区知识产权质押贷款工作的意见》规定，凡是符合中关村知识产权质押融资条件的融资企业，政府将设立专项资金给予利息额的 20% ~ 40% 作为补贴，以降低企业融资成本和融资风险。该模式的优点是有利于调动各参与方的积极性，实现各参与方风险共担、收益共享。丁锦希和李伟（2012）采用案例研究和数理统计分析方法对北京贴息模式的绩效进行了深入的分析。

此外，广东模式和武汉模式的质押与北京模式大同小异，均设立专门的知识产权贷款贴息，引进市场化的专业担保机构或保险公司参与，有效化解了政府的风险。该种模式的优化发展依赖于丰富的知识产权创新资源、活跃的知识产权交易市场及完善的担保制度。因此，政府需要做好优质服务工作，进一步吸引巨额社会资本投入知识产权质押融资业务，通过降低和监控知识产权质押融资风险推动知识产权质押融资工作呈现出常态化、规模化、创新化的发展态势。

### 7.2.4 以"湖南湘潭"为代表的市场化主导模式

该模式下，融资企业、中介机构和银行等金融机构都以市场为导向开展知识产权质押融资业务，政府只是制定相应的政策，不进行任何干预，完全尊重市场规律。政府在融资业务中没有特别的职责，作为市场交易的监督者和服务者，通过完善法律法规和服务体系的建设，营造良好的知识产权质押融资运营环境。以湘潭模式为例，其一般运作流程为：在知识产权融资过程中，银行委托评估机构评估质押的知识产权价值，委托律师事务所评估知识产权的法律风险，企业提供商业性担保公司或保险公司为其担保，将审核过的知识产权质押给银行，银行批准后发放贷款。该种模式中，政府不做任何介入，融资风险全部由中介结构和银行承担。在当前我国知识产权质押融资初期阶段，以及知识产权交易市场尚未完善的情况下，该种模式的推广难度极大。

## 7.3 不同质押融资模式分析及经验借鉴

### 7.3.1 不同质押融资模式分析

综上知识产权质押融资模式的介绍，除我国的政府指令性模式和市场化模式属于个别案例外，国内外知识产权质押融资模式基本可以分为政府主导模式、政府引导＋市场化模式、市场化模式三大类。现将不同的模式从多个角度进行比较。具体内容见表7－1。

从表7－1中不同质押融资模式类型的横向比较可以看出，日本政策投资银行和上海浦东模式虽然都属于政府主导模式，但在具体运营过程中，日本政府更倾向于完善知识产权质押融资环境，逐步吸纳社会机构参与，将贷后风险的监控和不良融资的处置委托给富有经验的第三方监管，进一步降低了政府的风险；上海浦东模式则更多地投入政府保险专项资金，承担主要的风险，而忽视了市场运营机制和配套制度的建设。虽然融资企业用知识产权进行了反担保，但政府部门并不擅长处置知识产权，一旦违约，反而增加政府的负担。在"政府引导＋市场化模式"中，SBA、信用保证协会模式和北京模式均注重知识产权运营环境的建设，在风险承担中，SBA、信用保证协会模式与北京模式相比，政府承担了较低的风险，北京模式中政府虽然不承担任何风险，但北京市政府为了推进该项业务，给予了多种方式的财政补贴，以补偿各参与方的风险与收益的不均衡状态，从长远来看，财政补贴很难从根本上激发各参与主体的主动性和积极性，只有健全的运行机制和完善的运营环境才是融资各方自愿参与该种融资模式的保障。市场化模式鉴于只有美国发达的市场经济环境下才适合该种融资模式，本章不再做深入分析，但可以借鉴市场化模式运营机制的建设，以及风险投资机构和 M－CAM 公司在质押融资业务中发挥的职能和作用。

表 7-1　知识产权质押融资模式比较

| 模式类型 | 政府主导模式 | | 政府引导+市场化模式 | | 市场化模式 | |
|---|---|---|---|---|---|---|
| | 国外 | 国内 | 国外 | 国内 | 国外 | 国内 |
| 代表性模式 | 日本政策投资银行模式 | 上海模式 | 美国小企业管理局模式<br>日本信用保证协会模式 | 北京模式 | 美国硅谷银行模式<br>保证资产收购价格机制模式 | |
| 政府角色 | 融资主要来源于政策性银行贷款，逐渐完善知识产权运营环境 | 负责和监控质押融资全过程，承担主要担保责任 | 积极引导，多机构合作，进行环境建设，承担低比例担保责任 | 优化知识产权运营环境，引导社会资金参与，给予财政和税收补贴 | 环境建设、完善立法、颁布政策、构建担保体系、规范市场行为 | |
| 市场化程度 | 受政府主导行为的影响，市场化程度较低 | 市场化程度较低 | 较为规范 | 市场化程度较低 | 受政府主导行为的影响，市场化程度较低 | |
| 中介机构 | 政府委托 | 政府委托 | 企业或银行委托 | 企业或银行委托 | 市场化竞争实现资源配置 | |
| 主要风险承担者 | 政府机构 | 政府机构 | 政府机构<br>担保公司<br>金融机构 | 担保公司<br>银行 | 担保公司<br>金融机构<br>风险投资机构 | |
| 融资效率 | 由高到低 | | 较高 | | 高 | |
| 融资成本 | 低 | | 较高 | | 市场竞争激烈程度决定 | |
| 成果 | 知识产权运营得到了极大的发展 | 短期发展快，长期不确定 | | 持续推进逐步扩大 | 知识产权质押融资已成为基本业务 | |

从各国知识产权质押融资模式的纵向发展来看，在发展初期政府均制定了扶持政策或支持措施，并积极完善质押融资服务体系，营造高效的知识产权运营环境。随着质押融资工作的推进，政府逐渐弱化扶持功能，加强相关政策、制度的制定，发挥市场的自我调节作用。我国的知识产权质押融资模式虽然多种并存，但上海模式与北京模式及与北京模式相似的广东模式和武汉模式相比，政府承担了主要风险并且每年需要投入大量的政府专项资金，从而影响了市场经济功能的发挥，因而其持续性发展难度较大。北京模式及与其相似的广东模式和武汉模式的构建对知识产权质押融资业务的发展起到了积极的作用，但随着市场规范化的发展，质押融资模式存在的问题急需解决。比如，参与主体之间如银行等金融机构、融资企业及中介机构各自以己为重，相互之间信息缺少沟通与共享，融资企业违约后知识产权处置的担忧，各主体的风险依赖于政府的各种财政补贴降低，缺少一套市场经济条件下行之有效的运行机制，等等。这些问题会随着市场经济的发展越来越突出，同时知识产权运营环境的逐步完善与信息技术的快速发展，为解决这些问题提供了有利的条件和保障。

### 7.3.2 国外质押融资模式发展的经验借鉴

（1）由政府主导向市场主导转化

从美国和日本的知识产权质押融资模式演进可以看到，知识产权质押融资在美国和日本的发展均经历了一个由初期的政府主导逐渐演变为市场化倾向的社会资金主导的渐进过程，当前美国市场化的融资模式已经占主要地位。美国小企业局（SBA）在融资过程中不直接参与质押融资业务，而是通过完善法律、政策和构建服务体系扫清质押过程中的障碍，鼓励商业银行或其他金融机构与专业的知识产权运营公司合作，吸引巨额的社会资本参与知识产权质押，促使社会资本扮演整个融资模式的主角。日本的政策投资银行在设立初期直接为知识产权质押融资提供资金和其他服务，随着质押业务的推进和相关制度的完善，政府的角色逐渐由主导作用淡化为保证或推动的辅助角色，成立众多信用保证协会和信用保险公库，吸引社会其他机构参与，很大程度上分散了质押融资的风险。朱佳俊和李金兵等（2014）的研究表明，优化商业保证模式不仅可以降低银行融资风险，而且能够提高了知识产权融资、交易的积极性；建立以企业主导、政府扶持、市场导向的知识产权融资担保运作方式，能够有效降低知识产权投资和融资风险。由此看来，我国的知识产权质押融资模式的发展也脱离不开这种发展规律，必然也会经历由政府主导向市场化发展的过程。

（2）立法保护和扶持政策

美国专门制定了《小企业法》，建立了中小企业管理局，以解决中小企业发展过程中的融资难题，通过完善相关的政策法规支持体系，为中小企业的薄弱地位提供了比较可靠的保障。此外，SBA通过制定宏观调控政策、法律法规和条例等鼓励金融机构向中小企业贷款，例如《公平信贷机会法》《社区再投资法》以及美联储的实施细则《BB条例》，禁止对规模较小的申请贷款个人或企业实行歧视性政策，并把为所在社区的小企业提供融资作为衡量金融机构的评价指标。日本也建立了以《中小企业基本法》为核心的中小企业金融体系，其中涉及中小企业的法律有30多部，通过立法的形式规范知识产权质押融资业务的开展。政府作为影响知识产权质押融资业务发展方向的主宰者，有责任和义务构建完备的知识产权法律规范体系（汪亮，2011；朱英法，2004）。随着科技进步和经济的发展，我国现行的法律在质押物的种类上需要进行补充和更新，进一步明确知识产权质押在实施细节上的规定，提高可操作性，完善知识产权质押登记制度，逐步构建切实可行的法律规范制度和扶持政策。

（3）完善的知识产权质押融资体系

美国政府直接针对中小企业的政策性贷款数量很少，主要充当辅助性角色，致力于构建完善的服务体系，为中小企业实现市场化融资提供保障。SBA与银行、小型贷款机构及社区发展机构合作，积极提供相关评估和贷后管理的信息服务，为中小企业所获贷款提供部分担保，推动融资企业和商业银行建立适合市场化的知识产权质押融资体系，降低放贷机构的风险。日本政策性银行设立专门机构负责知识产权质押融资的评估和管理工作，很大程度上降低了日本政策性银行的信贷风险；信用保证协会与信用保险公库构建的中央与地方共担风险、担保与再担保相结合的信用担保体系，有效地控制了融资风险。我国政府也应该加强知识产权交易平台的建设，扩大知识产权交易的范围，强化融资企业与银行之间的信息沟通，建立风险预警机制，降低质押风险，从而激发社会机构参与知识产权质押融资交易的热情。

从上述国内外知识产权质押融资模式的比较分析及质押融资模式发展的过程来看，我国的知识产权运营理念刚刚确立，知识产权质押融资的服务水平与知识产权发达的国家仍有相当大的差距。无论是上海浦东模式还是北京模式，融资业务的开展离不开政府、企业、银行等金融机构和中介服务机构的多方合作参与。然而在实际运作中不同主体各司其职，主体间信息的传递和沟通存在障碍，缺乏一个核心主体为各参与方的分工协作和责任追责进行制度安排，缺少众多参与主体的责任风险分散机制和一个统筹各种资源的平台，这种缺陷无疑进一步加剧了信息不对称而导致的知识产权质押融资风险的提高。郭淑娟（2012）归纳分析了当前我国知识产权质押融资模式的特点，构建了战略性新兴产业知识产权质押融资模式，并提出了相应的政策配置。蔡洋萍（2014）介绍了知识产权融资模式创新的参与主体、模式提供的金融产品，以及政府可提供的政策支持等。近几年随着国家对知识产权战略的高度重视及对中小企业知识产权金融服务工作的推进，知识产权质押融资的模式也在不断更新完善，由政府引导设立的专业的知识产权运营服务机构也初步建立，如北京知识产权运营管理有限公司、睿创专利运营基金等，政府引导和市场化结合模式有其存在和发展的土壤。因而，建立政府部门、各类投资基金、银行、科技型中小企业、担保公司等多方参与的科学合理的风险分担体系（马伟阳，2015）、构建"银政企合作"多方共赢的质押贷款模式，实现以独立于各参与主体的动态风险监控平台为纽带、传递主体间信息、实现全链条风险监控的知识产权质押融资模式创新对推进知识产权质押融资工作具有重要的现实意义。

## 7.4　本章小结

本章首先对以美国、日本分别为代表的市场化知识产权融资模式和半市场化知识产权融资模式进行了描述，并从政府和市场参与程度的不同，以"四川内江""上海浦东""北京""湖南湘潭"分别为代表，对四种国内典型的知识产权质押融资模式进行了论述；然后，从代表性模式、政府角色、市场化程度、中介机构、主要风险承担者、融资效率、融资成本等角度对这些模式进行了对比分析；最后，从由政府主导向市场主导转化、立法保护和扶持政策、完善知识产权质押融资体系三个方面提出了相关的经验借鉴。

# 第八章 基于第三方风险动态监控平台的知识产权质押融资模式构建

目前，我国政府正积极推动知识产权质押融资的实施，知识产权质押融资的实践也取得显著成效，从金额上看，2012—2014 年，我国内地专利权质押融资金额分别为 141 亿、254 亿、489 亿元人民币，融资金额年均增长 86%，分别惠及 737 家、1146 家、1850 家中小微企业；从地域上看，我国大部分的省份已经开展知识产权的质押融资，特别是广东、江苏、浙江、湖北、上海、北京、天津等省份表现尤为突出；从数量上看，部分发达地区的知识产权质押融资的数量过百，中西部较弱，但总体呈上涨的趋势；从内容上看，主要包括对企业的财政补贴政策、对中介服务机构的奖励或补助和对银行等金融机构的奖励或补贴三个方面。从 2016 年 3 月 22 日起，国家知识产权局启动知识产权质押融资的试点工作，进一步推动了知识产权质押融资的发展。这一切都说明国家积极出台各种政策来支持和鼓励知识产权质押融资并且卓有成效。

然而，对我国这个资金需求大国而言，知识产权融资业务发展远不能满足市场对资金的需求，知识产权融资是科技型中小企业的主要融资渠道，科技型中小企业又是我国科技创新的重要推动力，所以，加速推进知识产权质押融资业务的发展势在必行（张亚峰，2015）。但在实际中，知识产权质押融资风险的动态性和复杂性阻碍了该融资更好更快的发展，"投资有风险"这句话提到了投资的风险问题，因为对银行来说，承担着贷款可能收不回来的风险，而从企业角度出发，融资成败受到各项因素的影响，可能造成银行不放贷或者无法偿还贷款的现象。于是，能够帮助提醒有关方面注意风险状况的知识产权质押融资风险预警平台的构建应运而生。

目前已有的文献中知识产权融资的研究不少，主要是基于知识产权的融资方式、融资模式、价值评估等视角研究知识产权的融资问题，但关于知识产权融资风险评价与预警的相关研究成果较少，且大部分是有关风险的静态分析，知识产权质押融资业务是一个处于动态变化的经济活动，所以，构建一个能够及时将市场状况、风险状况反馈给参与各方，帮助参与各方及时做出相应知识产权风险防范和应对的风险动态管理平台就显得十分必要。本章通过大量研读文献以及对已有的平台研究的基础上，拟基于第三方设计知识产权融资风险动态监控平台，平台主要起到整合调节的作用，使得平台中的每个相关者都可以通过网络观察到自己的状态，实现对知识产权融资风险的实时评价和监控，并采取相应的措施，使知识产权质押融资服务体系中的各个机构可以进行高效合作，从而推进知识产权质押融资在实体经济中的进一步发展。

## 8.1　我国目前知识产权质押融资服务体系现状及问题分析

从我国知识产权质押融资发展过程来看，虽然从起步到大范围的推广只用了十几年的时间，可是并没有一个完善的服务体系，很多企业都是"摸着石头过河"，金融机构也并不完全信赖知识产权质押融资这一项目。法律体系的不完善、价值评估机构信誉不足、风险担保的缺失等问题都有待进一步的完善。

（1）金融机构方面

以银行为主的金融机构是知识产权质押融资服务体系的重要一环，现阶段我国有商业和政策性两类银行为中小型科技企业提供知识产权质押服务，帮助中小型科技企业贷款。但是高收益偏好是银行的主要特征，所以银行会要求中小型科技企业提供明确的知识产权明晰界定报告和知识产权价值评估报告，在对项目进行测评时会更加重视未来收益的好坏，与此同时，银行通常情况会寻求担保机构的担保，将主要风险从自身转移。

（2）科技企业方面

科技企业是知识产权出质主体，是知识产权质押融资这一服务体系中的主要需求者。我国的科技产业分为三种，评定标准为按研发经费占销售额的比重划分，该比重超过 7.1% 的即为高新技术产业，比重在 2.7% 以上的为中技术产业、而比重不足 2.7% 的为低技术产业（华荷锋，2011）。让人出乎意料的是，夺人眼球的大型高新技术企业往往不是该服务体系中的主角，其雄厚的资金实力已经成为当地经济的顶梁柱。相比之下，那些刚刚成立的中型技术企业，由于没有雄厚的资金来源加上微薄的固定资产，出于对发展经费的需求，使它们成了知识产权质押融资服务链的发起者。在知识产权质押融资服务体系中扮演资金需求方的角色。

（3）政府机构方面

在知识产权质押融资服务体系中政府部门主要包括：中国人民银行、财政部门、工商行政管理局、经贸部门、知识产权局、金融办、银监局、保监局、版权局（白少布，2011）。政府部门的主要职能是颁布相关法律，完善相关规章制度，保证知识产权质押融资有完善的法律环境。例如，银监会在 2007 年发布的《支持国家重大科技项目的政策性金融政策的实施细则》和 2009 年颁布的《关于进一步加大对科技型中小企业信贷支持的指导意见》，都明确指出了我国知识产权质押融资业务的发展方向，强调了知识产权对我国经济发展的重要性。政府部门还可以通过设立中小企业技术创新基金、专利实施计划、风险投资引导基金等项目，为科技型中小企业的知识产权创造、知识产权商品化、知识产权产业化筹集多方面的资金。

（4）评估机构方面

知识产权价值评估是知识产权质押融资的重要环节，也是首要难题。知识产权价值评估一般涉及两个方面：经济价值评估和法律风险评估。目前我国并没有设立正规的知识产权价值评估机构，知识产权价值评估业务主要由会计师事务所、审计事务所、律师事务所来承担。在相关业务内容上缺乏专业知识产权价值评估师，而且缺乏专业评估知识，导致评估结果可信度较低（杨晨，2010）。

（5）担保机构方面

担保机构是融资企业知识产权质押担保主体，担保公司通过对贷前报告的审查来决定是否提供担保，一旦提供担保便承担全额连带担保责任。由于知识产权相对于广泛接受的固定资产而言具有较低的流动性，变现过程也相对复杂。所以金融机构作为以营利为目的一种机构，会更加倾向有担保机构的保护，在发生企业不能按时偿还债务风险时，可以由担保机构承担主要风险。

综上所述，我们可以总结得到现有知识产权质押融资体系的业务流程，详见图 8 - 1。

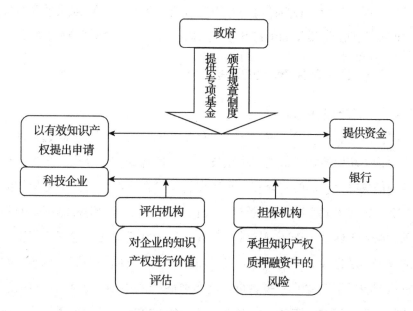

图 8 - 1　现有知识产权质押融资现有体系的业务流程

## 8.2　知识产权质押融资第三方风险动态监控平台的职能与运行模式

### 8.2.1　第三方风险监控平台的含义

第三方监控最初起源于建筑业中，主要是监理方对工程的完成情况以及完工进度进行监督和控制，后来被广泛地应用于金融领域。知识产权质押融资的第三方风险动态监控平台就是指具备专业胜任能力、独立于质押融资的参与各方（拥有知识产权准备质押融资的企业、金融机构、评估公司等）的权威监控组织，根据相应的法律、法规和行业规定，秉持公平、公开、公正的态度对知识产权质押融资的参与各方面临的风险状况进行监控，实时的将风险信息传递到涉及该方面的参与者，以便相应的参与者及时做出反应，实施纠偏行动，以实现知识产权质押融资的目的。这种第三方实现的风险监控的频率以及监督的力度远大于政府以及银行的监管模式。第三方风险监控平台的独立性，使其完全具备避免参与方干扰信息的真实性，保障参与方各自的利益，因此，建立第三方风险监控平台对提高知识产权质押融资质量和促进知识产权质押融资发展具有重要的意义。

### 8.2.2　第三方监控平台的职能

（1）信息整合功能

在我国现有的知识产权市场中，存在严重的信息不对称问题，许多金融机构希望获取质量较好的中小型技术企业信息并与之合作，却没有稳定清晰的信息渠道。同时，众多中小型高新技术企业渴望得到金融机构的贷款，可是却得不到金融机构的认可。由于中小型企业的财务制度普遍不够完善，账目不够清晰透明，导致其在大多数金融机构面前吃了闭门羹。现今的登记制度也较为烦琐，无意间增加了知识产权质押融资的成本。知识产权质押融资第三方服务平台可以将需要融资的中小型企业的信息整合，以公开透明的形式公布到信息中心，以便金融机构了解中小型科技企业的状况，这将在很大程度上降低由信息不对称引起的高交易成本，降低知识产权质押融资交易门槛。

知识产权质押融资第三方服务平台在实现其信息资源整合的功能时，主要有以下四项职能。

①对中小型科技企业的账务进行审查、信息进行备案，并统计各地区不同中小企业的需求差异，致力于调节银行与企业间的信息供需平衡关系；

②与评估机构和律师事务联合合作，对中小型科技企业进行信用评估以及知识产权价值评估，并将评估结果统一备案；

③根据前两项数据设立互联网"知识产权信息公示中心"，方便银行等金融机构对科技企业的各类信息进行查询；

④对知识产权进行"打包"，通过此项业务服务，为小型科技企业获得流动资金提供可能与方便。

（2）价值评估功能

知识产权价值很容易受到环境的影响，波动性很大，公司的经营状况、信誉水平、科技的更新频率都是知识产权价值直接影响因素。而且价值评估方法也有很多，不同方法的评估结果也相差甚远。价值评估是知识产权质押融资面临的首要难题，价值评估的结果直接影响金融机构对企业所提贷款申请的决策。在现今的市场，虽然有相应的评估准则，可是在不同类型的知识产权问题上，评估方法并不确定。知识产权质押融资第三方服务平台可以提供知识产权价值评估服务，为银行和中小型科技企业提供参考。也可以在双方共同许可的前提下，将知识产权价值评估与最终融资结果公布到信息中心，为其他企业与银行提供有价值的参考。不仅如此，同时也可以成为我国相关专业学者研究的真实案例，为我国在知识产权方面的专业知识的发展做出贡献。

（3）辅助交易功能

知识产权质押融资的交易过程，从企业提交申请到最终得到贷款，一般需要两个月的时间，造成了人力、物力资源的双重浪费。知识产权质押融资第三方服务平台在体现其辅助交易功能时可以将知识产权质押融资交易过程中的项目体系化，引导企业在最佳时期进行登记、权属评估、审查挂牌、信息发布、竞价交易、合同签订、交易见证、结算交割、变更登记，简化交易程序，提高工作效率，降低人力物力资源的无形消耗。

（4）人才培训功能

我国知识产权质押融资现阶段面临的突出问题之一便是在该领域的专业人才与专业知识的缺乏。与日本和欧美等发展很早的国家相比较而言，我国更应该重视对知识产权人才的培养，定期对在岗人员提供培训，做到在知识更新、技术创新方面与时俱进。知识产权质押融资第三方服务平台不但要提供理论知识，还要对价值评估等实践难题做出指导，提供切实可行的解决方案，最大效率地改善我国知识产权技术落后的局面。

（5）风险监控与分担功能

风险问题是各所银行的主要顾虑。在现今的知识产权质押融资市场上，风险担保一般由政府相关基金或者其他担保机构提供，可是这两种方法存在一定的局限性。政府发放专用基金的门槛一般比较高，而且覆盖率较低，很多企业没有机会获得政府担保；而担保公司也是良莠不齐，使银行和企业很难抉择。通过第三方风险监控平台，对知识产权质押融资的风险可以进行以下三个方面的管理。

①对知识产权质押融资业务发生时参与各方所承担的风险进行静态度量。运用模糊多属性决策方法，分别从科技型企业、金融机构、担保机构、评估机构等多个视角，分别研究各自所承担的风险类型，并进行度量和评价。

②对知识产权质押融资业务发生后的风险进行动态监控，并设计动态预警系统。基于现有知识产权质押融资的相关原始数据，运用数据挖掘技术，建立知识产权质押融资风险动态监控与预警系统，并运用该系统，对知识产权质押融资业务发生后科技型企业的经营状况进行实时跟踪，动态监控知识产权质押融资的风险。

③设计知识产权质押融资的动态风险共担机制。建立一个知识产权质押融资风险动态监控的第三方服务平台，确定该平台的建设模式和运行机制。基于该平台对知识产权质押融资风险的动态监控结果，与金融机构、担保机构、评估机构、融资企业等参与各方进行实时的沟通，以保证参与各方对知识产权质押融资风险的及时了解，并通过风险共担机制进行实时的应对。

知识产权质押融资第三方服务平台则可以依法集中个人资金或向政府申请专项拨款，建立专项担保基金，在知识产权质押融资过程中为银行提供担保服务，以扩大服务范围，使更多的中小型科技企业获得贷款融资机会。

### 8.2.3　第三方动态风险监控平台的运行模式设计

构建动态风险监控模式旨在解决各参与主体间信息不对称以及运行机制导致的风险问题，畅通和充分的信息获取、风险与收益匹配的运行机制是防范和减低风险的重要保障。随着知识产权质押融资的发展和科学技术的进步，融资企业、银行等金融机构、政府和中介机构对各类信息整合的需求不断提升，单纯通过主体分别提供的碎片化信息已经不能满足参与各方的共同需求，创新独立于各参与主体的第三方监控平台的知识产权质押融资模式已成为必然趋势。第三方动态风险监控平台以监控风险为核心理念、以平台为联络中心、以信息传输为纽带，通过拥有的大数据、信息技术、整合能力以及其他资源，能够及时沟通和传递各参与方相互之间所需的信息，并能够根据相关法律和行业制度的规定，以公平、公正、公开的态度监控各参与主体面临的风险状况，将风险信息及时传递到各参与主体，动态风险监控平台的信息传递和风险监控频率及监督力度远大于政府和银行的监管。具体的运行模式设计见图 8 - 2。

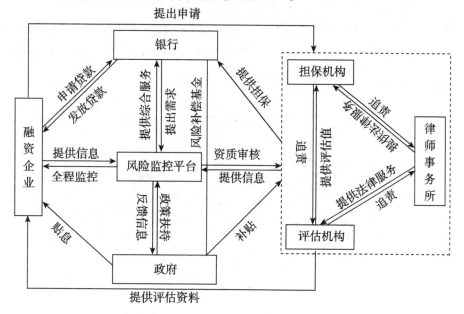

**图 8 - 2　基于第三方风险监控平台的知识产权质押融资创新模式**

由图8-2可以看出，该种融资模式中，动态风险监控平台是整个体系的联络中心，拥有自己的优质资源数据库、信息技术、整合能力以及其他资源，能够及时与各参与方进行沟通和传递信息，成为联系各参与方的纽带和桥梁，其地位至关重要。现实中，考虑到我国知识产权质押融资工作仍处于初期阶段，我国的知识产权交易市场尚未成熟，以及国家正在大力推进知识产权运营发展战略等现实状况，动态风险监控平台的构建应遵循政府扶持和市场化运营相结合的原则，依托现有知识产权运营机构具有知识产权交易的经验并且熟悉科技型企业经营状况的优势，培育和发展现有知识产权运营机构承担风险监控平台的功能。

## 8.3　构建基于第三方风险动态监控平台的内容与实现

之前有学者提出了知识产权质押融资的多方参与制度。但是，基于独立第三方的知识产权质押融资模式在我国理论与实务界却很少见。这种模式有利于参与各方对风险进行动态的管理，因此，有必要对其框架及实现途径展开研究，探索符合我国现状的知识产权质押融资模式。如图8-3所示，我们构建了基于第三方风险监控平台的知识产权质押融资模式框架结构。总体来讲，知识产权质押融资风险监控平台构建是以第三方风险动态监控平台为核心，多方主体共同参与的融资模式。

**知识产权质押融资模式的基本框架**

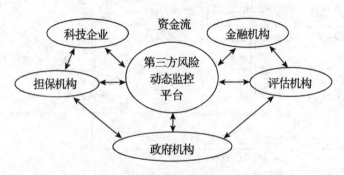

图8-3　知识产权质押融资风险监控平台构建

### 8.3.1 基于第三方风险动态监控平台的内容

（1）金融机构

知识产权质押融资模式的基本结构中，金融机构作为贷款方，是知识产权质押融资成功与否的关键因素，金融机构出于对作为融资担保物的知识产权的价值顾忌，同时又担心借款方的经营能力不能使其贷款得以清偿，故只能通过向借款方提出包括分享借款方未来可能收益在内的更高要求来刺激自身接受这样一个有风险的融资。所以借款方往往受制于贷款方，在与知识产权价值评估相关的质押物等级、种类以及授信额度上做出一定的让步以换来融资合同的签订。构建第三方风险动态监控平台可有效解决此类问题，在决定是否对企业发放贷款时，金融机构可以利用第三方风险动态监控平台价值评估机构的评估结果来判断，评估机构由第三方平台经过挑选确定，在评级信度上严格把关，使其具有极强的公信力。然后由第三方风险动态监控平台严格审核的担保机构提供担保，对金融机构而言，可谓"双保险"，对高新技术企业而言，也可及时融到科研资金，加紧科技研发。同时，也有利于政府对知识产权质押融资进行宏观管理。

（2）科技企业

科技企业欲想利用知识产权进行融资，顾名思义，首先要提高知识产权的数量和质量，注重知识产权的创造性和实用性，也只有这样才能吸引更多投资者。然后要从企业的可持续经营能力入手，注重企业的自身价值和发展，将与质押的知识产权有关的业务都纳入质押融资担保的范畴，才能有效地确定知识产权的价值，从而判断是否予以融资以及融资额度、期限等问题。所以"形式上看质押物，实质上看企业经营能力"的价值取向应被贯彻到质押融资的操作中去（刘沛佩，2011）。第三方监控平台对进驻企业的专利创新性和实用性严格审核，拒绝那些没有任何创新内容的垃圾专利，提高整体专利质量和威信力。此外，要关注企业财务报表，第三方监控平台聘请相关会计、法律等专业人才，对企业财务及相关事项进行审核，对财务状况良好、经济效益较佳、发展前景较好的企业方可开"绿灯"。这样金融机构即可放心把钱贷给高新技术企业，担保机构也会放心为企业提供担保，更有利于形成互利共赢的局面。

（3）政府机构

由于知识产权属于无形资产范畴，无法像有形物那样通过交付方式占有或转让，其只能通过登记来取得权利并对抗不特定的第三人，称之为"登记生效主义"。政府机构的主要任务是建立集中统一的知识产权质押登记制度。我国相继出台一系列法律规范，尽管这些规范文件的颁布给知识产权质押提供了依据，但在某些实际操作上还存在一些问题。比如登记对抗制度虽然极大限度地保障了债权人的利益，但却加大了融资人的成本和风险，因为以一项知识产权在数个金融机构进行多重质押的情况就可能出现，这给重复担保登记留下了可能的空间，当企业用若干个知识产权进行打包质押时，若在众多登记机关进行逐一登记，交易成本问题就会凸显，也造成了资源的浪费。第三方风险动态监控平台的建立可有效地解决实际操作问题，在国家知识产权局监督指引下，依据此平台可以建立知识产权评估报告报备制度，完善与知识产权评估有关的数据库，并进一步推进信息共享机制建立，这就有力地解决了多头登记问题，同时也减少了担保机构、评估机构等其他有关各方的麻烦。

（4）评估机构

对知识产权价值评估是知识产权质押融资的关键一环，知识产权评估既可以理解为一个法律和制度所规定的问题，也可以理解成一个人为的灵活评判过程，因此现实案例中知识产权的价值常常被低估，给知识产权质押融资人造成了损失，不利于其充分利用知识产权优势获取资金，违背了知识产权质押融资的初衷。那么，建立质押融资第三方平台又起到了很好的协调作用。其可以建立"专家数据库"，将具有评估资格的注册资产评估师、行业技术专家、法律和财务专家等资源向申请评估者提供，为高新技术企业和金融机构选择评估机构提供方便。在知识产权质押融资的项目管理上建立"知识产权质押融资项目动态管理数据库"，在具体的评估过程中，根据被评估知识产权的种类、特点、评估目的、外部市场环境等具体情形，进行恰当判断来确定可以适用的评估方法，为整个质押融资的每一环节提供动态信息，提高该项业务的透明度，使信息更加公平、公正，从另一方面也极大地减轻了政府部门的工作量，有利于政府机构对知识产权质押融资进行监管。

（5）担保机构

企业知识产权质押融资开拓了银行的金融业务，与银行的市场化运行机制相符合（冯晓青，2012）。银行与知识产权担保相结合模式是知识产权质押的标准模式，也是政府部门倡导和推行的一种真正意义上的知识产权质押融资，还有学者提出应重视引入第三方担保机构分散和降低银行参与知识产权质押融资的风险。从目前来看，由于知识产权质押制度的先天缺陷和后天不足，两种方式在运行过程中总会遇到或多或少的问题。不管是金融机构还是担保机构自然希望风险越低越好，第三方风险动态监控平台从法律制度环境、知识产权属性和信息不对称三个方面研究知识产权质押融资风险形成机理，描述知识产权质押融资风险形成路径，基于现有知识产权质押融资的相关原始数据，运用数据挖掘技术，测度知识产权质押融资风险，建立知识产权质押融资风险动态监控与预警系统，在一定程度上，为金融机构、担保机构及其他利益相关者增添了一道防火墙。

### 8.3.2　基于第三方风险动态监控平台的实现

这里所指的第三方监控平台是除投融资双方以外的独立第三方承担中介和监督作用的标准化运行环境，比如利用网络进行监控，或者基于独立实体的监控，等等。信息科技和互联网技术的快速发展，不仅影响人们的生活，还为企业的投融资行为带来风险。2015 年中国人民银行等十部委发布《关于促进互联网金融健康发展的指导意见》，为以互联网为平台的知识产权质押融资提供依据。互联网金融是指传统的金融机构与互联网结合的一种成果展现，形成网络上的投融资渠道。依托互联网的投融资方式成为一种新型的渠道，但同时风险也随之产生。实现风险的监控平台，主要以互联网为科技手段，不仅是对交易双方的监控，更是对监控系统本身的控制。知识产权融资风险的监控平台是对融资过程中的实时数据流进行分析，前台及时向后台反馈，利用各风险指标对出现的每个问题进行测评，分析可能产生的风险，预先处理以降低甚至消除风险（章洁倩，2013）。

这个平台由多方参与主体组成，每个参与方之间相互联系，相互传递，形成一个循回线路，控制可观察得到的交易行为产生的风险，提高投融资效率。在大数据时代下，利用互联网的巨大流量服务于知识产权质押融资的风险监控平台的建设，实时了解投融资过程，将事前风险预示、事中风险监控和事后风险防范相结合，致力于分散科技型企业在进行知识产权质押融资时面临的风险。

目前我国的知识产权质押融资处于一个由不完善逐步向规范化、健全化发展阶段，因此，亟需建立一个第三方平台对融资风险进行实时监控来确保融资过程有效进行。建立第三方风险监控平台首先要做的是风险理念的构筑，无论是银行还是其他的参与主体都应该明白监控的重要性，对监控的理念达成一致的共识，从而约束自身的行为，达到监控的初衷；其次，第三方监控平台作为风险的监管者，要明确自身的责任、权利和义务，从而能够更好地通过监控行为确保监控目的实现，同时，风险监控平台的监控体系设计需要考虑各方的诉求，在保障风险监控评估和控制质量的同时实现全方位满足各参与方的需求；再次，第三方风险监控平台应当打破传统单一风险监控的格局，构建一个集银行等金融机构、知识产权质押融资的申请者、评估机构、法律服务机构、社会组织和独立的第三方监控机构等多元主体于一身的风险监控格局，为第三方监控平台的有效运行提供强有力的保障；最后，传统的监控局限于结果监控，但第三方监控平台应该集过程与结果为一体，关注可能导致风险发生的各个环节，从资金需求方的财务状况、质押融资的审核流程、各项监控标准的实施状况，以及知识产权的市场认可度等多角度、多方面监控，确保风险监控目的的实现。同时，风险监控平台应当定期地对监控的效率和效果进行评价和考核，积极与风险监控的受益方进行沟通，动态地使自身服务水平不断提升。

## 8.4　本章小结

知识产权质押融资的风险主要有两个方面：一是知识产权属于无形资

产，其价值评估具有不确定性，或高或低；二是融资终止时，知识产权的权利所属不明确。因此需要对知识产权质押融资风险建立监控平台，分散或者降低风险。本章构建了基于第三方风险监控平台的知识产权质押融资模式框架结构及其实现途径，提出了多种第三方风险动态监控平台的建设模式。通过建立知识产权质押融资风险的动态监控平台，能对整个融资过程实时监控，进行事中控制、实时控制，随时反馈信息，及时解决银行和企业在融资过程中发生的问题，与参与各方进行实时沟通，以保证参与各方对风险变化能够实时应对，从而完善我国知识产权质押融资服务体系，做到与国际接轨，提高我国的国际竞争力。

# 第九章 知识产权质押融资第三方平台与金融机构间合作机制的演化博弈分析

以知识产权为核心的该类质押融资模式在具体的开展中，会涉及多个参与主体。除了作为资金需求方的科技型中小企业和作为资金供应方的金融机构之外，还和价值评估、法律、担保等中介机构有关，此外，政府部门和知识产权服务平台也会参与其中，因此建立多主体之间的合作机制非常重要。本章考虑基于第三方风险动态监控平台的知识产权质押融资模式，分成两个阶段来建立参与主体间的合作机制。第一阶段，由各中介机构组成的知识产权质押融资第三方平台代表科技型中小企业与金融机构之间进行博弈，形成双方的合作机制；第二阶段，在知识产权质押融资第三方平台内部的各个中介机构进行风险分担和收益共享，形成各中介机构之间的合作机制。本章研究的就是第一阶段合作机制的演化博弈分析，研究知识产权质押融资第三方平台与金融机构之间合作机制的建立问题；第十章研究第二阶段知识产权质押融资第三方平台内部各中介机构间的合作收益共享机制问题。通过两个阶段合作机制的研究，来完成知识产权质押融资多主体之间的多方合作运营机制。

## 9.1 知识产权质押融资博弈的基础与文献回顾

### 9.1.1 知识产权质押融资博弈的基础与文献回顾

在知识产权质押融资的业务中，资金供给的主体是金融机构，资金需求的主体是科技型中小企业。从前几章的分析中可以发现，除资金的供给方和需求方之外，许多中介机构也参与其中。由于科技型中小企业的知识产权质押融资过程中，金融机构面临着融资方信用等级低、知识产权价值评估难和处置难等困难，因此，往往是由知识产权融资平台组织各方中介机构来连接金融机构和科技型中小企业，促成知识产权质押融资业务的实现。因此，知识产权质押融资第三方平台作为服务科技型中小企业和金融机构的中介机构，通过专业服务高效地破解了信息不对称等方面的问题。知识产权质押融资第三方平台为双方的信贷交易提供保障性服务。

在知识产权质押融资业务开展的初期，为了有效地解决科技型中小企业融资困难的问题，往往是由政府、金融机构、国有担保机构作为主导的知识产权质押融资第三方平台推动该业务的发展。随着市场的不断成熟，也随着国家科技创新战略的实施，知识产权越来越多地得到市场的重视，从而出现了越来越多的独立知识产权服务平台。以知识产权服务平台为基础，联合担保公司、律师事务所、价值评估机构、政府、基金组织、知识产权中介等诸多机构，建立了较为完善的知识产权质押融资第三方平台，由知识产权质押融资第三方平台为运营主体，来推动金融机构与科技型中小企业之间质押贷款业务的发生。

从商业银行等金融机构的角度来说，中小企业信用低、缺少有形质押物，使得贷款风险增加。为了规避风险，获得稳定收益，商业银行等金融机构往往对中小企业知识产权质押融资持有消极态度，但由于知识产权质押融资第三方平台的存在，在给予中小企业专业支持的同时，也极大地降低了商业银行的风险，很大程度上提升了商业银行对中小企业知识产权质押融资放贷的意愿。

具有双边市场属性的知识产权质押融资第三方平台的介入，不仅提供了信息交换、风险评估与担保、处置与交易等多种服务，而且有效地分散了知识产权质押融资风险，并与金融机构构建了互补性的战略合作联盟。然而，联盟中的双方出于个体利益最大化，在双方合作的过程中也存在利益的权衡与博弈。金融机构与知识产权质押融资第三方平台构成了基于契约条件下的异业协作合作博弈。何种合作机制更适用于异业联盟，如何分配额外收益更有利于维持联盟长期稳定的合作关系，是本章和下一章研究的重点。本章的研究放松了传统的"理性人"假设，构建了金融机构与知识产权质押融资第三方平台间的演化博弈模型，对其演化稳定策略和演进路径展开分析。

### 9.1.2 相关文献回顾

知识产权质押融资这一新型融资方式在破解科技型企业融资难题中发挥着越来越重要的作用，通过分析专利质押与企业创新发展之间的关系，我们认为专利质押可以为企业带来更多的融资，增强杠杆效应，增加了创新投资效益。然而知识产权质押融资过程中评估难、质押难、处置难，以及风险高等多方面问题一直是制约知识产权质押融资快速发展的瓶颈。众多学者的研究主要集中于知识产权价值评估和知识产权融资风险评价与管理方面。

知识产权价值评估方面，主要在计量模型和评价方法上取得了一定突破。Harhoff（2003）试图从研究专利的申报信息和检测报告、利用专利的无效程序的角度，建立评估专利价值的模型。Chiu 和 Chen（2007）从知识产权许可入手，采用层次分析的方法，建立以客观的专利价值评分体系为基础的估值模型。Sohn 等人（2007）提出在对中小企业科技基金的财务绩效进行估计的过程中使用结构方程模型，同时也可以采用知识产权价值评估方法，比如收益法。Jeffrey（2007）根据市场占有率模型（nested logit），对品牌消费产品的许可证持有人进行估价。Lai 和 Che（2009）将负面因素纳入专利价值的考虑范围，通过反向传播神经网络建立专利估价模型，再在改变模型输出的 Z 评分的基础上，建立用于多角度评价专利的程序。在知识产权融资风险评价与管理方面，学者们从风险因素的构成（Pennington，2007；Crawford，2008）、风险识别和预警（Lehmann，2009；Jiménez，2006；Cressy，2001），以及风险防范与控制（Elliot，2003）等方面展开研究。

## 9.2 知识产权质押融资主体间演化博弈模型的构建

### 9.2.1 演化博弈模型假设

假设在知识产权质押融资体系中涉及两类群体，分别为金融机构 B 和知识产权质押融资第三方平台 T，知识产权质押融资第三方平台 T 代表科技型中小企业与金融机构 B 举行融资业务方面的谈判与协商。对金融机构（主要是银行部门）来说，发挥着向知识产权质押融资平台提供具体金融服务的作用，在信贷风险可控的需求下尝试寻求与知识产权质押融资第三方平台的协作，既有利于中小企业及时融到资金，也相应扩宽了自身业务范围，扩大了业务规模。从中小企业角度来讲，知识产权质押融资第三方平台不仅为中小企业提供知识产权质押融资相关服务成为交易和记录载体，同时还负责对金融机构授信项下的知识产权的监管，如果知识产权质押融资第三方平台选择的是涉及金融机构合作质押融资业务的服务，那么知识产权质押融资平台不仅负责代理管控金融机构的融资风险，还是中小企业知识产权质押融资及信息服务代理人；从金融机构角度来讲，质押融资的平台向银行提供融资企业的一些信息以供银行有关部门作为提供资金支持的参考数据信息，如业务交易量、客户评价等，并且提交融资企业资金流转量、存量和增量等信息，起到对资金流的监管作用，当金融机构与中小企业存在利益冲突时，知识产权质押融资第三方平台中的有关企业应当遵从与金融机构合约的约定，及时准确地向金融机构发出预警信号，或者配合金融机构及时采取补救措施。知识产权质押融资第三方平台由于能够提供多方面的专业服务，为科技型中小企业的知识产权质押融资业务提供了中介服务和增信服务，对自身来说也扩大了客户范围，提升了自身市场占有率，也提高了自身与金融机构之间未来的讨价还价能力。

　　知识产权质押融资第三方平台在促进知识产权质押融资业务的发展中起着积极的作用，同时，知识产权质押融资第三方平台自身也可以得到很好的发展。但是，一旦科技型中小企业可能不能按时给金融机构还本付息，那么金融机构与科技型中小型企业之间就可能会发生利益上的冲突，在这种情况下，知识产权质押融资平台就更加应该遵守与金融机构商讨的协作合约约定，将中小企业的财务状况和预警情况及时提供给金融机构，以便金融机构做出及时的反应。然而，知识产权质押融资平台也有可能为了保有客户的需要，站在偏袒中小企业（融资方）的角度，不给金融机构及时预警，反而与中小企业（融资方）一起串通欺骗金融机构，违反与金融机构的协议约定。金融机构与知识产权质押融资第三方平台是否选择与对方合作，主要取决于双方合作方案的设计，以及双方的主观合作意愿。

这里，假设金融机构和知识产权质押融资第三方平台开展策略博弈的时候，金融机构和该平台的博弈策略空间都为（合作，退出）。此外，为了与演化博弈的基本假设相适应，这里还假设：金融机构和知识产权质押融资第三方平台所组成的合作系统是自行演化，不受其他任何组织的干扰；知识产权质押融资第三方平台与金融机构都属于有限理性，当合作方群体或者自身群体中其他成员的策略发生变化时，有限理性方会针对对方的策略变化而对自身策略进行相应的调整，但是，这种策略调整需要一个不断的试验过程，很难一次性调整到最优的策略。

### 9.2.2 演化博弈模型构建

（1）变量设定与合作状态分析

双方群体在博弈时并不会均处于（合作，合作）的纳什均衡，由此我们进一步假设：博弈的双方包括金融机构 $B$ 和知识产权质押融资第三方平台 $T$。在这里可以假设金融机构 $B$ 选择合作策略的概率为 $x$（$0 \leqslant x \leqslant 1$），则其选择非合作策略或是选择退出合作的概率为（$1 - x$）；质押融资的平台 $T$ 中选择合作策略的概率为 $y$（$0 \leqslant y \leqslant 1$），则其选择非合作策略或是退出合作的概率为（$1 - y$），其中，$x = x(t)$，$y = y(t)$，$t$ 代表时间，且均为时间 $t$ 的函数。

金融机构 $B$ 处于非合作状态时，独自的开展利差业务将能够获取净收益为 $V_B$（假设收益的来源只涉及利差业务），此时的存款利率固定为 $r_0$，正常状态下的贷款利率为 $r_1$，则贷款利差率为（$r_1 - r_0$），放贷额度为 $q_1$，即 $V_B = (r_1 - r_0)q_1$；由于 $T$ 在非合作状态下无法取得贷款资金，也就不能给中小企业提供借款，假设没有其他相关业务，此时知识产权质押融资第三方平台不构成业务，故单独从事质押融资运作所能获得的净收益为 $0$，即 $V_T = 0$。在合作的状态下金融机构 $B$ 和知识产权质押融资第三方平台 $T$ 的收益均分别都由显性收益和隐形收益构成，具体的收益情况见表 9-1。

双方进行合作时，由于金融机构 $B$ 与知识产权质押融资第三方平台 $T$ 的合作放贷对象发生了变化，知识产权质押融资的贷款利率将比原有的正常贷款利率有所提高，这里将知识产权质押融资贷款利率表示为 $r_2$，此时，从金融机构的角度来说，放贷利差率将出现由 $(r_1 - r_0)$ 改变成 $(r_2 - r_0)$ 的情况，与此同时，放贷的额度也将会有变化，假定放贷的额度由 $q_1$ 变为 $q_2$，这样，金融机构 $B$ 与知识产权质押融资第三方平台 $T$ 进行合作之后，对金融机构 $B$ 来说利差收益总额将变为 $(r_2 - r_0)q_2$，假设 $a$ 为利差收益的分配系数（$0 < a < 1$），即利差收益总额 $(r_2 - r_0)q_2$ 中分给金融机构的比例为 $a$，分给知识产权质押融资第三方平台的比例为 $1 - a$，从而，对金融机构 $B$ 来说，其显性收益从原来的 $(r_1 - r_0)q_1$ 变为 $a(r_2 - r_0)q_2$，而知识产权质押融资第三方平台 $T$ 的显性收益则为 $(1 - a)(r_2 - r_0)q_2$。这里以 $\Delta_B$，$\Delta_T$ 分别表示金融机构 $B$ 和知识产权质押融资第三方平台 $T$ 的隐性收益，其中，$\Delta_B$ 表示由于合作开展知识产权质押融资业务，金融机构可以实现的客户群拓展而实现其他业务收入的增加（如其他中间业务等），而 $\Delta_T$ 表示由于合作开展知识产权质押融资贷款业务，知识产权质押融资第三方平台可以吸引更多科技型中小企业到平台开展业务，从而可以增加交易量，并实现平台其他业务收入的增加（如知识产权代理等业务）。在合作业务开展过程中，金融机构 $B$ 和知识产权质押融资第三方平台 $T$ 为合作也要付出一定的成本，首先是寻求成本，以 $C_B$（金融机构）、$C_T$（知识产权质押融资第三方平台）表示，其次是知识产权质押融资第三方平台对被授信对象进行监督的监督成本，以 $cq_2$ 表示（其中，$c$ 为单位监督成本，$q_2$ 为放贷额），从而，金融机构 $B$ 发生的成本为 $C_B$，而知识产权质押融资第三方平台 $T$ 发生的成本可以表示为 $C_T + cq_2$，这些成本发生以后，若某一方后面选择退出的策略，则合作寻求成本一部分将会变成沉没成本。

此外，对于金融机构和知识产权的质押融资第三方平台而言，当一方选择合作策略而另一方选择退出策略时，主动退出的一方可能会享受到一种投机收益，分别以 $S_B$ 或 $S_T$ 表示金融机构 $B$ 和知识产权质押融资第三方平台 $T$ 的主动退出投机收益。主动退出的一方选择了退出策略，大多是出于已经找到其他合作伙伴的原因，它的隐性收益就将体现出一定程度的时间延展特性，因此选择主动退出的一方主要获取的是投机收益的隐性收益部分，即 $S_B = \Delta_B$，$S_T = \Delta_T$。另一方面，对被动终止合作的一方来说，可能要承受一定的损失，承受的损失含有用于维持合作的机会成本，由于对方采取退出合作进而产生自身信誉的损失以及直接业务利润的损失，等等，在这里以 $D_B$ 和 $D_T$ 分别表示金融机构 $B$ 和产权质押融资第三方平台 $T$ 在被动地接受退出合作时所遭受的损失。若对方退出了合作，则将给被动终止的一方客户群带来非常大的利空消息，它的隐性收益基本上会不复存在，因而可以确定 $\Delta_B = D_B$，$\Delta_T = D_T$。加之，值得引起广泛关注的是，一方的退出会导致原有合作模式的破裂，对金融机构 $B$ 来说，其放贷利率差将由 $(r_2 - r_0)$ 调整为原来的 $(r_1 - r_0)$，而其放贷额度将由 $q_2$ 调整为原来的 $q_1$，同时知识产权质押融资第三方平台 $T$ 的显性收益和隐性收益也将不复存在，而知识产权质押融资第三方平台 $T$ 的监督职能也不再发生，从而也不用再产生监督成本 $cq_2$，但是，金融机构 $B$ 和知识产权质押融资第三方平台 $T$ 的寻求成本 $C_B$、$C_T$ 作为沉没成本已经发生，无法再收回。

表 9-1 金融机构与知识产权质押融资第三方平台合作收益构成

| 收益类型 \ 主体 | 非合作状态 | 合作状态 | | 溢出价值 |
|---|---|---|---|---|
| | | 显性收益 | 隐性收益 | |
| 金融机构 $B$ | $(r_1 - r_0)q_1$ | $a(r_2 - r_0)q_2$ | $\Delta_B$ | $a(r_2 - r_0)q_2 + \Delta_B - (r_1 - r_0)q_1$ |
| 知识产权质押融资第三方平台 $T$ | $0$ | $0 + (1 - a)(r_2 - r_0)q_2$ | $\Delta_T$ | $(1 - a)(r_2 - r_0)q_2 + \Delta_T - cq_2$ |

注：①利差的收益分配总额 $(r_2 - r_0)q_2$ 在 $B$ 和 $T$ 之间分配。②溢出价值是合作状态和非合作状态之间收益差。其中知识产权质押融资第三方平台 $T$ 还需要再减去监督成本 $cq_2$。

（2）博弈分析与收益矩阵

在金融机构与知识产权质押融资第三方平台博弈过程中，由于在我国金融机构往往处于主导地位，从而金融机构是否愿意与知识产权质押融资第三方平台开展合作是质押融资业务是否启动的触发因素。当然，由于知识产权质押融资第三方平台也有自身的利益考虑，因此，双方的合作能否持续持久，是否能够进入重复博弈的良好循环中，取决于金融机构与知识产权质押融资第三方平台双方在合作中是否顺利，是否有一方会选择退出，或者选择持续合作。金融机构 $B$ 与知识产权质押融资第三方平台 $T$ 博弈过程，如图 9-1 所示。

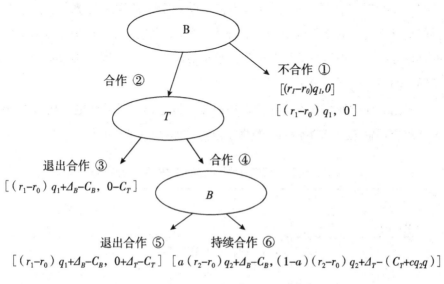

图 9-1　博弈过程分析

①金融机构 $B$ 如选择不与知识产权质押融资第三方平台 $T$ 合作，那么知识产权质押融资群体的组建失败，金融机构和知识产权质押融资第三方平台 $T$ 则各自获得双方在非合作状态下的收益；

②金融机构 $B$ 如选择与知识产权质押融资第三方平台 $T$ 合作，知识产权质押融资第三方平台 $T$ 也配合开展合作，则知识产权质押融资群体组建成功，双方开始进入首次博弈，同时知识产权融资合作双方将产生各自的合作成本 $C_B$ 和 $C_T$；

③知识产权质押融资第三方平台 $T$ 若是在后续的博弈环节中选择退出合作，那么平台 $T$ 将会获取投机收益 $S_T$，但金融机构 $B$ 则会遭受额外的损失 $D_B$；

④如果知识产权融资平台 $T$ 在后续博弈中选择继续合作，这时，根据金融机构 $B$ 选择的不同合作策略，合作双方所产生的收益有所不同，具体来说，将会发生以下⑤、⑥两种情况；

⑤金融机构 $B$ 若是在后续的博弈环节中选择退出合作，那么金融机构 $B$ 将会获取投机收益 $S_B$，但平台 $T$ 则会遭受额外的损失 $D_T$；

⑥如果金融机构 $B$ 在后续博弈中选择持续合作，那么合作双方将处于（合作，合作）的纳什均衡，双方均将享受到合作的溢出价值。但由于各自的贡献不同，双方可以依据收益分配系数的调整，来共同参与溢出价值的合理分配，合作双方分配到的溢出价值 $\Delta V_B$ 与 $\Delta V_T$，因为对合作的贡献不同，因而不会平均分配。

根据前面的变量假设，基于上述博弈分析过程，形成金融机构 $B$ 与知识产权质押融资第三方平台 $T$ 的收益矩阵，如表9 – 2所示。

表9 – 2　金融机构和知识产权质押融资第三方平台的博弈收益矩阵

| 知识产权融资平台<br>金融机构 | 合作（$y$） | 不合作（$1-y$） |
|---|---|---|
| 合作（$x$） | $a(r_2 - r_0)q_2 + \Delta_B - C_B,$<br>$0 + (1-a)(r_2 - r_0)q_2 +$<br>$\Delta_T - (C_T + cq_2)$ | $(r_1 - r_0)q_1 - C_B,$<br>$0 + \Delta_T - C_T$ |
| 不合作（$1-x$） | $(r_1 - r_0)q_1 + \Delta_B - C_B,$<br>$0 - C_T$ | $(r_1 - r_0)q_1, 0$ |

（3）复制动态方程

复制动态方程是动态的微分方程，用于表现在群体中选择某个特定策略的频率。因此，合作策略的复制动态方程是指在"合作"策略中选择"合作"策略的频数动态微分方程。如果在采用合作策略时，群体的期望收益，超过选择其他策略的期望收益以及群体的平均期望收益，那么在种群之中该策略可能会被模仿和复制。依据表9 – 2，金融机构群体 $B$ 与知识产权质押融资第三方平台群体 $T$，分别计算当采用合作策略时的复制动态方程。

第一，优先计算当金融机构选择合作策略时的复制动态方程。根据方程的公式，其所采用合作策略的方程表达式为：

$$\mathrm{d}x/\mathrm{d}t = x[E(U_B)_x - \overline{E}(U_B)] \tag{9-1}$$

在这里，$\mathrm{d}x/\mathrm{d}t$ 代表金融机构 $B$ 选择合作策略时候的概率随时间 $t$ 变化所产生的变化率，$\mathrm{d}x/\mathrm{d}t > 0$，说明金融 $B$ 采取合作策略的概率随时间的推移而增大；$\mathrm{d}x/\mathrm{d}t < 0$，表明金融机构 $B$ 采用合作策略的概率随着时间的推移而降低。根据博弈收益矩阵，当金融机构采取不同的合作策略时候的群体期望收益情况，见表 9-3。

表 9-3　金融机构采取不同合作策略的群体期望收益

| 金融机构策略 | 表达式 | 序号 |
|---|---|---|
| 采取合作策略的群体期望收益 $E(U_B)_x$ | $E(U_B)_x = y[a(r_2 - r_0)q_2 + \Delta_B - C_B] + (1-y)[(r_1 - r_0)q_1 - C_B]$ | (9-2) |
| 采取退出策略时群体期望收益 $E(U_B)_{1-x}$ | $E(U_B)_{1-x} = y[(r_1 - r_0)q_1 + \Delta_B - C_B] + (1-y)[(r_1 - r_0)q_1]$ | (9-3) |
| 金融机构群体平均期望收益 $\overline{E}(U_B)$ | $\overline{E}(U_B) = xE(U_B)_x + (1-x)E(U_B)_{1-x}$ | (9-4) |

由此我们可以看出，$\mathrm{d}x/\mathrm{d}t$ 和金融机构 $B$ 采取合作策略的概率是呈正相关关系，同时也和 $E(U_B)_x$ 高出 $\overline{E}(U_B)$ 的差额呈正相关关系。当将上述公式（9-2）~公式（9-4）代入公式（9-1）时，可得出结论——采用合作策略时，金融机构的复制动态微分方程如下：

$$\begin{aligned}\mathrm{d}x/\mathrm{d}t &= x[E(U_B)_x - \overline{E}(U_B)]\\ &= x(1-x)[E(U_B)_x - E(U_B)_{1-x}] \qquad (\mathrm{I})\\ &= x(1-x)\{y[a(r_2 - r_0)q_2 - (r_1 - r_0)q_1 + C_B] - C_B\}\end{aligned}$$

同理可得，知识产权质押融资第三方平台在选择采取合作策略的时候得出的复制动态微分方程如下所示：

$$\mathrm{d}y/\mathrm{d}t = y[E(U_T)_y - \overline{E}(U_T)] \tag{9-5}$$

在这里，$\mathrm{d}y/\mathrm{d}t$ 代表采用合作策略的知识产权质押融资第三方平台在 $T$ 群体中的比例随时间 $t$ 所产生的变化率，$\mathrm{d}y/\mathrm{d}t > 0$，说明 $T$ 中采用合作策略的知识产权质押融资第三方平台比例随时间的推移而增大；$\mathrm{d}y/\mathrm{d}t < 0$，说

明 $T$ 中采用合作策略的知识产权质押融资第三方平台比例随时间的推移而减小。参照博弈收益矩阵，知识产权质押融资第三方平台在采取不同合作策略时所受的群体期望收益情况，见表9－4。

表9－4　知识产权质押融资第三方平台采取不同合作策略的群体期望收益

| 金融机构策略 | 表达式 | 序号 |
|---|---|---|
| 采取合作策略时群体期望收益 $E(U_T)_y$ | $E(U_T)_y = x\{0 + (1-a)(r_2-r_0)q_2 + \Delta_T - (C_T+cq_2)\} + (1-x)\{0-C_T\}$ | （9－6） |
| 采取退出策略时群体期望收益 $E(U_T)_{1-y}$ | $E(U_T)_{1-y} = x\{0 + \Delta_T - C_T\}$ | （9－7） |
| 知识产权质押融资第三方平台的平均期望收益 $\overline{E}(U_T)$ | $\overline{E}(U_T) = yE(U_T)_y + (1-y)E(U_T)_{1-y}$ | （9－8） |

由此可知，$dy/dt$ 和采用合作策略时知识产权质押融资第三方平台在群体 $T$ 中的比例呈正相关关系，也和 $E(U_T)_y$ 高出 $\overline{E}(U_T)$ 的差额呈正相关关系。当将上述公式（9－6）～公式（9－8）代入公式（9－5）时，可得出结论——在采用合作策略时，知识产权质押融资第三方平台的复制动态微分方程如下：

$$dy/dt = y[E(U_T)_y - \overline{E}(U_T)]$$
$$= y(1-y)[E(U_T)_y - E(U_T)_{1-y}] \qquad （Ⅱ）$$
$$= y(1-y)\{x[(1-a)(r_2-r_0)q_2 - (C_T+cq_2)] - C_T\}$$

复制动态微分方程（Ⅰ）和（Ⅱ）说明了在知识产权质押融资服务系统中，金融机构 $B$ 与知识产权质押融资第三方平台 $T$ 这两个群体关于选择采用合作或者非合作策略时的演化动态。在（Ⅰ）、（Ⅱ）两个方程的基础下，可以接下来对 $B$、$T$ 群体合作系统开展有关演化博弈的均衡分析和博弈均衡点的稳定性分析。

### 9.2.3　演化博弈的均衡分析

演化稳定策略（ESS），是生物学家梅纳德·史密斯首先提出的概念。可以表述为某一个群体面对所发生的突变情况，不断进行博弈之后采取的某一最优稳定策略，这里的可能突变情况是指随机发生的扰动情况，也就是一些个体通过随机的方式选取与群体不同的策略的情况。群体所选取的策略是符合最优期望收益的，并且可以除去任意发生突变的小群体的扰乱，如果发生突变部分个体在这个群体里博弈所获比原群体里个体所获的多，发生突变部分个体就可以改变群体对策略的选择、演变的路径以及群体最终的状态；相反，群体将会随着演化的过程而丢弃这些发生突变的个体所采用的策略。ESS 的确定方法是当获得两种群体详细策略增长率的复制动态微分方程后，按照顺序先求出未知比例的偏导数，从而获取相对应的雅可比矩阵，接着再按照雅可比矩阵行列式的值和迹，对局部稳定性实施分析，进而据此判断出具体的策略是不是演变稳定策略。

（1）对（Ⅰ）、（Ⅱ）两个复制动态微分方程求解

通过求解可以得出金融机构 $B$ 和知识产权质押融资第三方平台 $T$ 的五个关于其行为策略可能发生的纳什均衡点，分别为：

$e_1(0,0)$、$e_2(0,1)$、$e_3(1,0)$、$e_4(1,1)$、

$e_5\left(\dfrac{C_T}{x[(1-a)(r_2-r_0)q_2-(C_T+cq_2)]},\dfrac{C_B}{a(r_2-r_0)q_2-(r_1-r_0)q_1+C_B}\right)$。

（2）根据（Ⅰ）、（Ⅱ）对 $x$ 和 $y$ 求偏导

由此得出复制动态微分方程（Ⅰ）、（Ⅱ）的雅可比矩阵 $\boldsymbol{J}$ 如下：

$$\boldsymbol{J}=\begin{bmatrix} A & B \\ C & D \end{bmatrix}$$

$A=(1-2x)\{y[a(r_2-r_0)q_2-(r_1-r_0)q_1+C_B]-C_B\}$

$B=x(1-x)[a(r_2-r_0)q_2-(r_1-r_0)q_1+C_B]$

$C=y(1-y)[(1-a)(r_2-r_0)q_2-(C_T+cq_2)]$

$D=(1-2y)\{x[(1-a)(r_2-r_0)q_2-(C_T+cq_2)]-C_T\}$

（3）求出雅可比矩阵 $\boldsymbol{J}$ 的值 $det\boldsymbol{J}$ 及矩阵的迹 $tr\boldsymbol{J}$

$det\boldsymbol{J}=(1-2x)\{y[a(r_2-r_0)q_2-(r_1-r_0)q_1+C_B]-C_B\}$
$\qquad(1-2y)\{x[(1-a)(r_2-r_0)q_2-(C_T-cq_2)]-C_T\}-$
$\qquad x(1-x)\{y[a(r_2-r_0)q_2-(r_1-r_0)q_1+C_B]\}$
$\qquad y(1-y)[(1-a)(r_2-r_0)q_2-(C_T+cq_2)]$

$$tr\textbf{\textit{J}} = (1-2x)\{y[a(r_2-r_0)q_2 - (r_1-r_0)q_1 + C_B] - C_B\} +$$

$$(1-2y)\{x[(1-a)(r_2-r_0)q_2 - (C_T - cq_2)] - C_T\}$$

（4）对每一个纳什均衡点，依次计算它的 $det\textbf{\textit{J}}$ 与 $tr\textbf{\textit{J}}$，从而研究每一个点能不能成为实际中能够真的实现的均衡点

依据雅可比矩阵特征，假设均衡点 $e_i(x_i,y_i)$（这里 $i = 1,2,3,4,5$ 且 $0 \leqslant x_i,y_i \leqslant 1$）的 $det\textbf{\textit{J}} > 0$ 且 $tr\textbf{\textit{J}} < 0$，则此均衡点存在稳定性。按照这种思路，考虑相关变量可以取到的值有哪些，依次判断下列情况的均衡稳定策略。

在金融机构与知识产权质押融资第三方平台进行合作的前提下，如果合作双方有一方选择退出，其前提条件应该可以认定为提前退出可以获得投机收益。在这样的假设下，均衡点的稳定性判断条件可以转化为比较金融机构与知识产权质押融资第三方平台参与的两方的溢出价值和投机收益，并且可以与收益分配的均衡性问题相结合。依照上面的收益矩阵，金融机构 $B$ 和知识产权质押融资第三方平台 $T$ 的溢出价值分别由 $a(r_2-r_0)q_2 + \Delta_B - (r_1-r_0)q_1$ 和 $(1-a)(r_2-r_0)q_2 + \Delta_T$ 表达，且金融机构 $B$ 和该融资平台 $T$ 的投机收益分别由 $\Delta_B$ 和 $\Delta_T$ 表示。参照变量间的关系及取值范围，可对均衡点的分析划分成以下状况，具体见表 9−5。

表 9−5  均衡点的分析条件汇总表

| | 设定条件 | 约束条件 |
|---|---|---|
| A | 金融机构 $B$ 和知识产权质押融资第三方平台 $T$ 的溢出价值都大于投机收益 | $a(r_2-r_0)q_2 > (r_1-r_0)q_1$，$(1-a) > (r_2-r_0)q_2$ |
| B | 金融机构 $B$ 和知识产权质押融资第三方平台 $T$ 的溢出价值都小于投机收益 | $a(r_2-r_0)q_2 \leqslant (r_1-r_0)q_1$，$(1-a) \leqslant (r_2-r_0)q_2$ |
| C | 金融机构 $B$ 的溢出价值都大于投机收益，但知识产权质押融资第三方平台 $T$ 的溢出价值却小于投机收益 | $a(r_2-r_0)q_2 > (r_1-r_0)q_1$，$(1-a) < (r_2-r_0)q_2$ |
| D | 知识产权融资平台 $T$ 的溢出价值都大于投机收益，但金融机构 $B$ 的溢出价值却小于投机收益 | $a(r_2-r_0)q_2 < (r_1-r_0)q_1$，$(1-a) > (r_2-r_0)q_2$ |

①若 $a(r_2 - r_0)q_2 > (r_1 - r_0)q_1$ , $(1 - a) > (r_2 - r_0)q_2$ 同时满足 $e_i(x_i, y_i)$ ( $i = 1,2,3,4,5$ ),符合 $0 \leqslant x_i, y_i \leqslant 1$ ,因此 $e_1$ 、$e_2$ 、$e_3$ 、$e_4$ 、$e_5$ 都为 $B$ 与 $T$ 知识产权质押融资合作系统均衡点。详细情况见表 9 – 6。

表 9 – 6　①的条件下 $B$ 与 $T$ 知识产权质押融资合作系统关于均衡点的稳定性分析

| 均衡点 | $det\boldsymbol{J}$ | $det\boldsymbol{J}$ $+ / -$ | $tr\boldsymbol{J}$ | $tr\boldsymbol{J}$ $+ / -$ | 稳定性 |
|---|---|---|---|---|---|
| $(0,0)$ | $C_B C_T$ | $+$ | $-(C_B + C_T)$ | $-$ | 稳定 |
| $(0,1)$ | $C_T[a(r_2 - r_0)q_2 - (r_1 - r_0)q_1]$ | $+$ | $a(r_2 - r_0)q_2 - (r_1 - r_0)q_1 + C_T$ | $+$ | 不稳定 |
| $(1,0)$ | $C_B[(1 - a)(r_2 - r_0)q_2 - cq_2]$ | $+$ | $C_B + [(1 - a)(r_2 - r_0)q_2 - cq_2]$ | $+$ | 不稳定 |
| $(1,1)$ | $[a(r_2 - r_0)q_2 - (r_1 - r_0)q_1][(1 - a)(r_2 - r_0)q_2 - cq_2]$ | $+$ | $-[a(r_2 - r_0)q_2 - (r_1 - r_0)q_1] - [(1 - a)(r_2 - r_0)q_2 - cq_2]$ | $-$ | 稳定 |

当均衡点为 $\dfrac{C_T}{x[(1 - a)(r_2 - r_0)q_2 - (C_T + cq_2)]}$,$\dfrac{C_B}{a(r_2 - r_0)q_2 - (r_1 - r_0)q_1 + C_B}$ 时,$det\boldsymbol{J}$ 为:

$$-\frac{C_T[(1 - a)(r_2 - r_0)q_2 - cq_2]}{[(1 - a)(r_2 - r_0)q_2 - cq_2 + C_T]}\frac{C_B[a(r_2 - r_0)q_2 - (r_1 - r_0)q_1]}{a(r_2 - r_0)q_2 - (r_1 - r_0)q_1 + C_B}$$

此时值为负值,$tr\boldsymbol{J}$ 为 0 ,故此点为鞍点。

通过表 9 – 6 详细列示,我们可以发现,相比于对方采取合作策略但自身却退出协作时所获取的投机收益额,金融机构与第三方平台的相互协作将使双方都从中获取更多的额外净收益。金融机构 $B$ 与知识产权质押融资第三方平台 $T$ 组成的质押融资合作系统的演化稳定策略有两个,在这里分别表示为 $e_1(0,0)$ 与 $e_4(1,1)$。这两个稳定策略可以理解为:金融机构 $B$ 和知识产权质押融资第三方平台 $T$ 组成的质押融资系统处于稳定状态时,其策略可能是(非合作,非合作),也可能是(合作,合作)。基于此,金融机构 $B$ 与平台 $T$ 间所发生的无限次博弈动态演化的情形可以表示为图 9 – 2。

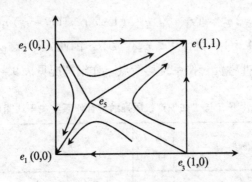

图 9-2　①条件下 $B$ 与 $T$ 无限次博弈动态演化

②当 $a(r_2 - r_0)q_2 \leqslant (r_1 - r_0)q_1$ , $(1 - a)(r_2 - r_0)q_2 \leqslant cq_2$ 同时满足 $e_i(x_i, y_i)$ （ $i = 1,2,3,4,5$ ）, 符合 $0 \leqslant x_i, y_i \leqslant 1$ , 因此 $e_1$ 、$e_2$ 、$e_3$ 、$e_4$ 都为 $B$ 与 $T$ 知识产权质押融资合作系统均衡点。

当 $a(r_2 - r_0)q_2 < (r_1 - r_0)q_1$ 时，$\dfrac{C_B}{a(r_2 - r_0)q_2 - (r_1 - r_0)q_1 + C_B} > 1$ ，

当 $(1 - a)(r_2 - r_0)q_2 < cq_2$ 时，$\dfrac{C_T}{x[(1 - a)(r_2 - r_0)q_2 - (C_T + cq_2)]} > 1$ 不

符合 $e_i(x_i, y_i)$ （ $i = 1,2,3,4,5$ ）, 符合 $0 \leqslant x_i, y_i \leqslant 1$ 的要求, 如果 $a(r_2 - r_0)$

$q_2 = (r_1 - r_0)q_1$ , $(1 - a)(r_2 - r_0)q_2 = cq_2$ , $\dfrac{C_B}{a(r_2 - r_0)q_2 - (r_1 - r_0)q_1 + C_B} =$

$1$ , $\dfrac{C_T}{x[(1 - a)(r_2 - r_0)q_2 - (C_T + cq_2)]} = 1$ , 那么 $e_5$ 与 $e_4$ 重合, $e_5$ 不再是

均衡点。因此 $e_5$ 不再是均衡点。均衡点稳定性分析, 详见表 9-7。

表 9-7　②的条件下 $B$ 与 $T$ 知识产权质押融资合作系统有关均衡点的稳定性分析

| 均衡点 | $det\boldsymbol{J}$ | $det\boldsymbol{J}$ + / - | $tr\boldsymbol{J}$ | $tr\boldsymbol{J}$ + / - | 稳定性 |
|---|---|---|---|---|---|
| $(0,0)$ | $C_B C_T$ | + | $-C_B - C_T$ | - | 稳定 |
| $(0,1)$ | $C_T[a(r_2 - r_0)q_2 - (r_1 - r_0)q_1]$ | + | $C_T + [a(r_2 - r_0)q_2 - (r_1 - r_0)q_1]$ | + | 不稳定 |

续表

| 均衡点 | $det\boldsymbol{J}$ | $det\boldsymbol{J}$ +／－ | $tr\boldsymbol{J}$ | $tr\boldsymbol{J}$ +／－ | 稳定性 |
|---|---|---|---|---|---|
| $(1,0)$ | $C_B[(1-a)(r_2-r_0)$ $q_2-cq_2]$ | ＋ | $C_B+[(1-a)(r_2-r_0)$ $q_2-cq_2]$ | ＋ | 不稳定 |
| $(1,1)$ | $[a(r_2-r_0)q_2-(r_1-r_0)$ $q_1][(1-a)(r_2-r_0)$ $q_2-cq_2]$ | ＋ | $-[a(r_2-r_0)q_2-(r_1-r_0)$ $q_1]-[(1-a)(r_2-r_0)$ $q_2-cq_2]$ | － | 稳定 |

通过表9-7的详细列示，我们可以发现，相比于对方采取合作策略但自身却退出协作时所获取的投机收益额，金融机构与第三方平台的相互协作将使双方都从中获取更少的额外净收益。金融机构与知识产权质押融资第三方平台均会采用退出合作的策略，此时 $e_4(1,1)$ 没有稳定性。$B$ 与 $T$ 知识产权质押融资合作系统的演化稳定策略只有一个，为 $e_1(0,0)$。可以理解为当系统处于稳定的状态时，两个博弈群体 $B$ 和 $T$ 采用的策略只剩下（非合作，非合作）情况，遇到这种情况时，我们一般采用图9-3详细地展示 $B$ 与 $T$ 所发生的无限次博弈的动态演化情形。

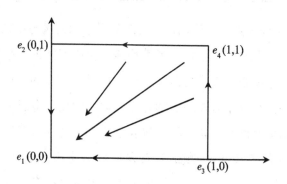

图9-3　③条件下 $B$ 与 $T$ 无限次博弈动态演化

③当 $a(r_2-r_0)q_2 > (r_1-r_0)q_1$，$(1-a)(r_2-r_0)q_2 < cq_2$ 同时满足 $e_i(x_i,y_i)$（$i=1,2,3,4,5$），符合 $0 \leqslant x_i,y_i \leqslant 1$，因此 $e_1$、$e_2$、$e_3$、$e_4$ 都为 $B$ 与 $T$ 知识产权质押融资合作系统均衡点。当 $a(r_2-r_0)q_2 > (r_1-r_0)q_1$

时，$\dfrac{C_B}{a(r_2 - r_0)q_2 - (r_1 - r_0)q_1 + C_B} < 1$，当 $(1 - a)(r_2 - r_0)q_2 < cq_2$ 时，

$\dfrac{C_T}{x[(1 - a)(r_2 - r_0)q_2 - (C_T + cq_2)]} > 1$，不符合 $e_i(x_i, y_i)$（$i = 1,2,3,$

$4,5$），符合 $0 \leq x_i, y_i \leq 1$ 的要求，因此 $e_5$ 不再是均衡点。均衡点稳定性分析，详见表9-8。

表9-8　③的条件下 $B$ 与 $T$ 知识产权质押融资合作系统有关均衡点的稳定性分析表

| 均衡点 | $det\boldsymbol{J}$ | $det\boldsymbol{J}$ +／- | $tr\boldsymbol{J}$ | $tr\boldsymbol{J}$ +／- | 稳定性 |
|---|---|---|---|---|---|
| $(0,0)$ | $C_B C_T$ | + | $- C_B - C_T$ | - | 稳定 |
| $(0,1)$ | $C_T[a(r_2 - r_0)q_2 - (r_1 - r_0)q_1]$ | + | $C_T + [a(r_2 - r_0)q_2 - (r_1 - r_0)q_1]$ | + | 不稳定 |
| $(1,0)$ | $C_B[(1 - a)(r_2 - r_0)q_2 - cq_2]$ | - | $C_B + [(1 - a)(r_2 - r_0)q_2 - cq_2]$ | N/A | 鞍点 |
| $(1,1)$ | $[a(r_2 - r_0)q_2 - (r_1 - r_0)q_1][(1 - a)(r_2 - r_0)q_2 - cq_2]$ | - | $-[a(r_2 - r_0)q_2 - (r_1 - r_0)q_1] - [(1 - a)(r_2 - r_0)q_2 - cq_2]$ | N/A | 鞍点 |

通过表9-8详细列示，我们可以发现如果金融机构与第三方平台因相互合作而使双方获取的额外净收益不再均衡，相比于知识产权质押融资第三方平台采用合作策略但金融机构却退出协作时所获取的投机收益额，金融机构则会比平台获取相对较多的额外净收益；相比于金融机构采用合作策略但平台却退出协作时所获取的投机收益额，平台则会获取相对较少的额外净收益。知识产权质押融资第三方平台一定会选择不合作，此时 $e_2(0,1)$ 没有稳定性。金融机构 $B$ 与知识产权质押融资第三方平台 $T$ 组成的质押融资合作系统的演化稳定策略只有一个，为 $e_1(0,0)$。可以理解为当系统处于稳定的状态时，两个博弈群体 $B$ 和 $T$ 采用的策略也只剩一种情况（非合作，非合作）。

④当 $a(r_2 - r_0)q_2 > (r_1 - r_0)q_1$，$(1 - a)(r_2 - r_0)q_2 < cq_2$ 同时满足

$e_i(x_i,y_i)$（$i=1,2,3,4,5$），符合$0 \leqslant x_i,y_i \leqslant 1$，因此$e_1$、$e_2$、$e_3$、$e_4$都为$B$与$T$知识产权质押融资合作系统均衡点。当$a(r_2-r_0)q_2 < (r_1-r_0)q_1$时，$\dfrac{C_B}{a(r_2-r_0)q_2-(r_1-r_0)q_1+C_B} > 1$，当$(1-a)(r_2-r_0)q_2 > cq_2$时，$\dfrac{C_T}{x[(1-a)(r_2-r_0)q_2-(C_T+cq_2)]} < 1$，不符合$e_i(x_i,y_i)$（$i=1,2,3,4,5$），符合$0 \leqslant x_i,y_i \leqslant 1$的要求，因此$e_5$不再是均衡点。均衡点稳定性分析详见表9–9。

表9–9 ④条件下$B$与$T$知识产权质押融资合作系统关于均衡点的稳定性分析

| 均衡点 | $detJ$ | $detJ$ $+/-$ | $trJ$ | $trJ$ $+/-$ | 稳定性 |
|---|---|---|---|---|---|
| $(0,0)$ | $C_B C_T$ | $+$ | $-C_B-C_T$ | $-$ | 稳定 |
| $(0,1)$ | $C_T[a(r_2-r_0)q_2$ $-(r_1-r_0)q_1]$ | $-$ | $C_T+[a(r_2-r_0)q_2$ $-(r_1-r_0)q_1]$ | $N/A$ | 不稳定 |
| $(1,0)$ | $C_B[(1-a)(r_2-r_0)$ $q_2-cq_2]$ | $+$ | $C_B+[(1-a)(r_2-r_0)$ $q_2-cq_2]$ | $+$ | 鞍点 |
| $(1,1)$ | $[a(r_2-r_0)q_2-(r_1-r_0)$ $q_1][(1-a)(r_2-r_0)$ $q_2-cq_2]$ | $-$ | $-[a(r_2-r_0)q_2-(r_1-r_0)$ $q_1]-[(1-a)(r_2-r_0)$ $q_2-cq_2]$ | $N/A$ | 鞍点 |

通过表9–9详细列示，我们可以发现如果金融机构与知识产权质押融资第三方平台因相互合作而使双方赚取的额外净收益不再均衡，而是知识产权质押融资第三方平台赚取的额外净收益比较多，在这里比较的是金融机构采用合作策略但知识产权质押融资第三方平台却退出协作时获取的投机收益额；金融机构赚取的额外净收益比较少，在这里比较的是平台采用合作策略但金融机构却退出协作时所获取的投机收益额。金融机构一定会采取不合作策略，此时$e_3(1,0)$没有稳定性。$B$与$T$知识产权质押融资合作系统的演化稳定策略只有一个，为$e_1(0,0)$。可以理解为当系统处于稳定的状态时，两个博弈群体$B$和$T$采用的策略也只剩一种情况（非合作，非合作）。

综合分析以上的四种情况，仅且当 $B$ 和 $T$ 的溢出价值均超过投机收益时，ESS 为 $e_1(0,0)$ 与 $e_4(1,1)$。在其他三种情况下，即当任意一方的溢出价值均低于投机收益时，ESS 均为 $e_1(0,0)$。因此只有当溢出价值高于投机收益，并且在参与主体之间溢出价值合理分配的情形下，博弈群体的策略才可能会有向（合作，合作）演进的趋势，否则参与方在长期演化的过程中都会倾向于选择（非合作，非合作）的策略。

## 9.3 知识产权质押融资主体间演化博弈影响分析

### 9.3.1 影响因素分析

根据四个条件下的分析可以看出，在金融机构与知识产权质押融资第三方平台合作开展质押融资业务时，若参与合作的主体双方或是其中任意一方赚到的额外净收益，低于当对方采取合作策略而自身却选择退出情况下所赚到的投机收益时，那么很显然合作双方正在进行长期的博弈过程当中，演化的方向肯定是（非合作，非合作）。仅当金融机构与第三方平台合作开展业务时，双方可获得的额外净收益均超过当对方采取合作策略而自身却退出协作时所取得的投机收益，双方处于长期的博弈过程当中，演化的方向不只有（非合作，非合作），或许还会有（合作，合作）的情况。由此看到，决定双方合作稳定策略的最重要因素是合作给双方带来的额外净收益以及合作双方中某一方退出合作时所能够获得的投机收益。把图 9-1 拿出来分析我们可以得出，演化博弈的结果为 $e_1(0,0)$ 或者 $e_4(1,1)$ 取决于金融机构 $B$ 与知识产权质押融资第三方平台 $T$ 开始进行博弈时最初状态与鞍点 $e_5$ 所处的位置。如果金融机构 $B$ 与知识产权质押融资第三方平台 $T$ 开始博弈的初始状态在 $e_2 e_5 e_3 e_4$ 面积里，那么合作系统演化最后组合为（合作，合作），也就是 $e_4(1,1)$，如果金融机构 $B$ 与知识产权质押融资第三方平台 $T$ 开始博弈的初始在 $e_2 e_1 e_3 e_5$ 面积里，则合作系统演化的最后组合是（非合作，非合作），也就是 $e_1(0,0)$。另外，系统朝着 $e_1(0,0)$ 或者 $e_4(1,1)$ 演化的概率由 $e_2 e_1 e_3 e_5$ 与 $e_2 e_5 e_3 e_4$ 所形成的面积的尺寸，$e_2 e_5 e_3 e_4$ 决定，围成的图形的尺寸越大，$e_2 e_1 e_3 e_5$ 所围图形的尺寸就越小，那么在系统演化方面，相比于 $e_1(0,0)$，将更加倾向于演化为 $e_4(1,1)$；若是相反的情况，$e_2 e_1 e_3 e_5$ 所围图形的尺寸就越大，$e_2 e_5 e_3 e_4$ 所围图形的尺寸就越小，那么在系统演化方面，相比于 $e_4(1,1)$，将更加倾向于演化为 $e_1(0,0)$。由此，可以知道，鞍点 $e_5$ 的所在会影响两块图形的尺寸大小，支付矩阵里面的参数 $C_B$、$C_T$、$S_B$、$S_T$、$D_B$、$D_T$、$\Delta V$ 和 $a$ 的值与改变影响着鞍点 $e_5$ 的所在。进一步地，可以归纳分析影响金融机构 $B$ 与质押融资第三方平台 $T$ 组成的合作系统所形成的演化路径以及可能形成的稳定策略情况。

①金融机构 $B$ 和平台 $T$ 由相互协作开展质押融资业务而获得的额外净收益。额外净收益的多少对双方的合作黏度产生一定影响，若双方通过合作的方式获得的额外净收益越多，则金融机构与该平台后续继续缔结合作的频率就越高、概率就越大。当然，这里有个前提，那就是合作产生的溢出价值需要在合作双方之间进行公平合理的分配，即额外收益分配系数 $a$ 必须合理，同时也要考虑到合作双方各自发生的成本因素 $C_B$ 以及 $C_T$。因此，双方如果要保持长期稳定的合作关系，需要发挥各自特长实现优势互补，从而实现更多的合作溢出价值 $\Delta V$，同时在考虑双方合作成本的基础上商议确定最优的合作收益分配系数 $a$。

②金融机构 $B$ 与平台 $T$ 双方自身退出合作产生的预期投机净收益 $S_B$、$S_T$，这里指的是已经选择了参与合作的金融机构与知识产权质押融资第三方平台。假如某一方在合作过程当中，选择继续合作但另一方却选择退出时，退出的一方将获得较少的投机净收益，则此合作联盟模式就会更加的稳定。所以，理应要维系和发展双方长期稳定的合作模式与联系，需要想办法降低任何一方退出合作时所获取的预期投机收益。从而，可以通过制定严格的监督制度、增加合作协议中的违约金、制定严格的惩罚机制等来增加某一方退出时的成本或者降低某一方退出时获取高额利益的可能性。

③将金融机构 $B$ 与平台 $T$ 双方选择参与合作所得到的额外净收益和双方选择退出所得到的预期投机净收益相对比，即将金融机构 $B$ 的 $S_B$ 和 $a\Delta V - C_B$ 进行对比，且将知识产权质押融资第三方平台 $T$ 的 $S_T$ 和 $(1-a)\Delta V - C_T$ 进行对比。在系统演化的过程当中，这两对因素相互对比的结果与系统演化路径图以及演化稳定策略点的个数有直接关系。只有同

时满足两个条件：$a\Delta V - C_B > S_B$ 和 $(1 - a)\Delta V - C_T > S_T$ 时，系统才可能朝着（合作，合作）的稳定均衡点演化。如果不能同时满足这两个条件，那么金融机构与知识产权质押融资第三方平台的合作很可能就是短期的、不可持续的。

④金融机构 $B$ 与平台 $T$ 合作双方因为退出方退出产生的损失 $D_B$ 与 $D_T$，这里所说的是已经选择开展合作的金融机构与知识产权质押融资第三方平台。若合作双方中的某一方认为假如对方选择退出后自己将要会遭受很大的损失，那么它就会增加更多的监督成本以防止对方退出，或者，也可能为了防止对方退出后自己遭受的损失而抢先选择退出合作，这样的策略都会影响到双方合作的长期稳定。通过模型得出：如果 $D_B$ 或者 $D_T$ 增长，则条件①里鞍点 $e_5 = \dfrac{C_T}{x[(1 - a)(r_2 - r_0)q_2 - (C_T + cq_2)]}$ 将随着 $D_T$ 变大，然后增长，或者 $e_5 = \dfrac{C_B}{a(r_2 - r_0)q_2 - (r_1 - r_0)q_1 + C_B}$ 将随着 $D_B$ 的变大而增长，则在此情况下，鞍点 $e_5$ 在图 9 - 2 坐标里将发生右移、上移或者右上移的现象，其中仅为 $D_T$ 增加时则会进行右移，仅为 $D_B$ 增加时发生上移，而 $D_B$ 与 $D_T$ 同时增加时则发生右上移，随着鞍点的移动，$e_2 e_5 e_3 e_4$ 所围的面积就缩小了，从而合作系统向着策略组合 $e_4(1,1)$ 演化的概率就降低了。因此，在制定双方的合作协议时，可以通过增加违约一方对受损一方赔款金额的方式，一方面增加违约退出一方的退出成本，另一方面也补偿了受损方的损失，从而可以强化金融机构 $B$ 与知识产权质押融资第三方平台 $T$ 双方采用合作策略的可能性。

### 9.3.2 收益分配模型构建

在合作状态下，合作产生的利差收益总额 $(r_2 - r_0)q_2$ 需要在金融机构 $B$ 与知识产权质押融资第三方平台 $T$ 之间进行分配，假定 $a$ 为收益分配系数，即金融机构 $B$ 的显性收益分配为 $a(r_2 - r_0)q_2$，知识产权质押融资第三方平台 $T$ 的显性收益分配为 $(1 - a)(r_2 - r_0)q_2$。合作收益分配是否均衡不仅影响到金融机构 $B$ 与知识产权质押融资第三方平台 $T$ 双方进行合作的积极性，以及对均衡点的确定和演化的趋势都会产生深远的影响。

所以将 $S_1$ 要对收益分配的系数 $a$ 求一阶导数即公式（9-9），经过分析可以得出 $a$ 对 $S_1$ 的影响不是单调的，所以 $S_1$ 对 $a$ 求二阶导数即公式（9-10）。

$$\frac{\partial S_1}{\partial a} = \frac{1}{2} \frac{-(r_2 - r_0)q_2 C_B}{[a(r_2 - r_0)q_2 - (r_1 - r_0)q_1 + C_B]^2},$$
$$\frac{1}{2} \frac{(r_2 - r_0)q_2 C_T}{[a(r_2 - r_0)q_2 - (r_1 - r_0)q_1 + C_B]^2} \tag{9-9}$$

$$\frac{\partial^2 S_1}{\partial a^2} = \frac{(r_2 - r_0)^2 q_2{}^2 C_B}{[a(r_2 - r_0)q_2 - (r_1 - r_0)q_1 + C_B]^2},$$
$$\frac{(r_2 - r_0)^2 q_2{}^2 C_T}{[(1 - a)(r_2 - r_0)q_2 - cq_2 + C_T]^2} \tag{9-10}$$

分析得 $\dfrac{\partial^2 S_1}{\partial a^2} > 0$，令 $\dfrac{\partial S_1}{\partial a} = 0$，

当满足 $a = \dfrac{(r_2 - r_0)q_2\sqrt{C_B} - cq_2\sqrt{C_B} + C_T\sqrt{C_B} + (r_1 - r_0)q_1\sqrt{C_T} + C_B\sqrt{C_T}}{[(r_2 - r_0)q_2\sqrt{C_B} + (r_2 - r_0)q_2\sqrt{C_T}]}$

条件的情况下，$S_1$ 取得最小值，此时多次演化博弈的结果最大概率的会趋向于 $e_4(1,1)$，知识产权质押融资第三方平台合作的概率也达到最大。这时 $a$ 值为收益分配结果的最优解。

## 9.4　数值分析

为直观说明知识产权质押融资合作双方主体间演化博弈过程，这里运用数值模拟方法对前面的模型做进一步的探讨。主要针对模型，给出了三种情况，算例及数值分析如下所述。

（1）放贷额度不变

假设系统中 $r_1 = 4.5\%$，$r_2 = 3.8\%$，$q_1 = 200$ 万元，$q_2 = 200$ 万元，$c = 20$ 万元，$C_B = 30$ 万元，$C_T = 25$ 万元，金融机构 $B$ 和平台 $T$ 选择合作策略概率的初始值分别是 0.8 和 0.6，则参与知识产权的质押融资的各个主体间演化博弈过程如图 9-4 所示。

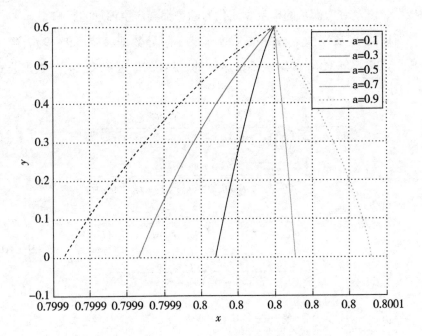

**图9-4　放贷额度不变情况下的系统行为动态演化**

从图9-4中我们可以看出，当系统的收益分配系数 $a$ 的取值分别为 0.1、0.3、0.5、0.7、0.9 时，知识产权质押融资第三方平台 $T$ 中选择合作策略的概率在不断下降，最后趋于0，金融机构 $B$ 选择合作策略的概率随着 $a$ 的增加，由收敛后的值慢慢增加，即金融机构通过合作赚取的额外净收益先是减少后来增加。双方选择通过合作赚取的额外净收益先是减少，金融机构与知识产权质押融资第三方平台可以开展后续合作的概率先是降低后是增加。

（2）放贷额度减少

假设系统中 $r_1 = 4.5\%$ ，$r_2 = 3.8\%$ ，$q_1 = 150$ 万元，$q_2 = 100$ 万元，$c = 20$ 万元，$C_B = 25$ 万元，$C_T = 30$ 万元 ，金融机构 $B$ 和平台 $T$ 选择合作策略概率的初始值分别是 0.8 和 0.6 ，则参与知识产权的质押融资的各个主体间演化博弈过程如图9-5所示。

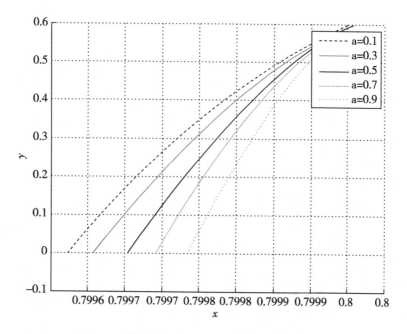

**图9－5　放贷额度减少情况下的系统行为动态演化**

从图9－5中我们可以看出，当系统的收益分配系数 $a$ 的取值分别为 0.1、0.3、0.5、0.7、0.9时，知识产权质押融资第三方平台 $T$ 中选择合作策略的概率在不断下降，最后趋于0，金融机构 $B$ 选择继续合作策略的概率随着 $a$ 的增长会不断降低，收敛值增加，表明了金融机构经合作得到的额外净收益逐渐减少，从而将导致金融机构与知识产权质押融资第三方平台继续选择参与合作策略的概率降低。

（3）放贷额度增加

假设系统中 $r_1 = 4.5\%$ ，$r_2 = 3.8\%$ ，$q_1 = 50$ 万元，$q_2 = 600$ 万元，$c = 20$ 万元，$C_B = 60$ 万元，$C_T = 10$ 万元 ，金融机构 $B$ 和平台 $T$ 选择合作策略概率的初始值分别是0.8和0.6，则参与知识产权的质押融资的各个主体间演化博弈过程如图9－6所示。

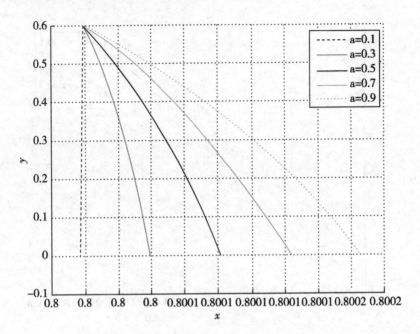

图9-6　放贷额度增加情况下的系统行为动态演化

根据图9-6所示，我们可知，当系统的收益分配系数 $a$ 的取值分别为0.1、0.3、0.5、0.7、0.9时，知识产权质押融资第三方平台 $T$ 中选择继续合作策略的概率在不断减少，最后趋于0，金融机构 $B$ 选择合作策略的概率随着 $a$ 的增加会不断增加，收敛的值在增加，即通过双方合作所赚取的额外净收益增加。双方选择通过合作后赚取的额外净收益增加，金融机构与知识产权质押融资第三方平台选择继续合作策略的概率增加。

## 9.5　本章小结

本章把参与的主体划分成知识产权质押融资第三方平台和金融机构，并且综合运用演化博弈、收益矩阵和复制动态方程的相关理论，分析该主体双方的合作机制，进而更好地探究演化博弈的均衡策略。此外，进一步的研究指出影响知识产权质押融资系统合作收益分配的相关因素，如金融机构的利差率、合作成本、监督成本、放贷量等，同时基于各个因素的影响程度构建了金融机构和知识产权质押融资第三方平台之间合作收益分配系数的最优解。

研究表明，在知识产权质押融资业务合作中，金融机构可以获得的利差率越高，则金融机构与知识产权质押融资第三方平台双方越倾向于合作；如果双方选择合作能够有效促进放贷量的增加，则双方更倾向于选择合作策略，而非合作状态下如果放贷量也可以取得增长，则会引起选择非合作策略的概率增加；知识产权质押融资第三方平台需要支付的监督成本越高，会对其净收益产生较大的影响，从而知识产权质押融资第三方平台将会更倾向于选择退出合作策略。为了参与合作的各主体所需支付的成本与投机收益也将会影响主体双方的合作概率和效果。若参与合作的情况下给主体带来的溢出价值高于投机收益时，寻求成本越高，主体间多次演化博弈的结果会较大概率的趋向于选择不合作，金融机构与该平台进行合作的概率就会降低；反之，在溢出价值小于投机收益的情况下，寻求成本越高，金融机构与知识产权质押融资第三方平台开展合作的概率就越大。

　　由于金融机构与质押融资第三方平台具有客户高度重叠和专业特长互补的特征，所以在利益和价值点上非常契合，双方互相合作共同为知识产权质押融资提供服务，不仅可以拓宽二者的业务空间，还将进一步提升双方的利润增加点。随着科技型企业不断崛起，金融机构和知识产权质押融资第三方平台的异业联盟模式也将有助于多方共赢的实现。而通过合理的溢出价值分配将有助于异业联盟模式的长期稳定合作，本章基于对金融机构与知识产权质押融资第三方平台合作双方主体间演化博弈影响的分析，确定了最佳的合作收益分配系数，为双方合作机制的建立提供了有效的理论依据。

# 第十章　知识产权质押融资第三方平台内部合作收益共享机制设计

第九章针对知识产权质押融资第三方平台与金融机构之间的合作机制进行了演化博弈分析。知识产权质押融资第三方平台一般是由价值评估、担保和法律机构、知识产权平台企业等多方参与的，在参与各方共担风险的前提下，必须在参与各方之间建立合理的收益共享机制，而公平、公正、合理的风险共担和收益共享机制正是知识产权质押融资第三方平台合作亟须解决的难题。故此，对知识产权质押融资第三方平台参与各方组成的合作联盟，收益得当分配对合作联盟参与者而言是极其重要的，本章就是要在分析知识产权质押融资第三方平台整体收益科学分配的重要性及所要遵循的基本原则基础上，基于合作博弈理论，建立参与各方收益分配的合作机制。

## 10.1　知识产权质押融资第三方平台内部收益共享的重要性及参与主体

### 10.1.1　知识产权质押融资第三方平台内部收益分配的重要性

对知识产权质押融资第三方平台整体收益科学分配的重要性主要有以下三个方面。

（1）加深参与者对知识产权质押融资的信任，巩固知识产权质押融资合作关系的稳定性

知识产权质押融资合作联盟产生的最大原因就是为了实现联盟总体收益最大化，合作联盟参与者为实现这一目的，尽力发挥自身优势，从而提

升经营效率，减少成本花费，实现整体收益最大化。然而获得整体收益最大化只是联盟的第一步，如何将这些收益在联盟参与者间分配才是参与者们所关注的重点。古人有云，不患寡而患不均，由此看出，人们对不公平分配的忌讳。如果知识产权质押融资联盟收益不能得当分配，就会对局中人的合作关系造成不利影响，进而影响知识产权质押融资再一次的合作，也不能使整体收益最大化，由此看来，就会对知识产权质押融资合作造成不利后果，破坏知识产权质押融资保障联盟合作关系的稳定。

（2）激发参与者对知识产权质押融资的热情，推动知识产权质押融资合作的进一步发展

知识产权质押融资局中人参与合作联盟最大的驱动力就是可以获得比其单独经营时更大的收益，故为了获得更大的收益回报，局中人就会为此付出更大的热情，自觉努力工作，为自己争取更大的收益。但理想与现实总是有差距的，分配收益回报并不是企业所能控制的，且参与者总会将自己的收益回报同其他参与者作比较，这样的话，即使此参与者收益大，但相对于其他参与者而言回报率低，也会使得该参与者心情不忿，消极怠工。因此，收益可以直接影响参与者努力程度，只有找到科学的分配方案才能激发参与者工作热情，积极参与到知识产权质押融资合作的大行动中，进一步推动联盟的合作进一步发展。

（3）保持知识产权质押融资的竞争力，促进知识产权质押融资合作良性发展

根据以上说明可知，科学的收益分配给知识产权质押融资合作提供了一个稳定的合作环境，加深参与者对合作联盟的信任，激发参与者对合作联盟的热情，使合作联盟参与者自觉积极努力工作，进而提高整体收益与效率，增强知识产权质押融资合作联盟对其他知识产权质押融资联盟的竞争优势，从而获得更优厚的收益。因此，分配到各个参与者的收益也随之增加，激发各参与者热情，更无条件地贡献自己的力量，促进知识产权质押融资的合作良性循环。

### 10.1.2　知识产权质押融资收益分配的原则

为了达到收益分配公平、公正、合理，让每个参与主体获得自己期望的收益，收益同风险挂钩，在订立分配依据时，首先就明确分配时所遵循一定的原则。知识产权质押融资合作收益分配遵循的原则一般有以下五个方面。

（1）共同、民主决策原则

在对知识产权质押融资整体收益进行分配的过程中，每个参与方都有权利参与其中，而且要求整个分配过程贯穿民主性，即在收益分配决策过程中每个参与方都可以从企业出发，对最初的分配方案的内容提出建议、补充和修改，促使最终的收益分配方案得到参与方的共同认可，这样对参与方会更起到一定的激励作用。

（2）公平原则

在整个知识产权质押融资过程中，每个参与方地位都是相同的，都有平等的权利去获得属于自身的收益，并没有因为规模、实力的不同，而在最终的收益分配中待遇有所差别。尽管最终可能各个参与方获得的收益在数量上存在不同，但对整个分配决策过程中的标准而言只有一个，并没有双重标准。公平原则是在收益分配决策中所遵循原则中最基础的一条，若在决策过程中做不到公平，那么受到不公平待遇的参与方就会消极对待整个知识产权质押融资的运作，就会破坏整个合作的稳定性，更不能达到收益最大化的目的。

（3）共赢多赢原则

企业参与进入知识产权质押融资中是想要实现更多的收益，故最终决策确定的分配方案必须使各参与方最基本的利益得到满足，即最终分配得到的收益数应大于各个企业未参与知识产权质押融资前单独运作时的收益。否则会打击参与方的积极性，破坏合作的融洽气氛，致使合作破裂，甚至不再参与合作。只有实现共赢多赢，才能确保合作的长远性、稳定性。

（4）贡献、风险同收益挂钩原则

这里所说贡献指各个参与方在合作中为达到整体收益的最大化而消耗

的人力、资源、资金等。如果某参与方付出比其他企业多的贡献，就有权利获得与其贡献成正比的相应收益。同理，在收益分配决策过程中也要对参与方在合作过程中承担的风险进行考量。即参与方在知识产权质押融资运作过程中承担的风险也需要在最终收益分配中得到相应的补偿。因为这些参与方担负了高风险而给整个合作带来更高的收益，反之担负风险小的企业就要扣除一部分收益来使整个分配方案更加合理。

（5）信息公开原则

信息沟通出现问题通常会造成整个知识产权质押融资过程中参与方的冲突和矛盾，从而影响整个合作的积极性、稳定性等。公开收益分配决策过程的具体情况，使沟通透明、信息公开，使各参与方清楚了解整个过程中的自身定位，激发参与方自身的积极性。

## 10.2　基于合作博弈理论的合作收益共享分配模型

### 10.2.1　合作博弈理论

博弈论，也称对策论，主要是研究理性决策主体的行为发生直接相互作用时的决策及其决策均衡问题。该理论可以根据博弈局中人是否合作，分成合作博弈和非合作博弈。若局中人之间可以达成约束性协议，且其行为之间是相互作用的，这则被称为合作博弈，强调群体理性最佳；相对的，若没有达成合作协议，则被称为非合作博弈，强调个体理性和个体决策。

非合作博弈的结果是否有效率具有不确定性。相比于非合作博弈，合作博弈更强调效率、公平和公正，由此也可能产生更高的总体合作收益。因此，在联盟合作博弈中，不再关注局中人如何选择自己策略的问题，而是关注局中人如何建立合理的合作机制来分配获得的收益问题。实际上，通过局中人的合作，能够实现资源的优势互补，获得超出其他任意组合的收益，而这种收益如何在局中人之间进行合理的分配，是保证局中人能够开展长期稳定合作的前提和关键。

### 10.2.2　合作收益分配的多人合作博弈模型

考虑收益分配的角度不同，目前关于收益分配的多人合作博弈模型的求解方法主要包括 Shapley（夏普利）值法、核心法、二次规划（GQP）法、MCRS 法和成本缺口分摊（CGP）法等。

1）夏普利值法

夏普利值是 1953 年由 Shapley L S 给出的概念，主要是关于 $n$ 人合作博弈解决方案的概念，可以用于处理多人合作收益的分配问题。Shapley 在基于聚合公理、虚设人公理、有效性公理和对称性公理之上，提出了满足这四个公理的合作收益分配的唯一解：

$$\sum_{\{S \mid i \in S\}} W(|S|) * [C(S) - C(S \setminus i)], \ i = 1, 2, \cdots, n$$

$$其中，\quad W(|S|) = \frac{(n - |S|)! * (|S| - 1)!}{n!}$$

具体地，夏普利值 $x = \{x_1, x_2, \cdots, x_n\} \in R^n$ 称作为联盟；$|S|$ 表示联盟 $S$ 中的成员数，$C$ 是定义在 $N$ 的所有子集上的收益函数，表示 $N$ 中所有可能组成团体的最佳替代成本，$n$ 是局中人的个数，$N$ 是所有局中人的集合。

2）核心法

核心是联盟博弈的重要概念之一。它是 Gillies 于 1953 年提出的关于合作博弈解的概念。$N$ 人联盟博弈的所有不被优超的分配构成的集合称为核心，或是说核心中的每个分配方案都可以被联盟接受。根据这一思想，合理的分配方案 $x = \{x_1, x_2, \cdots, x_n\}$ 应满足以下两个充分必要条件：

$$\begin{cases} \sum_{i \in S} x_i \geqslant C(S) & \forall S \subset N \quad 集体合理性 \\ \sum_{i \in N} x_i = C(N) & 总体合理性 \\ x_i \geqslant 0 \end{cases}$$

满足这两个条件的 $x = \{x_1, x_2, \cdots, x_n\}$ 的全体称为核心。

在实际应用中，按照核心法得到的核心有可能是空集，于是无法得到合理的分配方案。于是学者们提出了相关解决的方案：给集体合理性条件增加一个松弛变量。而按照所加松弛变量的方法不一，核心法又可以具体细划成最小核心法（Least Core）、弱最小核心法（Weak Least Core）以及比例最小核心法（Proportional Least Core）。

（1）最小核心法

在最小核心法中，在所有联盟 $S(1 < |S| < |N|)$ 的收益总和之上增加相同大小的额外量 $\varepsilon$，合作博弈收益分配的问题将转化为以下线性规划问题的求解：

$$\min\varepsilon$$

$$\begin{cases} \sum_{i \in S} x_i \geq C(S) + \varepsilon & \forall S \subset N \quad |S| \neq 1 \\ \sum_{i \in N} x_i = C(N) \\ 0 \leq C(i) \leq x_i \end{cases}$$

（2）弱最小核心法

在弱最小核心法中，联盟 $S(1 < |S| < |N|)$ 中的每个局中人都需要添加相同的额外量 $\varepsilon$，合作博弈收益分配的问题将转化为以下线性规划问题的求解：

$$\min\varepsilon$$

$$\begin{cases} \sum_{i \in S} x_i \geq C(S) + \varepsilon |S| & \forall S \subset N \quad |S| \neq 1 \\ \sum_{i \in N} x_i = C(N) \\ 0 \leq C(i) \leq x_i \end{cases}$$

（3）比例最小核心法

在比例最小核心法中，主要的思想指给联盟 $S(1 < |S| < |N|)$ 增加与其成本总和成比例的额外量以求解其核心，合作博弈收益分配的问题将转化为以下线性规划问题的求解：

$$\min t$$

$$\begin{cases} \displaystyle\sum_{i \in S} x_i \geq (1 + t) * C(S) & \forall S \subset N, |S| \neq 1 \\ \displaystyle\sum_{i \in N} x_i = C(N) \\ 0 \leq C(i) \leq x_i & \forall i \in N \end{cases}$$

3）二次规划法

二次规划法（Game Quadratic Programming）在通常情况下，也可以计算出最优分配方案。该方法的基本思路是分摊结果使得各局中人的分摊额与其边际费用量（指每个局中人最少需要承担的费用）的差额最小。这种做法对所有局中的人都是可以接受的。二次规划的方法用于解决以下类型的线性规划问题：

$$\min Z = \sum_{i=1}^{n} (x_i - v_i)^2$$

$$\begin{cases} \displaystyle\sum_{i \in S} x_i \geq C(S) & \forall S \subset N \\ \displaystyle\sum_{i \in N} x_i = C(N) \\ 0 \leq C(i) \leq x_i & \forall i \in N \end{cases}$$

其中，$v_i$ 意味着第 $i$ 个局中人需要承担的最低费用（边际费用量），即

$$v_i = C(N) - C(N - \{i\}), \quad i = 1, 2, \cdots, n$$

## 10.3　基于最小核心法的知识产权质押融资收益共享分配模型建立

在知识产权质押融资多方参与主体共同作用下，相互依赖形成一个不可分割的整体。作为一个由若干部分组成的具有特定功能的有机整体，对知识产权质押融资参与方内部收益进行分配的过程是一种合作博弈的过程。通常，可用于收益分配的方法包括 Shapley 值法、最大最小费用法MCRS（Minimum Cost – Remaining Saving）、核心法（Core）和二次规划法GQP（Game Quadratic Programming），等等。这里就是要运用核心法中的最

小核心法来建立模型，对知识产权质押融资参与方内部进行收益分配研究，并针对最小核心法的局限，进行了模型修订。

### 10.3.1 最小核心法模型假设

根据 D B Gillies 的模型建立方法，知识产权质押融资中的收益在各个参与方间合理分配需要满足以下三个假设。

（1）对称性

参与知识产权质押融资的参与主体最终取得的收益分配数，与我们在建立模型时赋予其的字母、符号等并无关联。

（2）有效性

如果参与知识产权质押融资的参与主体中有一个或多个主体对知识产权质押融资交易并没有做出任何贡献，那么在对知识产权质押融资整体收益进行分配时就不应该给该主体分得收益，而应只在知识产权质押融资产生贡献的主体间进行整体收益分配。

（3）总和性

在知识产权质押融资中获得最终分配的有贡献参与主体的分配数之和应等于未分配时的整体收益。

根据以上三个假设，建立模型。

### 10.3.2 最小核心法模型建立

1953 年，D B Gillies 提出了一个区别于 Shapley 值法、最大最小费用法 MCRS、二次规划法 GQP 等合作对策的解—核心（core），同时也给出了让参与者满意的方案来分配收益，这同时也是无法被超越的分配方案和计划的集合，即各个分配方案都可以被核心中的各个联盟所认可和接受。核心法为了实现整体和个人利益的合理性和平等化，从满足条件的所有集合中适当地选出一个集合作为最终方案，即合作联盟对应策略（$N$，$P$）的核心分配收益。核心法具体包括：比例最小（Proportional Least Core）、最小核心（Least Core）和弱最小核心（Weak Least Core）法。本章主要根据最小核心法分配参与知识产权质押融资的各参与主体的总体收益。

在通常情况下，完整的博弈由至少三个基本元素构成，即局中人、策略集和收益函数。其中，博弈的局中人指的是所有博弈参与方，既是博弈的决策主体，又是策略制造者。策略集指的是博弈参与方可能运用的所有策略的集合。收益函数指的是博弈参与者的每组可能的决策选择，都存在相应的结果，该结果表示各参与方在策略组合下从博弈过程当中收获或损失。

故假设知识产权质押融资有 $n$ 个参与主体，即担保、评估和法律机构等，那么这些知识产权质押融资参与主体就构成了此次博弈的全部局中人，这里我们可用集合 $N = \{1, 2, \cdots, n\}$ 表示全部参与主体。而在全部参与主体中只有部分参与主体参与所形成的非空集合，我们称之为联盟 $S(S \subset N)$，即联盟 $S$ 为全体参与主体集合 N 的一个子集；$P(S)$ 表示为收益函数，表示当部分参与主体形成联盟 $S$ 时，联盟 $S$ 所能达到的最大整体收益；而 $P(N)$ 表示所有参与方组成总联盟时的整体收益；$|S|$ 为联盟 $S$ 中参与方的个数。若是两个不同联盟（联盟 $S$ 和联盟 $T$）中没有包括同样参与主体（$S \cap T = \varnothing$），收益函数需要满足超可加性 $P(R \cup T) \geqslant P(R) + P(T)$。针对参与主体收益分配用 $x = (x_1, x_2, \cdots, x_n)$ 表示，其中 $x_i$ 为联盟中参与主体 $i$ 在最终分配整体收益时分配到的收益。

在联盟中，一个公平、公正、合理的参与主体收益分配方案 $x = (x_1, x_2, \cdots, x_n)$，应建立在下述三个条件基础上：

$$\sum_{i \in s} x_i \geqslant P(S), \forall S \in \qquad (10-1)$$

$$\sum_{i \in N} x_i = P(N) \qquad (10-2)$$

$$x_i \geqslant P(i), x_i \geqslant 0 \qquad (10-3)$$

其中，条件（10-1）为集体合理性，即每个参与主体最终分配得到的收益数应大于或等于其未参与知识产权质押融资的单独收益；条件（10-2）为总体合理性，即每个参与主体在最终分配后得到的收益数之和应等于最初知识产权质押融资整体分配收益；条件（10-3）为个体合理性，即每个参与主体最终分配得到的收益数应大于或等于其未参与知识产权质押融资时的单独收益。满足上述条件的 $x = (x_1, x_2, \cdots, x_n)$ 集合称之为核心，记作 $C(v)$。

由于核心中可能存在满足上述条件的多个分配方案，这就需要按照某种"公平"法则在各参与主体之间，在满足集体合理性、总体合理性和个体合理性条件的所有解集中，确定一个令大家都满意的分配方案。

在实际情况下，联盟应该进行分配的收益与整体总收益间并不是完全相等的，有时会存在差异而导致无解的情况，即核心 $C(v)$ 有是空集的可能性。故给联盟 $S(1 < |S| < N)$ 加入一个相同的调节变量 $\varepsilon$，来解决无解状况。基于一个相同调节变量 $\varepsilon$ 解决此类问题这种模型就是核心法中最基础一类，即最小核心法。其数学模型如下：

$$\min \varepsilon$$

$$s.t. \begin{cases} x_i \geqslant P(\mathrm{i}) & \forall i \in N \\ \sum_{i \in S} x_i \geqslant P(S) + \varepsilon & \forall S \in N \text{且} |S| > 1 \\ \sum_{i \in N} x_i = P(N) \\ x_i \geqslant 0 \end{cases} \quad (10-4)$$

其中调节变量 $\varepsilon$ 是为了避免 $x$ 因矛盾而出现空集现象，这样就可以加大知识产权质押融资参与方间进行收益分配时方案的公平、公正及合理。

### 10.3.3　最小核心法模型修正

在上述模型（10-4）中，我们可发现将收益函数增加相同量 $\varepsilon$，这种做法只是单纯追求数学算法上的简单性，完全忽视了不同参与主体对联盟的重要性存在差异，有失"公平"及"贡献、风险同收益挂钩"原则。只有考虑各参与主体对知识产权质押融资的不同贡献及承担风险等多种情况，以不同调节变量调节各个参与主体的收益来达到对各联盟收益 $P(S)$ 进行调整。

故在模型（10-4）的基础上给予其联盟收益 $P(S)$ 以不同的调节变量 $\varepsilon_j(j = 1, 2, \cdots, m)$。其中 $m$ 表示为空集和大联盟 $N$ 之外的其他联盟集合的个数。我们在这里所求目标函数 $\min\varepsilon_j(j = 1,2,\cdots,m)$ 表示各个联盟收益 $P(S)$ 的增加量 $\varepsilon_j$ 最小。$x_i$ 为决策变量。以此可得到修订后的模型（10-5）：

$$\min\varepsilon_1,\varepsilon_2,\cdots,\varepsilon_m$$

$$s.t.\begin{cases} x_i \geq P(i) & \forall i \in N \\ \sum_{i \in S} x_i \geq P(S) + \varepsilon_j & \forall S \in N, |S| > 1, j = 1,2,\cdots,m \\ \sum_{i \in N} x_i = P(N) \\ x_i \geq 0 \end{cases}$$

$$(10-5)$$

实际求解具体过程如下：

首先是求解各个子目标 $\varepsilon_j$，在其约束条件下的最优解 $\varepsilon_j^-$ 与取值上界 $\varepsilon_j^+$，其中，$\varepsilon_j^+ = \sum_{i \in S} P(i) - P(S)$。

其次，根据模糊集理论，定义目标 $\varepsilon_j$ 的隶属函数为 $\mu(\varepsilon_j) = (\varepsilon_j^+ - \varepsilon_j)/(\varepsilon_j^+ - \varepsilon_j^-)$。

然后，根据最大隶属度原则，通过 Max-min 算法进行求解。

$$\max\lambda$$

$$s.t.\begin{cases} \lambda \leq \mu(\varepsilon_j) & j = 1,2,\cdots,m \\ (x,\varepsilon) \in X \\ \lambda \in [0,1] \end{cases}$$

$$(10-6)$$

据此求得最优解 $x^*,\varepsilon^*,\lambda^*$。

最后一步即最终求解。

$$\max 1/m \sum_{j=1}^{m} \lambda_j$$

$$s.t.\begin{cases} \lambda^* \leq \varepsilon_{jj} \leq \mu(\varepsilon_j) & j = 1,2,\cdots,m \\ (x,\varepsilon) \in X \end{cases}$$

$$(10-7)$$

综上，由上述步骤求得最优解 $(x^*,\varepsilon^*)$，其中 $x^*$ 即为模型（10-5）的有效解。

## 10.4　算例分析

假设知识产权质押融资第三方平台的参与主体涉及评估机构 $A$ 、担保机构 $B$ 、法律机构 $C$ 。在满足核心法模型的对称性、有效性和总和性这三条基本假设基础上，我们假定知识产权质押融资参与主体评估机构 $A$ 、担保机构 $B$ 、法律机构 $C$ 单独经营时的收益分别为 120 万元、80 万元、100 万元，$A$ 与 $B$ 合作时获利 240 万元，$A$ 与 $C$ 合作时获利 250 万元，$B$ 与 $C$ 合作时获利 200 万元，当三方共同合作时可获利 350 万元。

联盟与独立运营的收入数据如表 10 - 1 所示。

表 10 - 1　联盟与独立运营收入数据

| 联盟方式 | | 收入 |
| --- | --- | --- |
| 独立 | $A$ | 120 |
| | $B$ | 80 |
| | $C$ | 100 |
| 两家联盟 | $AB$ | 240 |
| | $AC$ | 250 |
| | $BC$ | 200 |
| 三家联盟 | $ABC$ | 350 |

下面我们用最小核心法及修订后最小核心法分别对知识产权质押融资参与主体进行收益分配。

### 10.4.1　基于最小核心法的收益共享分配算例

依据上述数据，将知识产权质押融资各个参与主体单独经营记为 $v(A) = 120$ ，$v(B) = 80$ ，$v(C) = 100$ ；将各合作经营记为 $v(A,B) = 240$ ，$v(A,C) = 250$ ，$v(B,C) = 200$ ，$v(A,B,C) = 350$ 。依据最小核心法求解最终分配额 $(x_1, x_2, x_3)$ ，根据最小核心法，将最小的调节变量 $\varepsilon$ 分配给每个联盟，将收益分配问题转化成为求解下述线性规划方程问题：

$$\min \varepsilon$$

$$s.t. \begin{cases} x_1 \geqslant 80 \\ x_2 \geqslant 100 \\ x_3 \geqslant 100 \\ x_1 + x_2 \geqslant 240 + \varepsilon \\ x_1 + x_3 \geqslant 250 + \varepsilon \\ x_2 + x_3 \geqslant 300 + \varepsilon \\ x_1 + x_2 + x_3 = 350 \\ x_1, x_2, x_3 \geqslant 0 \end{cases} \qquad (10-8)$$

对上述最小核心法模型中线性规划方程求解，此处本章运用了 lingo 软件，一种常用于处理线性规划问题的软件，来求解此线性规划方程，具体操作过程如图 10 - 1 所示，为更清楚展示结果，我对软件最后得出结果进行简单整理如表 10 - 2 所示。

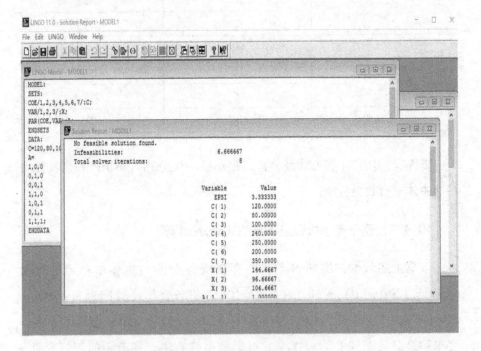

图 10 - 1 最小核心法模型求解

表10-2 最小核心法模型运行结果整理

| 名称 | 符号 | 结果 |
|------|------|------|
| 最优值 | $\varepsilon$ | 3.33 |
| 变量 | $x_1$ | 146.67 |
| 变量 | $x_2$ | 96.67 |
| 变量 | $x_3$ | 106.67 |

即最终求得 $x_1$ = 146.67，$x_2$ = 96.67，$x_3$ = 106.67，由此可得，最小核心法模型下最终收益分配方案 $x$ = (146.67, 96.67, 106.67)。

### 10.4.2 基于改进后最小核心法的收益共享分配算例

利用修订后的最小核心法模型求解，最终收益分配方案 $x$ = ($x_1$, $x_2$, $x_3$) 应满足：

$$\min\varepsilon(\varepsilon_1, \varepsilon_2, \varepsilon_3)$$

$$s.t. \begin{cases} x_1 \geq 120 \\ x_2 \geq 80 \\ x_3 \geq 100 \\ x_1 + x_2 \geq 240 + \varepsilon_1 \\ x_1 + x_3 \geq 250 + \varepsilon_2 \\ x_2 + x_3 \geq 300 + \varepsilon_3 \\ x_1 + x_2 + x_3 = 350 \\ x_1, x_2, x_3 \geq 0 \end{cases} \quad (10-9)$$

根据修订后最小核心法中模型（10-5）进行求解，其中3个子目标的隶属度函数列示如下：

$$\mu(\varepsilon_1) = (-40-\varepsilon_1)/-50 = (40+\varepsilon_1)/50 = 0.8 + 0.02\varepsilon_1$$

$$\mu(\varepsilon_2) = (-30-\varepsilon_2)/-50 = (30+\varepsilon_2)/50 = 0.6 + 0.02\varepsilon_2$$

$$\mu(\varepsilon_3) = (-20-\varepsilon_3)/-50 = (20+\varepsilon_3)/50 = 0.4 + 0.02\varepsilon_3$$

根据最大隶属度原则，利用 Max-Min 算法，建立如下规划方程：

$$\max\lambda$$

$$s.t.\begin{cases} x_1 \geqslant 120 \\ x_2 \geqslant 80 \\ x_3 \geqslant 100 \\ x_1 + x_2 \geqslant 240 + \varepsilon_1 \\ x_1 + x_3 \geqslant 250 + \varepsilon_2 \\ x_2 + x_3 \geqslant 300 + \varepsilon_3 \\ x_1 + x_2 + x_3 = 350 \\ x_1, x_2, x_3 \geqslant 0 \\ \lambda \leqslant 0.8 + 0.02\varepsilon_1 \\ \lambda \leqslant 0.6 + 0.02\varepsilon_2 \\ \lambda \leqslant 0.4 + 0.02\varepsilon_3 \\ \varepsilon_i \geqslant 0, (i = 1, 2, 3) \\ \lambda \in [0, 1] \end{cases} \quad (10-10)$$

在计算最优解过程中，我们还是运用 lingo 软件进行计算，具体运行过程见图 10 - 2，对结果的整理见表 10 - 3。

表 10 - 3　改进后最小核心法模型运行结果整理

| 名称 | 符号 | 结果 |
| --- | --- | --- |
| 最优值 | $\lambda^*$ | 0.6 |

其中，为下步骤所用最优值 $\lambda^* = 0.6$，再根据此结果进行最后一步。得到最终求解，建立如下规划方程：

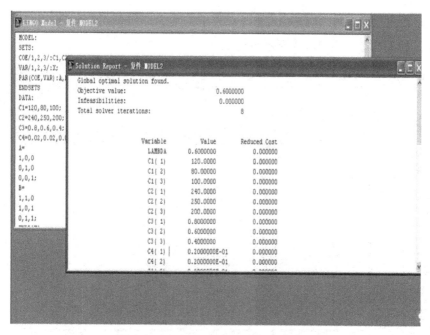

图 10 - 2 改进后最小核心法模型求解

$$\max 1/3 \sum_{j=1}^{3} \lambda_j$$

$$s.t. \begin{cases} x_1 \geqslant 120 \\ x_2 \geqslant 80 \\ x_3 \geqslant 100 \\ x_1 + x_2 \geqslant 240 + \varepsilon_1 \\ x_1 + x_3 \geqslant 250 + \varepsilon_2 \\ x_2 + x_3 \geqslant 300 + \varepsilon_3 \\ x_1 + x_2 + x_3 = 350 \\ x_1, x_2, x_3 \geqslant 0 \\ 0.6 \leqslant \lambda_1 \leqslant 0.8 + 0.02\varepsilon_1 \\ 0.6 \leqslant \lambda_2 \leqslant 0.6 + 0.02\varepsilon_2 \\ 0.6 \leqslant \lambda_3 \leqslant 0.4 + 0.02\varepsilon_3 \\ \varepsilon_i \geqslant 0, (i = 1, 2, 3) \end{cases}$$

$(10 - 11)$

通过运用 lingo 软件对次规划方程求解计算，运行过程如图 10-3 所示，结果整理如表 10-4 所示。

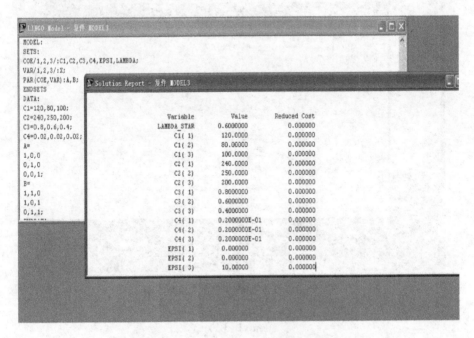

图 10-3　改进后最小核心法模型求解

表 10-4　改进后最小核心法模型运行结果整理

| 名称 | 符号 | 结果 |
| --- | --- | --- |
| 变量 | $x_1$ | 140 |
| 变量 | $x_2$ | 100 |
| 变量 | $x_3$ | 110 |

从表 10-4 中可以明显看出，通过改进后最小核心法模型计算得出最终收益分配结果有效解为 $x = (140, 100, 110)$。

### 10.4.3　不同分配方法的结果比较

将知识产权质押融资参与主体单独经营、整体收益平均分配给各个参与方、最小核心法和改进后最小核心法的收益分配进行比较，比较结果如表 10-5 所示。

表 10 - 5　不同分配方法的结果比较

| 分配方式 | 评估机构 $A$ | 担保机构 $B$ | 法律机构 $C$ |
|---|---|---|---|
| 单独经营 | 120 | 80 | 100 |
| 平均分配 | 116.67 | 116.67 | 116.67 |
| 最小核心法 | 146.67 | 96.67 | 106.67 |
| 改进后最小核心法 | 140 | 100 | 110 |

从表 10 - 5 中可以看出，参与知识产权质押融资联盟的参与方的收益明显比其单独运营时的收益高，显然通过合作给每个参与方都带来了相当大的增值，而在通过简单平均分配收益，每个参与方分配数额相同，违反了收益分配贡献、风险同收益挂钩原则，完全忽视参与方贡献的不同，而按照最小核心法得到的分配数，是在赋予其相同调节变量基础上得到的，最终得到的分配数不是特别可信。而经过改正的最小核心法充分考虑参与方在联盟中的重要性，通过赋予不同调节变量来达到这一目的，保障了联盟中参与方的积极性，稳定了联盟合作关系。因此，采用改进后的最小核心法对知识产权质押融资联盟中参与方的收益分配更加合理。

## 10.5　本章小结

在更好地解决科技型中小企业融资难的过程中，知识产权质押融资第三方平台发挥着非常重要的作用。知识产权质押融资第三方平台参与各方共同承担风险，因而建立参与各方的收益分配机制是非常重要的。很好地解决知识产权质押融资第三方平台参与方间收益分配问题，是维持知识产权质押融资第三方平台合作关系稳定、长久的关键。博弈论是专门研究相互作用性决策问题有效的理论工具，用它来对知识产权融资平台参与方间收益分配进行研究非常适合。本章分析了知识产权质押融资第三方平台收益分配的相关问题，运用合作博弈中核心解概念，采用最小核心法及改进后最小核心法，建立收益分配模型，给出求解步骤。算例通过对单独经营、平均分配、最小核心法、改进后最小核心法的计算结果进行了归纳说明。算例也验证了合作博弈方法在知识产权质押融资第三方平台参与方之间收益分配应用中的可行性和有效性。

# 第四篇
## 建议和结论

4

# 第十一章　促进知识产权质押融资业务的建议

## 11.1　建立知识产权质押融资第三方风险监控服务平台

### 11.1.1　关于知识产权质押融资第三方服务平台的调研分析

就知识产权质押融资服务平台的现状而言，无论是在"量"上还是在"质"上都难以满足中小企业的需求。因此，建立多功能的知识产权质押融资服务平台，完善知识产权质押融资服务系统就成了重中之重。

而目前，国内知识产权质押融资有两种典型的模式，分别是直接质押模式和间接质押模式。因直接质押模式是企业与银行直接签订合同，银行独立承担全部贷款风险，融资风险较大，贷款成功的案例较少。而间接质押模式是指在融资过程中引入第三方担保机构，企业以其拥有的知识产权作为反担保质押给担保机构，然后由银行予以发放贷款。采用间接质押模式时，由于有第三方担保机构做担保，银行的贷款回收也就多了一分保障。而在此过程中充当保证人的就是第三方担保机构，也就是我们这里提到的知识产权质押融资服务平台中最常见的一种担保平台，其功能一般比较单一就是担保，鲜有集多种功能于一体的服务平台。但是，就我们调查的中小企业来讲，功能单一的服务平台是很难令融资企业满意的。

在提到知识产权质押融资服务平台的功能时，有 18% 的中小企业倾向于第三方融资服务平台的主要功能是"交易服务平台"，也有 18% 的中小企业倾向于"风险动态监控管理平台"。而剩下的一些功能，如"价值评估服务平台""企业信用平台"等所占的比例相差不大，大多为 11% ~ 14%。由此看来，中小企业希望的知识产权质押融资服务平台是一个多功能、全方位的平台，是一个可以在多方面给予它们帮助的平台。

知识产权质押融资第三方融资服务平台最主要的功能应该是什么（见图 11 - 1）？

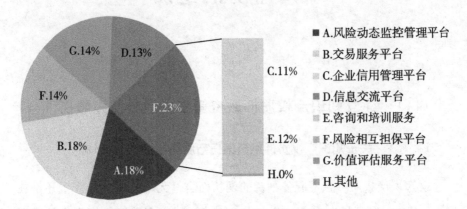

**图 11 - 1　知识产权质押融资第三方服务平台的功能调查**

知识产权质押融资第三方融资服务平台应该是什么性质的（见图 11 - 2）？

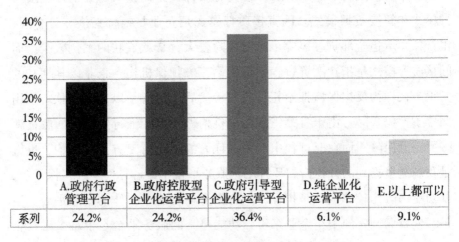

| | A.政府行政管理平台 | B.政府控股型企业化运营平台 | C.政府引导型企业化运营平台 | D.纯企业化运营平台 | E.以上都可以 |
|---|---|---|---|---|---|
| 系列 | 24.2% | 24.2% | 36.4% | 6.1% | 9.1% |

**图 11 - 2　知识产权质押融资服务平台的性质调查**

此外，对这个平台的性质中小企业也有了一定的期待。84.8% 的中小企业都希望知识产权质押融资服务平台是由政府参与建立的，只有 6.1%

比例的中小企业希望是"纯企业化运营平台"。可见，中小企业希望政府出面解决知识产权质押融资服务平台的建立及完善问题。

所以，尽快建立政府参与的、多功能的知识产权质押融资服务平台是完善知识产权质押融资服务系统的根本所在。

### 11.1.2　第三方风险监控服务平台的框架

知识产权质押融资要解决的最关键问题之一是风险评价及管理问题。目前的研究较多地从某参与方所承担风险静态评价展开，并没有对知识产权融资业务发生后的风险进行实时的动态风险预警管理。实际上，知识产权融资参与各方所承担的风险是实时发生变化的。因此，本书提出需要通过第三方服务平台对风险进行动态的预警管理。知识产权质押融资的风险监控服务平台，可以由独立的第三方来实施运营，一方面提供融资过程所需的各种服务；另一方面对相关风险进行实时监控，其风险动态监控的结果，直接与知识产权质押融资的参与各方进行实时的沟通，包括融资企业、担保机构、金融机构、评估机构等，以提高参与各方对风险的控制能力和调整能力。

知识产权质押融资风险监控服务平台的结构与功能如图11-3所示。

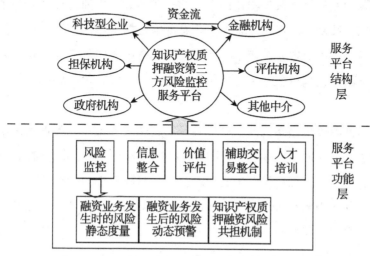

**图11-3　知识产权质押融资风险监控服务平台的基本框架**

在该体系中充分体现了第三方平台对信息进行集合汇总、整理分类并提供给体系各方的功能，提高了各机构间的信息利用率；增强该业务各部分的专业水平；提高办公效率；更加有效地整合了社会资源，降低了知识产权质押融资这项业务的运营成本，促进我国知识产权质押融资服务体系的完善与成熟。

在该体系中，政府是主要的指导推动方，可以提供统一运营制度，通过出台法律法规来制约企业、银行、担保机构、评估机构、中介机构的行为；社会上的各类评估和担保、中介服务机构依然发挥相应的效用，通过与第三方平台的合作来提高办公效率与业务水平；银行与企业之间的信息公开度也因为第三方平台的存在而大幅度提升，减小了以前体系中因信息不对称而造成的高业务成本，可以提高知识产权质押融资业务在我国的发展速度。

### 11.1.3 第三方风险监控服务平台的建设模式

（1）政府主导建设

在知识产权质押融资第三方服务平台建设过程中，资金来源是主要问题，因为该平台具有低盈利、高成本的特点，如没有充足的资金支持，很难达到预期效果。在政府构建该平台的模式中，可以通过设立专项平台建设基金来支撑平台的运转。各地方政府可以根据本地区知识产权质押融资项目发展水平来决定基金额度。平台建设基金主要应用于平台管理人员工资、各方参与机构审核、平台运作技术支持、为银行等金融机构提供风险担保。

由于现阶段全国知识产权质押融资发展模式不统一，各地区使用的政策规章也不尽相同。在这样的环境背景之下，应由各省份的知识产权局、金融办、银监局、保监局、工商行政管理局等政府部门制定统一的平台运作规定，并尽力减小区域差异，增加跨省份知识产权质押融资业务办理的可行性。政府不仅要出台统一规章制度，还应对质押融资的贷款利率进行统一规定，并对中小型科技企业贷款后的经营状况进行监控。

政府构建平台的模式可以降低主要风险，创造稳定的知识产权质押融资第三方服务平台运营环境，但是该方法遏制市场的自由发展，减少了中小型科技企业的参与积极性。

（2）政府与企业合作建设

在这种建设模式下，资金主要源于两个途径：政府专项基金与大型企业投资。在全国各地，很多大型的高新技术企业已经成为地方产业的经济支柱，在其参与构建知识产权质押融资第三方服务平台的同时也可以与新成立或处于成长期的中小型科技企业进行经验交流，与这些新企业分享成功经验。为了鼓励这些大型企业的参与，政府可以提供一些优惠政策以资鼓励。

在这种构建模式当中，政府的管理范围并不那么宽泛，在制定相应的规章制度之余，不再干涉每项交易的细节，贷款金额以及贷款利率由银行自行决定，其中涉及的主要风险也由相应的风险担保机构承担。知识产权质押融资服务体系当中所涉及的所有部门的选取权则从政府移交到企业手中。

（3）社会资金投资建设

在这种构建模式中，知识产权质押融资第三方服务平台所需要的全部资金将由社会资金提供，这无疑减少了政府的经济压力。但是在政策实施方面可能会受到阻碍。由于资金供应完全市场化，所以在参与机构的选取上会出现不公平竞争现象，利益最大化是市场竞争中的一项准则，会导致企业为了谋取利益而降低对参与机构的要求，导致知识产权质押融资第三方服务平台信誉度与专业水平的下降，如评估结果不准确、服务部门收取手续费过高等现象。

在此类构建方式中，企业以及与之合作的担保机构成了主要的风险担保方。担保资金的多少与担保方的稳定性是银行所关心的问题，在政府与企业之间，银行必然更倾向政府担保的方式。依据企业的自身运转状况，并不能百分之百保证企业现金流量每日持平或者是持续增加的，所以企业提供担保有最终坏账的风险，银行的风险不但未转移，反而增大，这一现象会使众多银行的积极性退减。

### 11.1.4　第三方风险监控服务平台的运行机制

（1）服务平台与社会机构的合作

知识产权质押融资第三方服务平台并不是一个独立运转的平台，而是需要与社会各机构进行合作才可以顺利运行。

第一，在其执行信息整合功能时，应当与当地的会计师事务所、律师事务所、相关评估鉴定机构进行合作，为它们传送企业提供的信息，待得到鉴定评估结果后，再将最终评估报告进行分类整合，公布到信息中心或者直接传递给银行等金融机构。在这一职能的运行中，减少了银行在获得以及鉴定企业信息上的成本，增加了银行对知识产权质押融资业务的兴趣，鼓励银行扩大业务范围。

第二，在知识产权价值评估方面，由知识产权质押融资第三方服务平台单方提供评估团队是不够的。价值评估是知识产权质押融资的关键，也是最棘手的难题，不同的评估机构很难提供统一的评估结果。所以，此项职能的运作，需要与当地的权威评估机构进行合作。知识产权质押融资第三方服务平台可以将企业所持知识产权信息提供给多家评估机构，或者结合自身信息中心所存案例，评估分析知识产权的价值，保证最终结果的可靠性。

第三，实现风险担保这项职能时，知识产权质押融资第三方服务平台，一方面可以通过集中政府资金和社会资金来扮演担保机构的角色；另一方面也可以通过设计风险共担机制来有效地分散知识产权质押融资参与各方的风险。个别力量都是薄弱的，只有集中全部有效资源才可以满足知识产权质押融资这一发展中市场的需求。信息公开化、资源集中化能够最大限度地满足企业与金融机构的需求。所以，知识产权质押融资第三方服务平台必须与政府机构、社会资金、当地担保机构等进行合作，在合作的同时可以起到筛选的作用，信誉低、能力差的担保机构会逐渐被淘汰，从而提高市场信誉度与业务办理效率。

第四，知识产权质押融资第三方服务平台的辅助交易功能，需要与当地各家中介机构共同合作来实现。面对不同企业可以选用不同的中介机构。为企业提供简洁便利服务的同时也规范了中介服务的收费标准。

第五，人员教育功能的实现。知识产权质押融资第三方服务平台可以开展各类讲座和培训会议，对在职人员进行再教育。也可以将登记在案的知识产权质押融资案例提供给大学相关课程，让学生们通过对实际案例的分析学习，掌握更加全面的理论知识，提高操作技能。

综上所述，知识产权质押融资第三方服务平台并不是一个垄断机构，也不是一个孤立无援的新兴平台，而是一个将社会现有资源合理整合、分类、利用的智能平台。它的存在可以降低知识产权质押融资的业务成本，加快业务办理效率，提高我国经济发展水平，加快知识产权质押融资步入成熟阶段的进程。

（2）第三方风险监控服务平台的盈利模式

知识产权质押融资第三方服务平台的建设初衷便是降低业务成本，提高业务效率。所以应当对盈利模式进行仔细推敲。知识产权质押融资第三方服务平台会与众多社会结构产生交易费用，而该平台的客户主要有两个来源：中小型科技企业、银行等金融机构。

在现有的知识产权质押融资服务体系中，中小型科技企业申请知识产权质押融资的手续费用总和一般在10%～15%之间，所以该平台的收费标准只有低于这一水平才可实现其存在意义。可以将面向中小型科技企业的收费模式设计为阶梯收费标准或分项收费。如企业需要知识产权质押融资第三方服务平台提供质押贷款流程中的全部项目，则应按企业提供的知识产权价值来进行收费。为了保证服务质量和市场份额，费用可以定位在知识产权价值的5%～8%之间。如企业只需要知识产权质押融资第三方服务平台提供个别服务项目，则可以选择根据当地市场现状收费，并给予刚刚建立的中小型企业一定的优惠。

在面向银行的业务方面，可以采用收取会员年费办法对银行收手续费，银行交费后便可以使用知识产权质押融资第三方服务平台提供的信息，并要求该平台向银行传递相关企业资料。

为了弥补知识产权质押融资第三方服务平台自身运转费用，该平台可以采用向政府申请基金、寻求社会机构赞助。但应该避免收取与各项服务机构之间的高额签约费，以避免这种不公平竞争的现象导致知识产权质押融资第三方服务平台的信誉度降低。

## 11.2 促进知识产权质押融资业务的其他相关建议

### 11.2.1 打破固有观念，加深"新"途径的影响

在传统的贷款模式中，银行很看重贷款企业的资产抵押或者担保，并且，传统的贷款模式中抵押或担保资产是以有形的静态资产为主的，对无形资产进行抵押或者担保很少涉及，也较少了解。

商业银行在经营过程中，保证资本和储户存款的安全是最基本的要求，因此商业银行一般可以认为是趋向稳健性经营的企业。安全性、流动性和盈利性是商业银行经营的基本原则，其中安全性排在第一位。

而对高科技企业来说，本身的经营过程就存在着较大的不确定性，从而其知识产权的价值也就面临着很大的不确定性。况且，由于经营规模的限制以及历史信用记录的缺失，中小型高科技企业的知识产权质押融资在有些人看来自然面临着很大的风险性。据统计，60%以上的中小型科技企业的信用等级都在3B或者3B以下，这与银行对信贷客户的要求显然有很大的差距，从这个意义上讲，商业银行回避知识产权质押融问题，就是非常正常的了。

而对中小型科技企业来说，阻碍他们发展的最重要的原因可能就是资金问题，而且，他们对资金的需求比起大型企业更加迫切，但是由于缺乏足够的有形资产，从而在贷款融资方面受到了很大的限制。据统计，在北京30多万家中小企业中，拥有知识产权等无形资产的优质科技型中小企业就有6万余家，其中，有迫切资金需求的占其中的2/3，约有4万余家，融资需求总额达到800亿元。而事实上，每年获得北京市知识产权局授权的新增专利中，只有20%左右的企业获得融资，且这些融资大都是来自自筹资金，少部分企业能够得到政府相关资金支持，而从商业银行获得银行贷款的企业却少之又少。因为大多数中小型高新技术企业很难找到符合商业银行要求的有形资产作为抵押品来办理抵押或者质押贷款，从而高新技

术企业自然就会希望通过自己拥有的无形资产来获得银行的资金支持。

而就目前国内的知识产权融资的发展状况与整体环境来讲，要解决的首要关键问题，是要打破固有观念，加深知识产权质押融资这一新途径的影响，让银行对知识产权质押融资的接受程度进一步提高，这是解决中小企业融资难这个问题中极为重要的一步。

### 11.2.2 加强知识产权质押融资服务体系的整体建设

（1）加强中小企业知识产权建设

在知识经济时代，企业的竞争不再是过去土地、资本等生产要素的竞争，技术竞争成为企业竞争中最重要的要素。由于知识产权具有创新性、可转化性以及市场潜力较大的特点，所以具备开展知识产权质押融资的前提和基础。现阶段，提升与发展中小企业的自主创新能力成了企业摆脱竞争不利地位的有效途径。所以，中小企业只有加强自身的知识产权建设，更好地利用知识产权质押融资，进一步提高自主创新能力，才能使企业得到持续发展。同时，企业拥有了自己的知识产权，又可以积极加入到科学技术的传播中来，这样既可以保护创新主体的利益，又有利于增强企业自身的创新能力与核心竞争力，为我国社会经济的持续发展提供保障，注入动力。

为了提高企业的竞争力，中小企业要做的一项重要工作，就是要不断重视知识产权建设和开发工作，可以建立专门的部门，加大资金投入，加强知识产权的开发、积累、保护和使用。对现有的品牌、商标、商业机密、发明专利等知识产权，需要进行完整的清理整顿，充分发掘和有效利用现有的知识产权成果，使其发挥最大的功效，并培训与委派专业人员对其进行后续的管理。将工作重点放在知识产权开发与自主创新的发展上，运用日渐成熟的法律法规，对专利技术、品牌标志等知识产权进行合法垄断，这样不仅可以保护自己的科研成果不被窃取，也可以为企业获取更大的经济利润，发展壮大经济实力。

中小企业应该从战略高度充分利用自身的知识产权资源，在进行科研立项、开发新技术新产品及申请专利的过程中，都应实时地关注与自身业务相关的知识产权信息，收集竞争对手知识产权开发相关信息，确定合作伙伴或者通过技术交易来获得需要的知识产权，有效地进行企业的知识产权建设决策。

同时，企业还要注重知识产权相关人员的激励工作，以理顺知识产权的开发，完成企业、知识产权的使用单位与国家之间的产权关系。尤其现阶段，公司法、专利法、技术合同法以及成果转化法中，都明确规定了知识产权成果的持有人或转化获益人对成果发明人的奖励办法和奖励额度，而且知识产权可以作为技术入股来参与企业的股权投资活动，相关权利人可以以知识产权作为无形资产投资入股。但在现实操作中，知识产权相关人员的机理以及技术入股等，尚存在一定的操作上的困难，比如技术如何评估定价、无形资产和有形资产之间如何划分股权比例、所占比例是否合理等问题，有时很难体现和解决知识产权持有人和企业、其他股东等之间的利益均衡问题，这些都是中小企业在知识产权的建设中值得重视的问题，需要深入研究、讨论、解决。

（2）建立有效的知识产权价值评估体系

知识产权成果产业化的顺利实现过程中，知识产权资产价值评估是最关键的一环。只有明确知识产权的价值，才能实现知识产权的合理交易、合理的投资入股，使得知识产权的买卖双方都能达到合理的预期。一方面，如果要开展知识产权质押融资业务，就必须对知识产权的价值进行相应的评估；另一方面，只有对知识产权进行了合理的价值评估，才能使其更好地形成市场要素，更好地推进市场对知识产权进行资源优化配置，也可以加大无形资产交易、转让市场的规范性，使得无形资产的产权制度更加清晰、流畅。

目前，国外关于知识产权价值评估的方式主要有两类：第一类，针对特定的项目，当事人双方进行的博弈性知识产权价值评估。这种类型的价值评估中，当事人双方都会从自身的角度出发对知识产权的价值做出评估报告，根据自身的评估结果，双方进行谈判争论，最后共同对所涉及的知识产权做出双方都能接受的价值评估结果。在这种形式的评估中，当事人双方可以利用企业内部自身的熟悉相关技术和市场的专业技术人员、财务人员进行价值评估，同时也往往会委托专业的评估机构进行一些辅助性的检索、分析等工作。第二类，由第三方的专业评估机构对知识产权进行价值评估，专业评估机构的服务对象可以是政府部门、企业、银行、证券公司、投资银行等。这种类型的评估，往往是用于质押贷款、税收减免、捐赠等特定的项目。

（3）建立有效的知识产权交易市场

知识产权的运用有多种方式。其中较为传统的运用方式，是在中小企业持有知识产权后，通过多种方式的运用来获得收益。比如，通过许可等方式完成的知识产权使用权的转让，从中获取知识产权的转让收益；再比如，将知识产权作为资本进行出资入股合作，与其他投资者一起共同组建企业，运用知识产权进行产品的生产经营活动，即通过知识产权投资来获得投资收益。在知识产权投资的运用中，知识产权的持有者在企业中拥有一定的股份比例，并将知识产权产业化运营，通过知识产权的大规模商业化运作获得收益，形成经济生产中的产业化效应。而知识产权质押融资，则是将知识产权以无形资产的形式向银行、保险公司或者其他金融机构进行质押，获得相应的贷款，从而实现知识产权商品化。实际上，只有拥有较为完善的知识产权交易市场，知识产权的流动性才能得到加强，从而知识产权质押融资的风险也才能降低，这将对知识产权质押融资业务的开展起到积极的推动作用。

（4）完善知识产权登记制度

目前，在知识产权的质权设定方面，规定了几个不同的登记机关。比如，专利权出质的登记机关为国家知识产权局，商标专用权出质的登记机关为国家工商行政管理局商标局，而植物新品种权出质的登记机关为国务院农业、林业行政部门，著作权出质的登记机关为国家版权局，商号权出质的登记机关为工商行政管理部门，等等。若知识产权的出质人要将两项或者两项以上的知识产权进行共同出质，则相关登记机关就变得更为复杂，手续上也变得烦琐很多。各个登记机关在登记程序与登记内容的要求上各有不同，而登记期限和登记费用的规定也各不相同。所以，要想设立质权，知识产权拥有者必须具备大量的法律专业知识，且办理过程中也需要花费很多的时间。不难看出，这种登记制度会加大质权设立的成本，相应地降低了工作效率，阻碍了知识产权事业的产业化发展。那么当务之急要做的工作，首先应设立统一的知识产权登记机关与登记程序，制定合理的收费标准，以方便出质人和贷款银行之间进行质押登记。只有这样，才能顺应知识产权事业的产业化发展大趋势，降低成本，提高效率，维护债权安全。

### 11.2.3　完善我国知识产权质押的立法建议

（1）扩大知识产权质押标的范围

支配知识产权的价值从而保证债权的清偿，这是将知识产权质押的目的，因此为了充分利用知识产权的价值，就需要拓宽知识产权质押标的。符合设置要求的知识产权大量存在于现实生活中，若不将其纳入质押标的范畴内，不将其利用价值最大化来增进持有人的利益，乃至增加全社会的整体利益，就是对有限的社会资源的利益造成的浪费。

知识产权设质的标的范围也应该具有开放性。只要符合设质要件的各项知识产权，当事人均可对其设质。目前，从各国立法规定的情况来看，要成为权利质权的标的，需具备三个条件：①须为财产权，②须为可让与的财产权，③须为适于设质的财产权。作为权利质押的一种，知识产权质押标的的适用条件应遵循权利质押的相关规定。为了适应社会经济发展的需要，应运而生的相对较为合理的规定是，凡是具备了知识产权质押标的条件的权利，都可以被纳入知识产权质权标的范围。

就目前中国的现实情况而言，除了专利权、商标权和著作权外，在知识产权立法中，还应当明确规定出版权、集成电路布图设计权、邻接权、商业秘密权和植物新品种权等，均可作为质押的标的。这样做，一方面有利于我国在知识产权质押制度方面的做法与国际接轨；另一方面也能更好地促进国民经济的发展，促进社会科技成果的应用转化。

（2）明确出质人实施出质知识产权的权利

从设立质押权的目的来看，只要出质人能以一定方式满足债权人的清偿需求，就应当受到法律的支持。所以鼓励出质人将知识产权出质融资，体现出现代民法注重财产用益价值的理念。

通过各种方式鼓励出质人在出质期间实施出质知识产权，一方面，可以充分发挥知识产权的用益价值，更好地促进社会资产的快速流转；另一方面，也能使得债权人的权益得到提前的满足，在一定程度上可以降低市场交易风险。除此之外，有些知识产权，比如商标权，必须在经营中连续使用，否则，将有遭到注销的可能性。因此，准许出质人实施出质商标权，也是对商标权连续利用的方式之一，可以极大限度地发挥知识产权质权的社会作用，形成一种理想的担保形态。

（3）规定知识产权最高额质押

对债权人的一定范围内的不特定而连续发生的债权预定一个最高限额，并由债务人或第三人提供质物予以担保而设定的特殊质权，称为最高额质押。现阶段的现代市场经济社会中，各个生产经营者之间的关系大都不是一次性的交易关系，而是连续性的交易。例如，商品生产经营者与银行间的借贷关系，以及批发商与零售商之间的关系等。在这种连续交易环境下，如果每次交易都需要设定一个担保，是非常烦琐的，程序复杂并且也提高了相互之间的交易成本，也不利于当事人之间由长期交易所产生的相互信任程度。目前，最高额抵押权的设定已经被各国广泛立法采用，同时适用于最高额质权的设定。最高额质押在知识产权质押领域是即可能且可行的，在立法上应给予明确的规定。

（4）规定知识产权质权人的转质权

转质分为两类，即为承诺转质和为责任转质。其中承诺转质是指质权人在质权存续期间，必须经过出质人的同意，才能再向第三人设定质押的转质。而责任转质则无须经过出质人的同意就可转质，但是，质权人应承担其转质行为给出质人所带来的相应损失。

在知识产权的相关问题上，因为承诺转质和责任转质都属于质权的再设定，在性质上没有不同，区别仅仅存在于质权人的责任和转质权的效力上，因此，从这个角度来说，这两种类型的转质都是可以的。承诺转质的转质人要对转制后的质物所可能发生的损害负有过失赔偿责任，且转质的效力不以原质权的担保范围为限；而责任转质的质权人对转质后的质物因不可抗力所发生的损失要承担赔偿责任，并且，需要注意的是，转质的效力仅以原质权担保范围为限。由此，在立法中，只要能明确规定责任转质，知识产权的质权人便可以以其责任进行转质，并与转质权人一起向登记机关办理质押登记。

（5）知识产权质押设置时应为登记对抗主义

如果法律规定每次质押交易都必须履行登记手续，那是不现实也是不经济的。知识产权作为知识产权人的一项私有财产，知识产权人有权在法定的范围内对其进行处分。至于是否每次进行登记，知识产权人会根据具体情况，从自身利益情况出发，做出自己最合理的选择。登记对抗主义既注重交易的便捷性，也未扰乱交易秩序，也没有对交易安全产生不良影响。从交易安全的角度，登记对抗主义虽然使部分信息未公开，但是主张未办理登记的前一知识产权质押行为对后购者或在后的质押债权人无效。这保障了后购者（第三人）的利益，即使后购者在交易前不了解交易客体的情况，其自身利益也不会受到损害。因为前一质押行为对后购者并不具有效力，他仍然可以要求交易方履行应尽的义务。而即使知识产权人将已出质的知识产权再质押或转让的情况发生，第三人事前知晓或事后得知质押的情况也不会增加交易成本。所以，登记对抗主义在实现鼓励交易的同时并未影响交易安全。综上所述，从提高知识产权质权设定的效率，促进质权的设定，优化利用社会资源的角度，建议以登记对抗主义代替登记生效主义。

## 11.2.4 引导银行形成知识产权质押贷款的合力

一方面，需要地方政府和中央银行发挥其组织和推动作用，制定《融资指引》等相关配套政策，支持科技型中小企业积极转化专利技术成果，通过各种形式的融资来解决中小企业的资金瓶颈问题；另一方面，各级政府和中央银行要积极引导商业银行转变对知识产权质押融资的认识和态度，逐步制定和完善知识产权质押贷款业务管理办法，并对商业银行开办知识产权质押融资的创新业务进行积极的窗口指导，在重视风险控制的前提下，扩大知识产权质押融资业务规模，加大知识产权质押贷款的发放力度。

对商业银行自身来说，则需要对知识产权质押贷款的本质进行深入研究，培养专业化的知识产权质押融资业务专业人才，认真详细地分析研究贷款推广的可行性，制定更符合知识产权质押贷款特点、更符合实际需要的审贷程序，通过标准化的操作流程和高水平的业务人员，降低开展知识产权质押融资业务所带来的风险，从诸多信贷申请中严格筛选出符合国家产业政策、技术含量高且具有广阔市场前景、企业经营风险相对较小的知识产权质押融资项目。在具体的贷款前期审批环节中，一方面依赖银行内部的专业人才的力量；另一方面也可以广泛借助于外部独立的第三方机构的专业能力，包括征信公司、评估机构等。可以委托征信公司来对备选知识产权拥有人进行信用评价，由专业评估机构对知识产权的价值进行合理评估，等等。其中，知识产权拥有人信用评价内容涉及：企业产权结构状况、企业的历史信誉状况、企业经营者个人信用情况、企业经营者的经营能力、企业整体经营风险状况等，这些都是金融机构进行审贷决策所必不可少的依据。

### 11.2.5 完善风险管理系统

金融机构通过建立完备的风险防御体系，创新风险防御模式，将消极防范转变为积极应对，以此来降低风险。根据知识产权质押融资的不同阶段，金融机构应对知识产权质押融资风险策略分为两种机制：事前风险防范与事后风险预警及风险分担。

1）建立健全事前风险防范机制

（1）加强与知识产权管理机构的合作，与企业之间建立信息对称的直接关系

一方面，知识产权管理机构应指导金融机构，根据知识产权特点，制定相适应的知识产权质押融资政策；另一方面，从金融机构的角度来看，也应积极与当地知识产权管理机构进行合作，因为管理机构对其管辖范围内的知识产权项目比较了解，对知识产权的权利状态、市场开发、项目前景、自主创新程度等情况掌握较为全面。

因此，金融机构要及时把握融资企业知识产权项目的前景及权利状态，就必须与各地知识产权管理机构密切合作。

（2）制定严格的标准，提高知识产权质押融资的准入条件

要降低融资审查的成本，最大限度地避免社会资源浪费，就要设立较高的准入条件，对有意愿进行知识产权融资的企业进行严格审查，把一些有不良记录或资信较差的知识产权项目排除在外。而同时，对那些历史资信好、风险低的知识产权质押企业，在融资手续和融资服务方面，要给予更人性化、更便捷的操作性规定。比如对一些优质的知识产权质押融资项目，可以降低其基准利率；对经过审查的优质企业，建立知识产权质押融资的专门服务通道；在融资额度和期限方面，向优质知识产权质押融资项目倾斜，等等，以充分发挥知识产权权利人融资的积极性。

（3）建立健全知识产权质押风险评价体系

金融机构内部要建立自创的应对知识产权质押融资风险评价体系，来弥补目前知识产权融资外部社会环境支持不足的社会现状。知识产权质押融资项目的风险体系包括多个方面的内容，如知识产权项目现行运作情况考察、知识产权项目权属关系调查运用与在先权利冲突的风险预测、可行性市场前景预测、知识产权项目的资产价值评估等方面。

首先要对知识产权权属企业的运行状况进行了解，知识产权项目现行运作情况考察具体包括企业的经营状况、产品的生产过程以及是否符合低碳经济的要求、企业的管理团队、对环境产生消极作用等。

其次要对知识产权融资项目的可行性进行市场预测，可行性市场前景预测具体包括知识产权项目自身的创新程度、产品的市场需求调查等。

最后也要开展知识产权项目权属关系的调查。具体的调查内容包括知识产权权利归属及其变更登记情况、知识产权的许可使用状态、年费缴纳情况，以及是否涉及权属争议、侵权纠纷等。

与在先权利冲突的风险检测是指运用检索系统对知识产权相关的文献进行检索，以合理的确定知识产权相关的冲突风险。这种检测的范围不仅仅局限于同类的知识产权文献，例如对商标的检索范围，就不应仅仅局限于已经注册的商标，还要对已经发表的相关美术作品进行检索。通过检

索，可以降低因在先权利冲突引发的知识产权被撤销而带来的融资风险，因此，需尽可能地查找出与知识产权项目相近的在先权利，对比其产生冲突的可能性。

一般而言，在对知识产权项目的资产价值进行评估时，往往是从知识产权的法律因素、技术因素和经济因素三个方面展开。其中法律因素包括权利属性及权利限制、具体类别、以往许可和转让的情况、权利的法律状态及剩余法定保护期限等方面，而技术因素包括技术的替代性、创新性、实用性、成熟度、先进性等方面，而对经济因素的分析可以从该项目的许可费、获利能力、交易价格等方面展开。

2009 年 7 月 1 日，由中国资产评估协会制定的《专利资产评估指导意见》和《资产评估准则——无形资产》正式发布实施，这两个办法的制定和颁布，为金融机构、评估机构和知识产权权属企业对知识产权项目的价值评估提供了指导意见和方法参考。

对知识产权质押融资风险的评价，一般都需要委托具备一定资质的相关专业机构来进行，专业机构在进行评价之后提出调查报告，金融机构根据调查报告，结合自身的专业经验，来对备选的知识产权质押融资项目风险做出综合的评价。风险评价工作是知识产权质押融资业务过程中非常重要的环节，评价工作做得越细致，评价标准和评价体系越完善，就越能得到客观真实的风险评价结果。从而低风险的知识产权融资项目，可以进入质押融资业务的下一个环节；而那些高风险的知识产权项目，金融机构则要做出谨慎决策，不予融资，或者降低其质押融资额度，并缩短融资的期限，以有效地回避自身风险。

（4）培养专业化的知识产权质押融资服务金融人才，并制定完善业务操作规程

金融机构应该有意识地培养知识产权金融服务专业人才，并提高金融服务人才的知识产权质押融资风险意识，制定并完善标准化的知识产权质押融资业务操作流程。这样，一方面，可以更好地提高知识产权质押融资业务的服务水平，提高金融机构和贷款企业的工作效率；另一方面，专业人才的培养和规范化的流程的制定，也可以有效地降低知识产权质押融资

的风险水平，降低知识产权质押融资过程中实际风险的发生率。2010 年，北京银行为了开拓知识产权质押融资业务，专门建立了文化创意融资"绿色通道"，并与北京大学文化产业研究院进行合作，对全行 200 余名客户经理开展了专门的文化创意专项培训，加深了业务人员对相关知识产权的了解，为文化创意融资的金融服务储备专门的业务人才，取得了良好的效果。

2）制定合理的事后风险预警及分担机制

（1）融资发放后要对融资企业进行动态的监控，建立风险动态预警制度

在融资业务发生之后，对融资企业的动态监控是十分重要的。由于知识产权本身的属性问题，以及中小型企业自身的经营风险问题，知识产权融资风险是会实时发生变化的。因此，虽然在融资发生前已经对相关的风险进行了详细的评价和分析，但是在事后仍需实时监控融资企业的风险情况，以便对风险的变化做出及时的应对。一方面，对质押融资的知识产权在法律属性、市场动态及市场前景等方面情况，金融机构应当随时进行密切的关注；另一方面，要对融资企业的经营情况进行实时的关注。实际上融资企业的经营情况陷入困境，才是知识产权融资风险发生的最直接原因。当发现融资企业出现不利于债务偿还的情形时，金融机构应当及时做出应对，例如可以要求融资企业提供其他资产担保，甚至当风险情节很严重时，金融机构可以解除知识产权质押融资业务合同。因此，风险动态预警机制的建立是非常重要的。知识产权质押融资业务的事后风险动态预警机制包括以下四个方面的内容。

第一，在融资企业对质押的知识产权进行许可使用时，融资企业应当按照之前的合同约定，在相应的时限内将相关信息提交给金融机构，并将许可使用合同向金融机构进行报备，这样金融机构才能及时了解知识产权的使用状况，做到心中有数。

第二，如果在质押的知识产权发生转让业务，融资企业必须与金融机构进行沟通协商。未经金融机构的许可，在质押的知识产权不得转让。否则，金融机构有权利中止知识产权质押融资业务服务，要求融资企业提前

还本付息。如果对金融机构造成其他损失，也可以要求融资企业进行赔偿。

第三，如果在质押的知识产权出现权属争议和纠纷，融资企业应该与金融机构一起来积极解决纠纷。如果融资企业的知识产权所有权被撤销，则金融机构应要求融资企业对融资业务提供其他的担保，或者要求企业提前还本付息结束融资业务，从而保障金融机构的权利。

第四，在融资期间，金融机构应该定期或者不定期地派出专业的知识产权金融服务人员，对融资企业的实际经营状况以及融资资金的使用情况进行调查和考察，最好能对企业每月的报表进行审查，获取实时的企业经营状况数据信息，以对企业的经营风险进行正确的评价。如果企业资金使用状况不当，或者企业经营出现不景气状况，金融机构应做出实时的应对策略，可以要求企业提供其他的担保物，也可以要求企业提前偿还本息。

（2）建立合理的事后风险多方分担机制

知识产权质押融资的事后风险分担机制，是指如果融资企业到期未能按时清偿到期债务时，金融机构应当通过相应的策略、通过多种途径来对知识产权质押所产生的信贷风险进行分担。风险分担机制的基本思路包括风险分担主体多元化和风险分担的财产多元化两个方面。

第一，风险分担的主体多元化。知识产权质押融资业务发生过程中，涉及的主体很多，除了资金需求方中小型企业和资金供应方金融机构之外，还有评估机构、担保机构、政府相关部门等多方参与者。如果能建立合理的风险分担机制，让参与各方共同承担融资风险，就可以在很大程度上分散金融机构的风险承担水平，也促进金融机构开展知识产权质押融资业务的积极性。从另一个角度来说，金融机构积极性的提高，又反过来能推进知识产权质押融资业务的开展，增加各个评估机构、担保机构和其他中介机构的业务量。

知识产权质押融资风险的多方分担机制的建立，还可以进一步督促各个评估机构、担保机构和其他中介机构提高业务水平，认真履行职责，从而有效地避免因为中介机构的过错而提高知识产权质押融资的风险水平。对评估机构的风险责任承担，也要有明确的界定，不宜为评估机构设置过高的责任，以是否有过错和公平责任为原则，以保护评估机构参与知识产权风险评估的积极性。因为，在快速变化的市场环境下，知识产权的价值确实随时在发生动态的变化，评估机构不应该成为金融机构转嫁风险的"替罪羊"。

第二，风险分担的财产多元化。由于知识产权的自身特点，在贷款企业经营发生困境时，知识产权的价值可能发生急剧的下降，从而确实不能保障融资企业到期清偿债务。因此，最好能在知识产权融资业务发生时，或者在融资企业的经营状况出现不景气时，金融机构可以要求融资企业能在一定程度上扩大财产担保范围，或者实现担保主体的多元化，这样当融资企业确实出现危机时，金融机构的风险能够得到有效的控制。

## 11.3  本章小结

结合本课题的研究，提出了建立知识产权质押融资第三方风险监控服务平台的设想，从第三方视角对知识产权融资风险进行动态的监控管理，并建立知识产权质押融资风险共担机制，从而有效地降低和分担参与各方所承担的相关风险。在本书中针对知识产权知识产权质押融资第三方风险监控服务平台的框架结构、功能、建设模式和运营机制进行了探讨。此外，还从人们对知识产权质押融资的观念、服务体系的建设、相关立法建设、银行的接受程度和风险管理体系建设五个方面，对促进我国知识产权质押融资业务的发展提出了相关的建议。

# 第十二章 结论

本书基于我国知识产权质押融资业务发展的实践，针对相关的理论问题进行了研究。主要在开展知识产权质押融资业务时存在的障碍、影响因素与运营机理、运营模式与合作机制、风险评价与动态监控等方面取得了以下研究成果。

## 12.1 知识产权质押融资业务现状及存在的障碍

①作为解决科技型中小企业融资难问题的一个有效办法，知识产权质押融资业务在过去的五年中受到了理论和实务界的广泛关注。

②尽管政府推进该项业务的积极性很高，但是实际业务的开展却不太乐观。除了知识产权本身作为质押品所存在的缺陷之外，在作为资金需求方的科技型中小企业方面、作为资金供应方的金融机构方面以及作为相关中介市场方面都存在一定的障碍。从作为资金需求方的创新型中小企业来说，影响知识产权融资业务开展的障碍包括：对知识产权法规以及可能带来的潜在利益冲突认识不足；企业的知识产权战略管理能力不足；知识产权申请和维护的费用过高等。中介市场方面存在的障碍，实际上就是指知识产权融资过程中产生的交易成本，交易成本越高，就越会影响到知识产权融资业务的开展，这种障碍主要是知识产权的估值困难问题。作为资金供应方的金融机构方面，往往缺少很有经验的知识产权专家，从而难以开展信用评价、专利处置，也无法判断科技型企业的商业模式以及其知识产权资产的风险。因此，从资金需求方、中介市场和资金供应方三个方面都应该制定相关的政策支持来推动知识产权融资业务的开展。

## 12.2　知识产权质押融资业务的影响因素与运行机理

①基于问卷调查的方法获取中小企业知识产权质押融资业务相关数据，对影响知识产权质押融资业务开展的内部因素和外部因素进行了系统分析，研究结果表明：外部因素是推动知识产权质押融资业务发展的主要推动因素。其中，政府部门的影响最大，其次是银行机构，最后是中介机构；与外部因素的影响相比，中小企业内部因素对知识产权质押融资业务的推动作用相对较小；而中小企业知识产权的管理情况也是制约该业务发展的一个重要因素。

②运用系统动力学原理，可以构建涉及知识产权、融资企业、金融机构、法律机构、评估机构、担保机构六方面融资参与主体之间关系的系统动力学模型。并通过模拟其中的动态影响模式来揭示融资过程中的内在机理和反馈关系。

## 12.3　知识产权质押融资的基本模式与创新

①国内知识产权质押融资的典型模式包括政府行政命令模式、政府主导模式、政府引导下的市场化模式、市场化主导模式四种。基于本书的研究，提出了一种基于第三方风险监控服务平台的知识产权质押融资模式来进行风险的动态管理，并提出了该模式的建设方案和运营方式。

②结合第三方风险监控平台的特点，可以分两个阶段来建立参与知识产权质押融资参与各方的合作机制。第一阶段，分析知识产权质押融资第三方平台与金融机构之间的合作机制，综合运用演化博弈、收益矩阵和复制动态方程的理论和方法，分析其合作机制，探究演化博弈的均衡策略，同时研究了放贷量、利差率、监督和合作成本等因素对收益分配的影响程度，然后确定第三方平台与金融机构之间最佳的合作收益分配系数。第二阶段，可以运用合作博弈理论来建立质押融资第三方平台内部各参与方之间的收益共享机制，解决知识产权质押融资第三方平台参与方间收益分配问题。

# 附件一 知识产权质押融资现状与意愿问卷调查

## ——面向科技型中小企业

调查对象：科技型中小企业。

您好，首先感谢您作为贵公司代表能抽出宝贵的时间参与我们的问卷调研活动。本次调研活动的目标是与有关政府部门、银行和科技型中小企业一起来探寻影响知识产权质押融资的影响因素，并提出合理的解决建议。感谢您的积极配合！

您填写好问卷后，请发送到邮箱：innofinance@163.com。

谢谢您。

### 第1-1部分 企业基本财务情况

1-1-1. 贵公司成立的时间有多长？（  ）

A. 1 年之内　　　B. 1~2 年　　　C. 2~3 年　　　D. 3 年以上

1-1-2. 贵公司的资产规模是（  ）。

A. 50 万元以下　　　B. 50 万~200 万元　　　C. 200 万~1000 万元

D. 1000 万~5000 万元　　E. 5000 万元以上

1-1-3. 贵公司的负债规模是（  ）。

A. 10 万元以下　　　B. 10 万~50 万元　　　C. 50 万~200 万元

D. 200 万~1000 万元 E. 1000 万元以上

1-1-4. 贵公司的资产负债率水平大约为（  ）。

A. 基本没有负债　　B. 30% 以下　　　　　C. 30% ~50%

D. 50% ~65%　　　　E. 65% 以上

1-1-5. 过去一年或几年中贵公司的收入增长速度如何？（　　）

A. 年增长速度不超过 20%　　　　　　B. 年增长速度 20%～40%

C. 年增长速度 40%～70%　　　　　　D. 年增长速度 70%～100%

E. 年增长速度 100% 以上

1-1-6. 过去一年或几年中贵公司的净资产增长率是多少？（　　）

A. 年净资产增长率不超过 20%　　　　B. 年净资产增长率 20%～40%

C. 年净资产增长率 40%～70%　　　　D. 年净资产增长率 70%～100%

E. 年净资产增长率 100% 以上

1-1-7. 贵公司知识产权转化收入在总收入中的占比是（　　）。

A. 低于 10%　　　　B. 10%～20%　　　　C. 20%～30%

D. 30%～50%　　　　E. 50% 以上

1-1-8. 贵公司研发投入在总收入中的占比是（　　）。

A. 低于 1%　　　　B. 1%～5%　　　　C. 5%～10%

D. 10%～20%　　　　E. 20% 以上


**第1-2部分　企业知识产权管理情况**

1-2-1. 您认为知识产权对贵公司的重要程度是（　　）。

A. 极端重要　　　　B. 很重要　　　　C. 比较重要

D. 一般　　　　　　E. 不重要

1-2-2. 您认为贵公司内部知识产权的管理水平（　　）。

A. 很好　　　B. 较好　　　C. 一般　　　D. 较差

1-2-3. 贵公司拥有知识产权（或专利）的数量是（　　）。

A. 无　　　　　　B. 1～5 个　　　　C. 6～20 个

D. 21～50 个　　　E. 50 个以上


**第1-3部分　企业人力资源情况**

1-3-1. 贵公司高管中有海外学习或工作背景的人数为（　　）。

A. 无　　　　　　B. 1 人　　　　C. 2 人

D. 3 人　　　　　E. 4 人及以上

1-3-2. 贵公司高管中有硕士及以上学历人数为（　　　）。

A. 无　　　　　　　B. 1 人　　　　　　　C. 2 人

D. 3 人　　　　　　E. 4 人及以上

1-3-3. 贵公司本科以上学历人员在员工中占比为（　　　）。

A. 20% 以下　　　B. 20%～50%　　　C. 50%～80%　　　D. 80% 以上

## 第 1-4 部分　企业对知识产权质押融资的认知情况

1-4-1. 贵公司已经采用过的融资方式包括（　　　）。

A. 自有资金投资　　B. 亲朋好友借款　　C. 亲朋好友投资入股

D. 风险投资　　　　E. 银行贷款（不包括知识产权质押贷款）

F. 知识产权（专利）质押贷款　　　　G. 小额信贷

H. 其他（请列出_____）

1-4-2. 您对知识产权质押贷款业务的了解程度是（　　　）。

A. 非常熟悉　　　B. 有一定的了解　　　C. 不了解　　　D. 没听说过

1-4-3. 贵公司是否愿意进行知识产权质押融资。（　　　）

A. 已经展开　　　　B. 有意愿但尚未开展

C. 观望中　　　　　D. 近期不考虑

1-4-4. 贵公司申请过知识产权质押贷款的总次数为（　　　）。

A. 0 次　　　　　　B. 1 次　　　　　　C. 2～3 次

D. 4～5 次　　　　E. 6 次及以上

1-4-5. 贵公司获批知识产权质押贷款的总次数为（　　　）。

A. 0 次　　　　　　B. 1 次　　　　　　C. 2～3 次

D. 4～5 次　　　　E. 6 次及以上

1-4-6. 贵公司对银行知识产权质押贷款质押率的期望是（　　　）。

A. 30% 左右　　　B. 40%～50%　　　C. 40%～60%

D. 60%～80%　　　E. 80% 以上　　　F. 不了解

1-4-7. 您认为您拥有的以下哪些知识产权可以作为质押融资的标的？［注：分值从 5 到 1 代表可能性从最高到最低，矩阵题］

| 知识产权项目 | 可能性 | | | | |
|---|---|---|---|---|---|
| | 5 | 4 | 3 | 2 | 1 |
| 发明专利 | | | | | |
| 商标权、著作权 | | | | | |
| 外观设计 | | | | | |
| 实用新型 | | | | | |
| 计算机软件 | | | | | |
| 集成电路布图设计 | | | | | |
| 非专利技术 | | | | | |
| 商业秘密 | | | | | |

1-4-8. 对知识产权质押融资未来发展前景的观点是（　　　）。

A. 十分看好　　　　B. 比较看好　　　　C. 一般

D. 不看好　　　　　F. 不了解

## 第1-5部分　外在因素对科技型中小企业知识产权质押融资的影响

1-5-1. 在知识产权质押融资中，贷款银行对开展知识产权质押融资的态度如何？（　　　）

A. 十分积极　　　　B. 比较积极　　　　C. 一般

D. 不太积极　　　　E. 不了解

1-5-2. 以下哪些风险阻碍了银行开展知识产权质押业务，分值从5到1分别表示影响程度从大到小。［矩阵题］

| 影响因素 | 关注程度 | | | | |
|---|---|---|---|---|---|
| | 5 | 4 | 3 | 2 | 1 |
| 知识产权质押标的的处置风险 | | | | | |
| 知识产权质押标的价值评估风险 | | | | | |
| 科技型中小企业的经营风险 | | | | | |
| 第三方中介风险 | | | | | |
| 法律风险 | | | | | |
| 宏观经济风险 | | | | | |

1－5－3. 贵公司的知识产权质押贷款的评估费用、担保费用等中介成本的状况。（　　）

A. 很高 　　　　　　B. 较高 　　　　　　C. 一般

D. 很低 　　　　　　E. 不了解

1－5－4. 您知道政府部门有知识产权（专利）质押贷款的相关优惠和补贴政策吗？（　　）

A. 知道 　　　　　　B. 听说过 　　　　　　C. 不知道

1－5－5. 您认为是否有必要成立一个知识产权质押融资第三方融资服务平台。（　　）

A. 是 　　　　　　B. 否

1－5－6. 您认为知识产权质押融资第三方融资服务平台应该是什么性质的？（　　）

A. 政府行政管理平台 　　　　　　B. 政府控股型企业化运营平台

C. 政府引导性企业化运营平台 　　D. 纯企业化运营平台

E. 都可以

1－5－7. 您对外部主体服务情况的整体评价如何？［矩阵题］

| 外部服务主体情况 | 重要性程度 | | | | |
| --- | --- | --- | --- | --- | --- |
| | 满意 | 较好 | 一般 | 较差 | 很差 |
| 银行知识产权质押融资的贷款流程简捷性 | | | | | |
| 企业对知识产权的法律制度的满意度 | | | | | |
| 政府对企业进行知识产权质押融资的优惠政策的有效性 | | | | | |
| 企业对知识产权评估机构的评估能力的满意度 | | | | | |

**第 1－6 部分　知识产权质押融资整体状况评价**

1－6－1. 您认为在知识产权质押贷款过程中，以下问题产生影响的严重程度如何？［矩阵题］

| 影响因素 | 影响程度 | | | | |
|---|---|---|---|---|---|
| | 严重 | 较严重 | 一般 | 较轻 | 不存在 |
| 价值评估难 | | | | | |
| 缺乏有效的质权处置途径 | | | | | |
| 银行的信贷风险管理难 | | | | | |
| 有关法律法规不健全 | | | | | |
| 缺少中介机构的有效支持 | | | | | |
| 中小企业缺少对该业务的了解 | | | | | |
| 银行缺少放贷需求和动力 | | | | | |
| 银行缺乏相关专业人才 | | | | | |
| 政府对知识产权质押贷款优惠政策有效性不足 | | | | | |

1-6-2. 您认为以下措施对促进知识产权质押贷款业务的重要性程度如何？〔矩阵题〕

| 措施 | 重要性程度 | | | | |
|---|---|---|---|---|---|
| | 很高 | 较高 | 一般 | 较低 | 很低 |
| 政府有关部门加大对贷款中小企业的贴息力度 | | | | | |
| 政府有关部门和相关组织加大知识产权融资的宣传力度 | | | | | |
| 建立知识产权融资的一体化服务平台 | | | | | |
| 政府加大对担保机构和评估机构的支持 | | | | | |
| 政府加大专业人才的引进和培养扶持 | | | | | |
| 完善相关的法律制度 | | | | | |
| 提高银行和金融机构开展知识产权贷款业务的积极性 | | | | | |
| 探索和建立完善的知识产权质押融资风险分担和收益共享机制 | | | | | |

再次谢谢您！

# 附件二　知识产权质押融资现状及意愿问卷调查

## ——面向银行

调查对象：面向中小企业客户的银行信贷人员。

您好，我们是北京联合大学创新企业财务管理研究中心，首先感谢您能抽出宝贵的时间参与我们的问卷调研活动。本次调研活动的目标是与有关政府部门、银行和科技型中小企业一起来探寻影响知识产权质押贷款的影响因素，并提出合理的解决建议。感谢您的积极配合！

您填写好问卷后，请发送到邮箱：innofinance@163.com。

谢谢您。

### 第2-1部分　基本情况及对知识产权的认识情况

2-1-1. 您所在的单位属于（　　　）。

A. 四大国有银行　　　　　B. 股份制商业银行　　　　C. 其他

如果方便，请填写您所在银行的名称（　　　　　　　　　　　　　）。

2-1-2. 您对知识产权质押贷款业务的了解程度是（　　　）。

A. 非常熟悉　　B. 有一定的了解　　C. 不了解　　D. 没听说过

2-1-3. 您所在单位是否有意愿对科技型中小企业展开知识产权质押贷款？（　　　）

A. 已经展开　　B. 有意愿但尚未开展　　C. 观望中　　D. 没意愿

如果选择B、C、D请跳转到问题2-1-6。

2-1-4. 您所在单位开展知识产权质押贷款业务的年限是（　　　）。

A. 1年以内　　　B. 1~2年　　　C. 2~3年

D. 3 ~ 4 年　　　　E. 4 年以上

2 – 1 – 5. 您所在单位知识产权质押贷款的贷款利率为（　　　）。

A. 12% 以上　　　B. 10% ~ 12%　　　C. 8% ~ 10%

D. 6% ~ 8%　　　E. 4% ~ 6%　　　F. 4% 以下

2 – 1 – 6. 您所在单位知识产权质押贷款的质押率为（　　　）。

A. 30% 左右　　　B. 40% ~ 50%　　　C. 40% ~ 60%

D. 60% ~ 80%　　　E. 80% 以上

2 – 1 – 7. 您对知识产权质押贷款前景的看法是（　　　）。

A. 十分看好　　　B. 比较看好　　　C. 一般

D. 不太看好　　　E. 很不看好

### 第 2 – 2 部分　科技型中小企业的状况对知识产权质押贷款影响

2 – 2 – 1. 如果要开展知识产权质押贷款业务（或者您单位已经开展），请评价下列因素对决策的影响程度。[矩阵题]

| 影响因素 | 重要性程度 | | | | |
|---|---|---|---|---|---|
| | 很高 | 较高 | 一般 | 较低 | 很低 |
| 知识产权是否为科技型中小企业的核心技术 | | | | | |
| 科技型中小企业的知识产权的技术含量 | | | | | |
| 科技型中小企业的知识产权的可替代性 | | | | | |
| 科技型中小企业对所拥有的知识产权的依赖性 | | | | | |
| 科技型中小企业的技术研发能力 | | | | | |
| 企业历史及当前盈利状况 | | | | | |
| 企业的资产规模及市场地位现状 | | | | | |
| 企业的历史信用状况 | | | | | |
| 企业的现金流量状况 | | | | | |
| 企业的资产负债率现状 | | | | | |
| 企业家的品质与个人信用 | | | | | |

### 第 2-3 部分 中介服务机构对知识产权质押贷款影响

2-3-1. 如果要开展知识产权质押贷款业务（或者您单位已经开展），对以下中介服务平台的需求程度如何。[矩阵题]

| 中介服务平台类型 | 需求程度 | | | | |
|---|---|---|---|---|---|
| | 很高 | 较高 | 一般 | 较低 | 很低 |
| 风险动态监控管理 | | | | | |
| 交易服务 | | | | | |
| 企业信用评价 | | | | | |
| 信息交流 | | | | | |
| 咨询和培训服务 | | | | | |
| 风险相互担保 | | | | | |
| 价值评估服务 | | | | | |
| 违约后知识产权处置与交易 | | | | | |
| 企业知识产权融资代理 | | | | | |

2-3-2. 如果要开展知识产权质押贷款业务（或者您单位已经开展），目前与以下中介服务平台合作情况如何。[矩阵题]

| 中介服务平台类型 | 合作情况 | | | |
|---|---|---|---|---|
| | 已经展开 | 有意愿但尚未开展 | 观望中 | 没意愿 |
| 风险动态监控管理 | | | | |
| 交易服务 | | | | |
| 企业信用评价 | | | | |
| 信息交流 | | | | |
| 咨询和培训服务 | | | | |
| 风险相互担保 | | | | |
| 价值评估服务 | | | | |
| 违约后知识产权处置与交易 | | | | |
| 企业知识产权融资代理 | | | | |

### 第2－4部分 风险评价对知识产权质押贷款影响

2－4－1. 如果要开展知识产权质押贷款业务（或者您单位已经开展），对以下风险因素的关注程度如何。[矩阵题]

| 影响因素 | 关注程度 | | | | |
|---|---|---|---|---|---|
| | 很高 | 较高 | 一般 | 较低 | 很低 |
| 知识产权质押标的的处置风险 | | | | | |
| 知识产权质押标的价值评估风险 | | | | | |
| 出质企业的经营风险 | | | | | |
| 第三方中介风险 | | | | | |
| 法律风险 | | | | | |
| 宏观经济风险 | | | | | |

### 第2－5部分 其他因素对知识产权质押贷款影响

2－5－1. 您认为在知识产权质押贷款过程中，以下问题产生影响的严重程度如何？[矩阵题]

| 影响因素 | 影响程度 | | | | |
|---|---|---|---|---|---|
| | 严重 | 较严重 | 一般 | 较轻 | 不存在 |
| 价值评估难 | | | | | |
| 缺乏有效的质权处置途径 | | | | | |
| 银行的信贷风险管理难 | | | | | |
| 有关法律法规不健全 | | | | | |
| 缺少中介机构的有效支持 | | | | | |
| 中小企业缺少对该业务的了解 | | | | | |
| 银行缺少放贷需求和动力 | | | | | |
| 银行缺乏相关专业人才 | | | | | |
| 政府对知识产权质押贷款优惠政策有效性不足 | | | | | |

2-5-2. 您认为以下措施对促进知识产权质押贷款业务的重要性程度如何？[矩阵题]

| 措施 | 重要性程度 | | | | |
|---|---|---|---|---|---|
| | 很高 | 较高 | 一般 | 较低 | 很低 |
| 政府有关部门加大对贷款中小企业的贴息力度 | | | | | |
| 政府有关部门和相关组织加大知识产权融资的宣传力度 | | | | | |
| 建立知识产权融资的一体化服务平台 | | | | | |
| 政府加大对担保机构和评估机构的支持 | | | | | |
| 政府加大专业人才的引进和培养扶持 | | | | | |
| 完善相关的法律制度 | | | | | |
| 提高银行和金融机构开展知识产权贷款业务的积极性 | | | | | |
| 探索和建立完善的知识产权融资风险分担和收益共享机制 | | | | | |

再次谢谢您！

# 附件三　科技型中小企业知识产权质押影响因素问卷调查

调查对象：科技型中小企业。

您好，首先感谢您作为贵公司代表能抽出宝贵的时间参与我们的问卷调研活动。本次调研活动的目标是与有关政府部门、银行和科技型中小企业一起来探寻知识产权质押融资的影响因素，并提出合理的解决建议。感谢您的积极配合！

谢谢您。

## 第3-1部分　企业基本情况

3-1-1. 贵企业成立的时间有多长？（　　）[单选题，必答题]

A. 1年之内　　　　B. 1~3年　　　　C. 4~8年　　　　D. 8年以上

3-1-2. 贵企业的资产规模是（　　）。[单选题，必答题]

A. 50万元以下　　　　　B. 50万~200万元　　C. 200万~1000万元

D. 1000万~5000万元　　E. 5000万~1亿元　　F. 1亿元以上

3-1-3. 贵企业的资产负债率水平大约为（　　）。[单选题，必答题]

A. 基本没有负债　　　　B. 30%以下　　　　C. 30%~50%

D. 50%~65%　　　　　　E. 65%以上

3-1-4. 近三年，贵企业的收入增长速度如何？（　　）[单选题，必答题]

A. 年增长不超过10%　　　　　B. 年增长速度10%~20%

C. 年增长速度20%~40%　　　　D. 年增长速度40%~80%

E. 年增长速度80%以上

### 第3-2部分　企业知识产权管理情况

3-2-1. 您认为知识产权对贵企业的重要程度是（　　　）。［单选题，必答题］

　　A. 极端重要　　　　　　B. 很重要　　　　　C. 比较重要

　　D. 一般　　　　　　　　E. 不重要

3-2-2. 您认为贵企业内部知识产权的管理水平为（　　　）。［单选题，必答题］

　　A. 很好　　　　B. 较好　　　　C. 一般　　　　　D. 较差

3-2-3. 贵企业拥有知识产权（或专利）的数量是（　　　）。［单选题，必答题］

　　A. 无（跳转到3-2-7）　　　B. 1~5个　　　　C. 6~20个

　　D. 21~50个　　　　　　　E. 50个以上

3-2-4. 您认为贵企业知识产权的创新性和实用性如何？（　　　）［单选题］

　　A. 行业绝对领先　　　B. 行业前列　　　C. 高于行业水平

　　D. 行业一般水平　　　E. 低于行业水平

3-2-5. 您认为贵企业利用知识产权所开发的产品市场前景如何？（　　　）［单选题］

　　A. 很好　　　　B. 较好　　　　C. 一般　　　　　D. 较差

3-2-6. 您认为贵企业知识产权包含的技术水平如何？（　　　）［单选题］

　　A. 很好　　　　B. 较好　　　　C. 一般　　　　　D. 较差

3-2-7. 您认为贵企业的知识产权在未来几年中的可替代性风险如何（　　　）？［单选题］

　　A. 很难被替代　　　　B. 有一定的被替代风险

　　C. 不确定　　　　　　D. 很可能被新的技术替代

3-2-8. 贵企业研发投入在总收入中占比为（　　　）。［单选题，必答题］

　　A. 低于1%　　　　B. 1%~5%　　　C. 5%~10%

D. 10% ~20%　　　　　E. 20% 以上

3 - 2 - 9. 近三年，贵企业新产品销售收入占总销售收入的比例为（　　）。[单选题，必答题]

A. 0　　　　　B. 1% ~15%　　　　C. 16% ~30%

D. 31% ~50%　　　　　E. 50% 以上

### 第 3 -3 部分：公司人力资源情况

3 - 3 - 1. 贵公司本科以上学历人员在员工中占比为（　　）。[单选题，必答题]

A. 20% 以下　　B. 20% ~50%　　C. 50% ~80%　　D. 80% 以上

3 - 3 - 2. 贵公司高管中有硕士及以上学历人数为（　　）。[单选题，必答题]

A. 无　　　　　B. 1 人　　　　C. 2 人

D. 3 人　　　　　E. 4 人及以上

3 - 3 - 3. 贵公司高管中有海外学习或工作背景的人数为（　　）。[单选题，必答题]

A. 无　　　　　B. 1 人　　　　C. 2 人

D. 3 人　　　　　E. 4 人及以上

3 - 3 - 4. 贵公司高管平均任职年限是（　　）。[单选题，必答题]

A. 1 年以下　　　B. 1 ~3 年　　　C. 3 ~5 年　　　D. 5 年以上

3 - 3 - 5. 贵公司研发人员占员工人数的比例是（　　）。[单选题，必答题]

A. 5% 以下　　　　　B. 5% ~10%　　　　C. 10% ~25%

D. 25% ~40%　　　　　E. 40% 以上

### 第 3 -4 部分：企业对知识产权质押融资的认知情况

3 - 4 - 1. 贵公司已经采用过的融资方式包括（　　）。[多选题，必答题]

A. 自有资金投资　　　B. 亲朋好友借款　C. 亲朋好友投资入股

D. 风险投资　　　　　　E. 银行贷款（不包括知识产权质押贷款）

F. 知识产权（专利）质押贷款　　　　　G. 小额信贷

H. 其他

3－4－2. 您对知识产权质押融资业务的了解程度是？（　　）［单选题，必答题］

A. 非常熟悉　　B. 有一定的了解　　C. 不了解　　D. 没听说过

3－4－3. 贵公司是否愿意进行知识产权质押融资？（　　）［单选题，必答题］

A. 非常愿意　　　　B. 愿意　　　　C. 不太愿意　　　　D. 不愿意

3－4－4. 贵公司的知识产权是否可能用于质押融资？（　　）［单选题，必答题］

A. 可能　　　B. 不太可能　　　C. 不可能　　　　D. 没考虑过

3－4－5. 贵公司申请过知识产权质押贷款的总次数是（　　）。［单选题，必答题］

A. 0 次　　　　　　　B. 1 次　　　　　　　C. 2～3 次

D. 4～5 次　　　　　　E. 6 次及以上

3－4－6. 贵公司获批知识产权质押贷款的总次数是（　　）。［单选题，必答题］

A. 0 次　　　　　　　B. 1 次　　　　　　　C. 2～3 次

D. 4～5 次　　　　　　E. 6 次及以上

3－4－7. 您是否享受过知识产权质押融资相关补贴优惠政策？（　　）［单选题，必答题］

A. 是　　　　　　　　B. 否（跳转到 3－4－8）

3－4－8. 相关补贴优惠政策在多大程度上促进了贵企业知识产权质押融资业务的开展？（　　）［单选题］

A. 非常重要　　　　　B. 较重要　　　　　C. 一般

3－4－9. 您对知识产权质押融资未来发展前景的观点是（　　）。［单选题，必答题］

A. 十分看好　　　　　B. 比较看好　　　　C. 一般

D. 不看好　　　　　E. 不了解

3 - 4 - 10. 您认为以下风险对知识产权质押融资业务的影响程度如何？
[注：分值从 5 到 1 分别表示影响程度从大到小，矩阵单选题，必答题]

| | 5 | 4 | 3 | 2 | 1 |
|---|---|---|---|---|---|
| 知识产权质押标的的处置风险 | ○ | ○ | ○ | ○ | ○ |
| 知识产权质押标的价值评估风险 | ○ | ○ | ○ | ○ | ○ |
| 科技型中小企业的经营风险 | ○ | ○ | ○ | ○ | ○ |
| 第三方中介风险 | ○ | ○ | ○ | ○ | ○ |
| 法律风险 | ○ | ○ | ○ | ○ | ○ |
| 宏观经济风险 | ○ | ○ | ○ | ○ | ○ |

### 第 3 - 5 部分：外在因素对知识产权质押融资的影响

3 - 5 - 1. 在知识产权质押融资中，贷款银行对开展知识产权质押融资
的态度如何？（　　　）[单选题，必答题]

A. 十分积极　　　　B. 比较积极　　　　C. 一般

D. 不太积极　　　　E. 不了解

3 - 5 - 2. 请您对银行知识产权质押贷款流程的简捷性进行评价。
（　　　）[单选题，必答题]

A. 满意　　　　　　B. 较好　　　　　　C. 一般

D. 较差　　　　　　E. 很差

3 - 5 - 3. 请您对下列中介机构的服务进行评价？[矩阵单选题，必答题]

| | 满意 | 较好 | 一般 | 较差 | 很差 |
|---|---|---|---|---|---|
| 评估机构 | ○ | ○ | ○ | ○ | ○ |
| 保险机构 | ○ | ○ | ○ | ○ | ○ |
| 担保机构 | ○ | ○ | ○ | ○ | ○ |
| 法律服务机构 | ○ | ○ | ○ | ○ | ○ |
| 融资服务平台 | ○ | ○ | ○ | ○ | ○ |

3-5-4. 请您对政府部门提供的知识产权质押融资服务进行评价?
[矩阵单选题，必答题]

|  | 满意 | 较好 | 一般 | 较差 | 很差 | 不了解 |
|---|---|---|---|---|---|---|
| 知识产权融资法规的完备性 | ○ | ○ | ○ | ○ | ○ | ○ |
| 贴息或风险补偿政策的有效性 | ○ | ○ | ○ | ○ | ○ | ○ |
| 政府的引导和宣传力度 | ○ | ○ | ○ | ○ | ○ | ○ |
| 对中介机构的支持力度 | ○ | ○ | ○ | ○ | ○ | ○ |

**第3-6部分　知识产权质押融资业务发展存在的问题及改进方向**

3-6-1. 您认为在知识产权质押融资过程中，以下问题产生影响的严重程度如何?[矩阵单选题，必答题]

|  | 严重 | 较严重 | 一般 | 较轻 | 不存在 |
|---|---|---|---|---|---|
| 价值评估难 | ○ | ○ | ○ | ○ | ○ |
| 缺乏有效的质权处置途径 | ○ | ○ | ○ | ○ | ○ |
| 银行的信贷风险管理难 | ○ | ○ | ○ | ○ | ○ |
| 有关法律法规不健全 | ○ | ○ | ○ | ○ | ○ |
| 缺少中介机构的有效支持 | ○ | ○ | ○ | ○ | ○ |
| 中小企业缺少对该业务的了解 | ○ | ○ | ○ | ○ | ○ |
| 银行缺少放贷需求和动力 | ○ | ○ | ○ | ○ | ○ |
| 银行缺乏相关专业人才 | ○ | ○ | ○ | ○ | ○ |
| 政府对知识产权质押贷款优惠政策<br>有效性不足 | ○ | ○ | ○ | ○ | ○ |

3-6-2. 您认为以下措施对促进知识产权质押融资业务的重要性程度如何？[矩阵单选题，必答题]

| | 很高 | 较高 | 一般 | 较低 | 很低 |
|---|---|---|---|---|---|
| 政府加大对贷款中小企业的贴息力度 | ○ | ○ | ○ | ○ | ○ |
| 政府和相关组织加大知识产权融资的宣传力度 | ○ | ○ | ○ | ○ | ○ |
| 建立知识产权融资的一体化服务平台 | ○ | ○ | ○ | ○ | ○ |
| 政府加大对担保机构和评估机构的支持 | ○ | ○ | ○ | ○ | ○ |
| 政府加大专业人才的引进和培养扶持 | ○ | ○ | ○ | ○ | ○ |
| 完善相关的法律制度 | ○ | ○ | ○ | ○ | ○ |
| 提高银行和金融机构开展知识产权贷款业务的积极性 | ○ | ○ | ○ | ○ | ○ |
| 探索和建立完善的知识产权融资风险分担和收益共享机制 | ○ | ○ | ○ | ○ | ○ |

再次谢谢您！

# 参考文献

[1] Alvarad L K. The patent transactions market – established and emerging business models [M]. 2010.

[2] Berardi M. Credit rationing in markets with imperfect information [J]. Social Science Electronic Publishing, 2007, 71 (3): 393 – 410.

[3] Besanko D, Thakor A V. Collateral and rationing: sorting equilibria in monopolistic and competitive credit markets [J]. International Economic Review, 1987, 28 (3): 671 – 689.

[4] Bester H. The role of collateral in credit markets with imperfect information [J]. European Economic Review, 1987, 31 (4): 887 – 899.

[5] Borod R S. An Update on Intellectual Property Securitization [J]. The Journal of Structured Finance, 2005, 10 (4): 65 – 72.

[6] Brown I, Steen A, Foreman J. Risk management in corporate governance: a review and proposal [J]. Corporate Governance An International Review, 2010, 17 (5): 546 – 558.

[7] Bruce D Baker, Craig E Richards. Exploratory Application of Systems Dynamics Modeling to School Finance Policy Analysis [J]. Journal of Education Finance, 2002, 27 (3): 857 – 884.

[8] Bruno Amable, Jean – Bernard Chatelain and Kirsten Ralf. Patents as collateral [J]. Journal of Economic Dynamics and Control, 2010, 34 (6): 1092 – 1104.

[9] Chen Y, Puttitanun T. Intellectual property rights and innovation in developing countries [J]. Journal of Development Economics, 2004, 78 (2):

474 – 493.

[10] Chiu Y J, Chen Y W. Using ahp in patent valuation [J]. Mathematical & Computer Modelling, 2007, 46 (7): 1054 – 1062.

[11] Choi W W, Kwon S S, Lobo G J. Market valuation of intangible assets [J]. Journal of Business Research, 2004, 49 (1): 35 – 45.

[12] Christian Helmers, Mark Rogers. Does patenting help high – tech start – ups? [J]. Research Policy, 2011, 40 (7): 1016 – 1027.

[13] Crawford John, Strasser Robert. Management of Infringement Risk of Intellectual Property assets [J]. Intellectual Property & Technology Law Journal, 2008, 20 (12): 7 – 10.

[14] Crawford. Management of Infringement Risk of Intellectual Property Assets [J]. Intellectual Property & Technology Law Journal, 2008: 20 (12).

[15] Cressy, Robert, Toivanen. Is there adverse selection in the credit market? [J]. Venture Capital, 2001, 3 (3): 215 – 238.

[16] Cumming D. Government policy towards entrepreneurial finance: innovation investment funds [J]. Journal of Business Venturing, 2007, 22 (2): 193 – 235.

[17] Davies I. Secured financing of intellectual property assets and the reform of english personal property security law [J]. Oxford Journal of Legal Studies, 2006, 26 (3), 559 – 583.

[18] Dubin J A. Valuing intangible assets with a nested logit market share model [J]. Journal of Econometrics, 2007, 139 (2): 285 – 302.

[19] Elliot A F. Securitization of IP Royalty Streams: Assessing the Landscape [R]. Technology Access Report, 2003.

[20] Gittelman M. A note on the value of patents as indicators of innovation: implications for management research [J]. Academy of Management Perspectives, 2008, 22 (3): 21 – 27.

[21] Goddard, Robert. Taxation of intellectual property: the new regime for companies [M]. London: Intellectual Property & Information Technology

Law, 2002.

[22] Graham S J H, Sichelman T M. Patenting by entrepreneurs: an empirical study [M]. Social Science Electronic Publishing, 2010.

[23] Harhoff D, Scherer F M, Vopel K. Citations, family size, opposition and the value of patent rights [J]. Research Policy, 2003, 32 (8): 1343 – 1363.

[24] Haussler C, Harhoff D, Muller E. The role of patents for VC financing [J]. Frontiers of entrepreneurship research, 2008, 29 (3): 1 – 39.

[25] Helmers C, Rogers M. Does patenting help high – tech start – ups? [J]. Research policy, 2011, 40 (7): 1016 – 1027.

[26] Helmut Bester. Screening vs. rationing in credit markets with imperfect information [J]. The American Economic Review, 1985, 75 (4): 850 – 855.

[27] Helpman E. Innovation, imitation and intellectual property rights [J]. Econometrica, 1993, 61 (6): 1247 – 1280.

[28] Hong S K, Sohn S Y. Support vector machines for default prediction of smes based on technology credit [J]. European Journal of Operational Research, 2010 (3): 838 – 846.

[29] Iwan Davies. Secured Financing of Intellectual Property Assets and the Reform of English Personal Property Security Law [J]. Oxford Journal of Legal Studie, 2006, 26 (3): 559 – 583.

[30] J P Niinimaki. Nominal and true cost of loan collateral [J]. Journal of Banking & Finance, 2011 (35): 2782 – 2790.

[31] Jay W Forrester. Principles of systems [M]. Cambridge, Massachusetts: Wright – Allen Press, 1968.

[32] Jeffrey A, Dubin. Valuing intangible assets with a nested logit market share model [J]. Journal of Econometrics, 2007, 139 (2): 285 – 302.

[33] Jiménez G, Salas V, Saurina J. Determinants of collateral [J]. Journal of Financial Economics, 2006, 81 (2): 255 – 281.

[34] Jimnez Gabriel, Salas Vicente, Saurina Jesus. Determinants of collateral

[J]. Journal of Financial Economics, 2006, 81 (2): 255 –282.

[35] Juan Mateos – Garcia. Using intellectual property to raise finance for innovation [R]. World bank working paper, 2014.

[36] Lai Y H, Che H C. Evaluating patents using damage awards of infringement lawsuits: a case study [J]. Journal of Engineering & Technology Management, 2009, 26 (3): 167 –180.

[37] Lehmann Erik, Neuberger Doris. Do lending relationships matter? Evidence from bank survey data in Germany [J]. Journal of Economic Behavior and Organization, 2001 (45): 339 –359.

[38] Lehmann E, Neuberger D. Do lending relationships matter? evidence from bank survey data in germany [J]. Journal of Economic Behavior & Organization, 2000, 45 (4): 339 –359.

[39] Löfsten H, Lindelöf P. Determinants for an entrepreneurial milieu: science parks and business policy in growing firms [J]. Technovation, 2003, 23 (1): 51 –64.

[40] Mann R J, Sager T W. Patents, venture capital and software start – ups [J]. Research Policy, 2007, 36 (2): 193 –208.

[41] Mark W J, Blok. Dynamic models of the firm: Determining optimal investment, financing and production policies by computer [J]. Springer, 1996 (7).

[42] Maskus K E. Intellectual property rights in the global economy [M]. London: Institute for International Economics, 2000.

[43] Matsuura J H. An overview of intellectual property and intangible asset valuation models [J]. Research Management Review, 2004 (14).

[44] Pennington Richard, Sanchez Corey. Negotiating Liability Allocation Terms: Risk, Indemnity and Intellectual Property [J]. Contract Management, 2007, 47 (11): 42 –53.

[45] Porter M E. Clusters and the new economics of competition [J]. Harvard Business Review, 1998, 76 (6): 77.

[46] Rill J F, Schechter M C. International antitrust and intellectual property harmonization of the interface [J]. Law & Poly Intl Bus, 2003, 33 (14): 25 – 38.

[47] Robert Cressy, Otto Toivanen. Is there adverse selection in the credit market? [J]. Venture Capital, 2001, 3 (3): 215 – 238.

[48] Sichelman T, Graham S J. Patenting by entrepreneurs: An empirical study [J]. Michigan telecommunications and technology law review, 2010, 17: 111 – 180.

[49] Sohn S Y, Hong S K, Moon T H. Predicting the financial performance index of technology fund for some using structural equation mode [J]. Expert Systems with Applications, 2007, 32 (3): 890 – 898.

[50] Svensson R. Commercialization of patents and external financing during the red phase [J]. Research Policy, 2007, 36 (7): 1052 – 1069.

[51] Verma S K. Financing of Intellectual Property: Developing Countries' Context [J]. Journal of Intellectual Property Rights, 2006 (11): 22 – 32.

[52] Vries G D, Pennings E, Block J H and Fisch C. Trademark or patent? the effects of market concentration, customer type and venture capital financing on start – ups' initial ip applications [R]. Erim Report, 2013: 1 – 21.

[53] Wang A W. Rise of the patent intermediaries [J]. Berkeley Technology Law Journal, 2010, 25 (1).

[54] Weinberg H R, Woodward, W J J. Easing Transfer and Security Interest Transactions in Intellectual Property: An Agenda for Reform [J]. Faculty Publications, 1990.

[55] Wonglimpiyarat J. Management and governance of venture capital: a challenge for commercial bank [J]. Technovation, 2007, 27 (12): 721 – 731.

[56] 白少布. 知识产权质押担保供应链融资运作模式研究 [J]. 经济问题探索, 2011 (7): 67 – 71.

[57] 鲍新中, 屈乔, 傅宏宇. 知识产权质押融资中的价值评估风险评价

[J]．价格理论与实践，2015（3）：99 – 101.

[58] 鲍新中，王言，霍欢欢，等．知识产权质押融资风险动态监控平台构建与实现 [J]．科技管理研究，2016，20：170 – 174.

[59] 鲍新中，董玉环．知识产权质押融资风险评价研究——基于银行视角 [J]．南京审计学院学报，2016（2）：48 – 56.

[60] 蔡侯杰．我国知识产权融资担保机制研究 [D]．武汉：华中师范大学，2013.

[61] 蔡华．知识产权风险管理与保险——以专利权为例 [J]．经济与管理评论，2010，26（5）：121 – 126.

[62] 蔡洋萍．科技型中小企业知识产权融资创新研究 [J]．福建金融管理干部学院学报，2014，156（3）：22 – 25.

[63] 曾莉，王明，李成成．科技型中小企业知识产权质押融资风险分担模型研究 [J]．科技管理研究，2017，37（10）：176 – 182.

[64] 曾莉，王明．美日科技型中小企业知识产权质押融资的经验及启示 [J]．中国注册会计师，2016，10：101 – 105.

[65] 陈剑，冯蔚东．虚拟企业构建与管理 [M]．北京：清华大学出版社，2002.

[66] 陈江华．知识产权质押融资及其政策表现 [J]．改革，2010（12）：121 – 125.

[67] 陈雯，张强．模糊合作对策的 Shapley 值 [J]．管理科学学报，2006，9（5）：50 – 55.

[68] 陈莹，宋跃晋．知识产权质押融资的风险控制 [J]．金融与经济，2012（7）：54 – 56.

[69] 谌天．知识产权质押融资法律问题研究 [D]．成都：四川师范大学，2015.

[70] 程守红，周润书．广东省知识产权质押融资问题与促进政策研究 [J]．科技管理研究，2013，33（10）：133 – 140.

[71] 仇荣国，孔玉生．基于知识产权质押的科技型小微企业融资机制及影响因素研究 [J]．中国科技论坛，2017（4）：118 – 125.

[72] 储敏，周恒．知识产权质押担保的困境及法律对策 [J]．南京财经大学学报，2014（1）：67 – 72.

[73] 戴谋富．论知识产权质权的客体范围 [J]．金陵科技学院学报（社会科学版），2005，19（2）：52 – 55.

[74] 丁锦希，顾艳，王颖伟．中日知识产权融资制度的比较分析 [J]．现代日本经济，2011（3）：11 – 19.

[75] 丁锦希，何梦云，张金凤．知识产权质押融资激励政策研究——基于"玉森模式"实证分析 [J]．现代商贸工业，2013（9）：106 – 108.

[76] 丁锦希，李伟，王中．知识产权质押融资激励政策研究——基于北京贴息模式的实证分析 [J]．科技进步与对策，2012，29（21）：94 – 98.

[77] 丁锦希，何梦云．美国知识产权组合型投融资模式研究 [J]．中国医药工业杂志，2013（7）.

[78] 丁学东．文献计量学基础 [M]．北京：北京大学出版社，1993.

[79] 董涛．知识产权证券化制度研究 [M]．北京：清华大学出版社，2009.

[80] 杜蓓蕾，安中业．知识产权质押贷款难的法律探讨 [J]．特区经济，2006（9）：316 – 317.

[81] 范晓宇．知识产权担保融资风险控制研究 [J]．浙江学刊，2010（3）：156 – 160.

[82] 冯岭，彭智勇，刘斌，等．一种基于潜在引用网络的专利价值评估方法 [J]．计算机研究与发展，2015，52（3）：649 – 660.

[83] 冯晓青．我国企业知识产权质押融资及其完善对策研究 [J]．河北法学，2012，30（12）：39 – 46.

[84] 耿明英．银行知识产权质押贷款风险及其控制模式创新 [J]．财会通讯：理财版，2008（11）：102 – 103.

[85] 关菲，张强，栗军．基于 λ – 最大相容类的粗糙规划模型及其在企业战略联盟形成决策问题中的应用 [J]．运筹与管理，2015，24（2）：229 – 236.

[86] 郭金子．基于 CNKI 数据库的文献计量分析工具研究 [J]．图书馆学

刊，2014（4）：113 – 122.

[87] 郭淑娟，常京萍．战略性新兴产业知识产权质押融资模式运作及其
政策配置 [J]．中国科技论坛，2012（1）：120 – 125.

[88] 郭淑娟，昝东海．高新技术产业知识产权证券化融资探析 [J]．科
学学与科学技术管理，2010，31（4）：61 – 65.

[89] 何慧芳，刘长虹．基于模糊综合分析法的广东省知识产权质押融资
的风险预警评价研究 [J]．科技管理研究，2013（14）：151 – 159.

[90] 华荷锋，杨晨．知识产权融资服务体系构建研究 [J]．科技进步与
对策，2011，28（8）：20 – 23.

[91] 华荷锋．基于企业生命周期的知识产权融资策略研究 [J]．科技与
经济，2010，23（3）：48 – 50.

[92] 黄光辉，徐筱箐．知识产权证券化中资产池的构建策略研究——以
风险控制为中心 [J]．经济问题，2011（2）：63 – 67.

[93] 黄光辉．我国发展知识产权证券化的制约因素研究 [J]．中国科技
论坛，2009（4）：113 – 118.

[94] 黄光辉．知识产权证券化的风险：形成机理与化解途径 [J]．科技
进步与对策，2010，27（4）：17 – 20.

[95] 黄宏斌，苑泽明．论我国高新技术企业知识产权融资问题与成因
[J]．特区经济，2011（8）：43 – 46.

[96] 黄丽清，张成科，朱怀念，等．（2018）．科技型中小企业知识产权
质押融资模式博弈分析 [J]．科技管理研究，2018（1）：178 – 183.

[97] 纪雪梅．我国高校电子政务学位论文计量分析 [J]．国书情报工作，
2012（13）：24 – 28.

[98] 姜秋，王宁．基于模糊综合评价的知识产权价值评估 [J]．知识产
权保护技术与创新管理，2005（6）：73 – 76.

[99] 颉茂华，焦守滨．二叉树实物期权的知识产权价值评估定价研究
[J]．中国资产评估，2014（4）：20 – 24.

[100] 乐媛．中国知识产权质押融资法律问题研究 [D]．南昌：江西财经
大学，2012.

[101] 黎四奇. 知识产权质押融资的障碍及其克服 [J]. 理论探索，2008 (4)：139 – 142.

[102] 黎向丹. 武汉科技型中小企业知识产权质押融资的风险分散机制 [J]. 财会通讯，2015 (14)：14 – 16.

[103] 李翠，薛昱. 基于谈判集的模糊合作博弈的收益分配方案 [J]. 控制与决策，2014，29 (11)：2101 – 2107.

[104] 李海英，苑泽明，李双海. 创新型企业知识产权质押贷款风险评估 [J]. 科学学研究. 2017，35 (8)：1253 – 1263.

[105] 李虹，石芳娟. 知识产权融资制约因素与对策 [J]. 天津经济，2010 (5)：38 – 40.

[106] 李建伟. 知识产权证券化：理论分析与应用研究 [J]. 知识产权，2006，16 (1)：33 – 39.

[107] 李明发. 论科技型中小企业知识产权质押融资的政策支持 [J]. 江淮论坛，2012，25 (6)：115 – 120.

[108] 李宁. 基于经济法学中知识产权担保融资风险的特殊性研究 [J]. 科技经济市场，2013 (6)：86 – 88.

[109] 李青. 我国知识产权质押融资实践现状及政策完善研究 [J]. 浙江金融，2012 (11)：37 – 39.

[110] 李世保，杨亚栩，姜吉道. 浅析科技成果作价入股及股权奖励模式 [J]. 中国高校科技，2017 (3)：71 – 73.

[111] 李文江. 构建专利权质押贷款的风险防范体系 [J]. 金融理论与实践，2010 (7)：68 – 71.

[112] 李希义，邓天佐. 硅谷银行支持高科技企业发展成功的模式及其原因探秘 [J]. 中国科技产业，2011 (10)：31 – 33.

[113] 李希义. 硅谷银行支持高科技企业融资模式及对我国银行的启示 [J]. 管理现代化，2013 (5)：101 – 103.

[114] 李增福，郑友环. 中小企业知识产权质押贷款的风险分析与模式构建 [J]. 宏观经济研究，2010 (4)：59 – 62.

[115] 梁冰. 构建现代担保物权制度 提升中小企业融资能力 [J]. 财政研

究，2006（3）：36 – 40.

[116] 廖萍康，张卫国，谢百帅，等．相异成本和广义非线性需求下多寡头古诺模型及应用［J］．运筹与管理，2013，22（2）：172 – 179.

[117] 凌辉贤．知识产权融资模式研究——以质押和证券化为例［J］．财会通讯，2011（24）：119 – 122.

[118] 刘洁．知识产权质押融资中的风险控制［J］．内蒙古社会科学（汉文版），2012，33（2）：29 – 33.

[119] 刘纳新．科技型小微企业集群融资研究［D］．长沙：湖南大学，2017.

[120] 刘沛佩．谁来为知识产权质押融资的"阵痛"买单——兼论知识产权质押融资的多方参与制度构建［J］．科学学研究，2011，29（4）：521 – 525.

[121] 娄飞鹏．硅谷银行支持科技型中小企业的做法及借鉴［J］．金融与经济，2012（7）：48 – 50.

[122] 陆铭，尤建新．地方政府支持科技型中小企业知识产权质押融资研究［J］．科技进步与对策，2011，28（16）：92 – 96.

[123] 陆志明．创业企业知识产权担保融资研究［J］．证券市场导报，2004（6）：59 – 65.

[124] 吕淑瑜，宋跃晋．知识产权担保融资的特点及风险分析［J］．法制与经济（中旬），2012（7）：37 – 38.

[125] 马良华，阮鑫光．硅谷银行的成功对我国的启示［J］．浙江金融，2003（1）：8 – 9.

[126] 马伟阳．知识产权质押融资风险防控机制的完善［J］．青海师范大学学报（哲学社会科学版），2015，37（1）：47 – 52.

[127] 马毅，左小明．科技型中小企业知识产权的集群信用互助融资机制研究［J］．征信，2014，32（3）：19 – 22.

[128] 莫易娴．美日德中小企业是如何融资的［J］．金融博览，2006（3）：26 – 26.

[129] 南振兴．知识产权质押初探［J］．知识产权，1996（3）：23 – 25.

[130] 聂洪涛. 知识产权担保融资中的政府角色分析 [J]. 科技进步与对策, 2014, 31 (24): 104 - 108.

[131] 欧晓文. 科技型中小企业知识产权质押——基于北京、上海浦东、武汉模式的比较融资模式探究 [J]. 产业经济评论, 2013 (7): 60 - 64.

[132] 钱坤, 沈厚才, 殷情波. 基于企业专利质押的信贷风险决策 [J]. 系统工程, 2013 (9).

[133] 秦菲, 陈剑平. 知识产权证券化融资研究 [J]. 社科纵横: 新理论版, 2008 (2): 82 - 83.

[134] 邵永同, 林刚. 科技型中小企业知识产权融资路径选择及其对策研究 [J]. 现代管理科学, 2014 (11): 15 - 17.

[135] 石洋. 看硅谷银行如何支持高新企业发展 [J]. 国际融资, 2010 (1): 8 - 11.

[136] 宋光辉, 田立民. 科技型中小企业知识产权质押融资模式的国内外比较研究 [J]. 金融发展研究, 2016 (2): 50 - 56.

[137] 宋河发, 廖奕驰. 专利质押贷款保险模式与政策研究 [J]. 中国科学院院刊, 2018 (3): 242 - 248.

[138] 宋伟, 高文杰. 我国中小型高新技术企业知识产权融资体系探析 [J]. 科技与法律, 2011 (4): 10 - 16.

[139] 宋伟, 胡海洋. 知识产权质押贷款风险分散机制研究 [J]. 知识产权, 2009, 19 (4): 73 - 77.

[140] 宋伟, 孙玉兰. 知识产权质押融资的若干问题探析 [J]. 科技与管理, 2007, 9 (5): 61 - 63.

[141] 苏任刚, 王炜, 余莎莎. 知识产权质押融资价值评估新模式 [J]. 哈尔滨学院学报, 2015, 36 (6): 30 - 35.

[142] 苏琰. 安徽省中小企业知识产权质押融资模式新议 [J]. 安徽科技, 2010 (10): 35 - 36.

[143] 孙东川, 叶飞. 动态联盟利益分配的谈判模型研究 [J]. 科研管理, 2001, 22 (2): 91 - 95.

[144] 孙新波, 刘博. 基于结构方程模型的知识联盟激励协同序参量关系

研究 [J]. 管理学报，2012，9（12）：1826 – 1831.

[145] 孙玉荣. 互联网文化产业发展与知识产权保护 [J]. 北京联合大学学报（人文社会科学版），2016，14（2）：22 – 26.

[146] 汤珊芬，程良友. 知识产权证券化探析 [J]. 科学管理研究，2006，24（4）：53 – 56.

[147] 唐震，李芳. 我国科技金融研究现状的文献计量分析 [J]. 情报杂志，2014，33（2）：81 – 85.

[148] 陶丽琴，魏晨雨，李青. 知识产权质押融资中政府支持政策的实施和完善 [J]. 法学杂志，2011，32（10）：40 – 43.

[149] 童婕. 科技型中小企业知识产权质押融资联合担保机制研究 [J]. 金融经济，2014（18）：86 – 88.

[150] 涂靖. 浅议中小企业知识产权融资问题 [J]. 创新科技，2013（6）：22 – 23.

[151] 汪亮. 国内知识产权质押实践工作探讨 [J]. 科技管理研究，2011（12）：138 – 140.

[152] 王波，我国知识产权质押融资的"两个转向"与对策建议 [J]. 科技进步与对策，2016，33（9）：86 – 90.

[153] 王锦瑾. 我国知识产权质押法律风险及防范 [J]. 河南财经政法大学学报，2013，28（1）：186 – 192.

[154] 王进，朱建栋. 如何进一步完善"知识产权质押融资"的政策建议 [J]. 华东科技，2012（4）：22 – 23.

[155] 王凌峰，李玉华. 基于梯形 FAHP 电池专利质押融资价值评估研究 [J]. 系统科学学报，2017，25（3）：64 – 68.

[156] 王明. 科技型中小企业知识产权质押融资风险分担机制研究 [D]. 重庆：重庆理工大学，2017.

[157] 王涛，胡园园，顾新，等. 我国中小型企业专利权质押现状及对策研究 [J]. 科学学研究，2016，34（6）：874 – 881.

[158] 王艳丽，吴一鸣. 知识产权质押融资法律制度研究 [J]. 湖北社会科学，2013（10）：156 – 161.

[159] 文豪，曲文哲，胡昊楠．专利许可收益权质押融资的性质及其适用法规研究［J］．宏观经济研究，2016（12）：112 – 121.

[160] 吴艳文，王新平．陕西知识产权质押融资风险防范研究［J］．财会月刊，2011（32）：48 – 50.

[161] 夏阳，顾新．科技型中小企业的知识产权投融资风险管理［J］．科学学与科学技术管理，2012，33（9）：98 – 104.

[162] 肖宁洪．技术创新领域的知识产权融资担保［J］．山西省政法管理干部学院学报，2009，22（3）：63 – 65.

[163] 肖侠．科技型中小企业知识产权质押融资管理对策研究［J］．科学管理研究，2011，29（5）：116 – 120.

[164] 肖尤丹，熊源．知识产权融资中的信托机制研究［J］．西部金融，2012（10）：71 – 73.

[165] 谢黎伟．美国的知识产权融资机制及其启示［J］．科技进步与对策，2010（24）：40 – 44.

[166] 谢黎伟．知识产权担保融资的类型与方式研究［J］．福建金融管理干部学院学报，2011（6）：39 – 46.

[167] 徐静．中国金融结构变迁的动态性研究［M］．北京：中国金融出版社，2010.

[168] 宣顿．知识产权 p2p 融资风险控制的公私合作机制建构［J］．常州大学学报（社会科学版），2017，18（6）：33 – 41.

[169] 杨晨，陶晶．知识产权质押融资中的政府政策配置研究［J］．科技进步与对策，2010，27（13）：105 – 107.

[170] 杨晨，夏钰，施学哲．产业集群视角下高技术产业园区知识产权管理与服务模式探析［J］．科学学与科学技术管理，2012，33（10）：5 – 10.

[171] 杨帆，李迪，赵东．知识产权质押融资风险补偿基金［J］．运作模式与发展策略．科技进步与对策，2017，34（12）：99 – 105.

[172] 杨千雨．论我国知识产权融资许可制度之构建——以美国 ucita 法的融资许可为借鉴［J］．法律科学（西北政法大学学报），2014，

32（3）.

[173] 杨茜. 解决科技型小微企业金融支撑困境——知识产权质押融资模式创新 [J]. 现代经济信息，2014（2）：227-228.

[174] 杨小晔，牛诺楠. 知识产权质押融资风险评价模型研究 [J]. 会计之友，2012（25）：102-105.

[175] 杨晓光，马超群. 金融系统的复杂性 [J]. 系统工程，2003，21（5）：1-4.

[176] 杨扬，陈敬良. 我国高新技术企业知识产权质押融资机制的演化博弈分析 [J]. 工业技术经济，2014（7）：43-48.

[177] 杨哲. 基于讨价还价理论的企业集团中的利益分配 [J]. 管理工程学报，2015，29（4）：140-145.

[178] 姚王信，陈斌. 知识产权证券化融资风险与会计投资者保护——以科技型小微企业为例 [J]. 中国高新技术企业，2013（36）：159-161.

[179] 姚王信，张晓艳. 基于因子分析法的知识产权融资能力评价 [J]. 科技进步与对策，2012，29（9）：107-112.

[180] 尹夏楠，鲍新中，朱莲美. 基于融资主体视角的知识产权质押融资风险评价研究 [J]. 科技管理研究，2016，36（12）：125-129.

[181] 尹夏楠. 知识产权质押融资模式及风险管理研究 [D]. 北京：中国矿业大学（北京），2017.

[182] 于立强. 科技型中小企业知识产权质押融资模式探究 [J]. 科学管理研究，2017，35（5）：91-94.

[183] 余丹，范晓宇. 中小企业知识产权担保融资风险配置研究 [J]. 科技进步与对策，2010，27（16），102-105.

[184] 袁晓东，李晓桃. 专利资产证券化解析 [J]. 科学学与科学技术管理，2008，29（6），56-60.

[185] 苑泽明，姚王信，高婷. 企业知识产权融资：需求、供给与实现路径 [J]. 华东经济管理，2010，24（5）：78-82.

[186] 苑泽明，姚王信. 知识产权融资不对称性的法经济学分析 [J]. 知识产权，2011（2）：41-45.

［187］苑泽明. 中小创新型企业知识产权融资核心路径［J］. 企业经济，2009（9）：5 - 9.

［188］张伯友. 知识产权质押融资的风险分解与分步控制［J］. 知识产权，2009，19（2）：30 - 34.

［189］张弛. 从法律视角论知识产权质押融资风险控制［J］. 银行家，2007（12）：119 - 121.

［190］张礼国. 高技术中小企业知识产权债务融资困境研究［J］. 科技进步与对策，2013，30（17）：118 - 122.

［191］张婷，卢颖. 科技型中小企业知识产权质押融资的困境及完善路径［J］. 金融与经济，2016（11），62 - 66.

［192］张婷，肖晶. 知识产权质押融资：实践、障碍与机制优化［J］. 南方金融，2017（2）：86 - 90.

［193］张文春. 基于知识产权介质的科技型中小企业专利产业化融资的机理分析［J］. 财会通讯，2011（10）：129 - 131.

［194］张亚峰，刘海波. 支持中小企业发展的知识产权政策对比与借鉴［J］. 中国软科学，2015（9）：142 - 150.

［195］章洁倩. 科技型中小企业知识产权质押融资风险管理——基于银行角度［J］. 科学管理研究，2013（2）：98 - 101.

［196］郑成思. 知识产权价值评估中的法律问题［J］. 中国软科学，1998（4）：102 - 108.

［197］周春慧. 北京：政府资金引导知识产权质押融资体系的建立与发展［J］. 电子知识产权，2010（11），45 - 47.

［198］周丽. 我国知识产权质押融资典型模式之比较分析——基于法律社会学的分析视野［J］. 电子知识产权，2009（11）：33 - 38.

［199］周思妍，李秋燕. 域外知识产权质押融资法律制度比较分析［J］. 传播与版权，2014（2）：161 - 162.

［200］周文光，曹蓉，黄瑞华. 基于知识产权风险的吸收能力与产品创新绩效之间关系研究［J］. 科学学与科学技术管理，2013（9）：123 - 132.

［201］周文光，黄瑞华. 企业自主创新中知识创造不同阶段的知识产权风

险分析 [J]. 科学学研究, 2009, 27 (6)：955 – 960.

[202] 周文光, 黄瑞华. 企业自主创新中知识产权风险预警过程研究 [J]. 科学学与科学技术管理, 2010, 31 (4)：72 – 76.

[203] 朱佳俊, 郑建国, 薛伟业. 金融危机下创意产业知识产权多元化融资服务模式研究 [J]. 科技和产业, 2010, 10 (2)：5 – 8.

[204] 朱佳俊, 周方召. 保证资产收购价格机制及启示——关于完善我国知识产权融资担保的借鉴性思考 [J]. 上海对外经贸大学学报, 2015, 22 (6)：36 – 45.

[205] 朱佳俊, 李金兵, 唐红珍. 基于 CAPP 的知识产权融资担保模式研究 [J]. 华东经济管理, 2014, 28 (5)：95 – 98.

[206] 朱英法. 知识产权质押贷款问题探讨 [J]. 金融理论与实践, 2004 (2)：30 – 32.

[207] 宗艳霞. 知识产权质押融资财政支持政策分析与建议 [J]. 大连海事大学学报 (社会科学版), 2016, 15 (4)：28 – 32.

[208] 左玉茹. 知识产权质押融资热的冷思考——基于我国中小企业融资模式与美国 SBA 模式比较研究 [J]. 电子知识产权, 2010 (11)：48 – 49.